Keith A. Sherwood

Chakras & Karma

Chakra-Arbeit zur Karma-Auflösung

Schirner Verlag

Das Buch

Dieses Buch erfaßt praktische Erfahrungen und gesammeltes Wissen aus über zwanzig Jahren therapeutischer Arbeit. Die darin vorgestellten einfach nachzuvollziehenden und höchst effektiven Übungen wurden im Rahmen von Seminaren und Einzelsitzungen entwickelt. Sie machen eine sichere und verläßliche Technik verfügbar, mit der Energieblockaden, Verstrickungen, karmischer Ballast u.ä. sowohl von Anfängern als auch Fortgeschrittenen aufgelöst werden können.

Der Autor

Keith Alexander Sherwood arbeitete als Therapeut mit Drogenabhängigen, als 1974 seine außergewöhnliche Gabe als Heiler entdeckt wurde. 1980 gründete er die American Psychic Association (psychic = übersinnlich, übernatürlich), später begann er, das »Inner Awareness Magazine« zu verlegen (Zeitschrift für innere Entwicklung). Der Hintergrund zu seinen Lehren kann auf seiner Website www.onewholelove.com eingesehen werden, ebenso findet der Interessierte dort Seminartermine. Sherwood schrieb mehrere Bücher zum Thema Chakra-Arbeit, die in mehr als zehn Sprachen veröffentlicht wurden, verfaßte Artikel für Zeitschriften wie *Psychologie heute, Esotera, Connection* und hält Vorträge sowie Seminare in Nordamerika, Südafrika und Europa, wo Deutschland sein Standort ist.

Für ein einmaliges Erlebnis besuchen Sie bitte: www.onewholelove.com

Erste Auflage

Umschlag: Murat Karaçay
Übersetzung: Martin Rometsch
Herstellung: Reyhani Druck + Verlag, Darmstadt
Deutsche Bearbeitung (im Auftrag des Autors): Dieter Hofmann

Printed in Germany

Inhaltsverzeichnis

Verfasser und Verleger dieses Buches sind keine Mediziner und können insofern auch keinen medizinischen Rat geben. Die in diesem Werk mitgeteilten Gedanken, Methoden und Anregungen bieten keinesfalls Ersatz für die Beratung oder Behandlung durch Personen, die zur Ausübung von Heilberufen zugelassen sind. Jede/r Leser/in ist für das eigene Tun und Lassen selbst verantwortlich. Eine Haftung für etwaige Personen-, Sach- oder Vermögensschäden ist hiermit ausgeschlossen.

Teil 1

Sich selbst erkennen

Kapitel 1

»Besser als über diese Welt zu herrschen, besser als das Reich der Götter zu erlangen, besser als der Herrscher über alle Welten zu sein, ist ein einziger Schritt auf dem Weg zum Nirwana.«

DHAMMAPADA (Vers 178)

Einführung

Das Ziel jedes in der Gegenwart lebenden Menschen ist es, in seinem Inneren einen Zustand bedingungsloser Freude zu finden, einerlei, ob er es in Worte fassen kann oder nicht. Auch wenn dieses Ziel illusorisch erscheinen mag, ist es eine schlichte Tatsache, daß ein solcher Zustand in jedem Menschen existiert, unabhängig von seiner körperlichen, seelischen, mentalen und/oder geistigen Verfassung.

Der Zustand, von dem ich spreche, braucht weder neuentdeckt, noch muß er durch Weiterbildung erreicht oder durch ein Studium erlernt werden. Er ist weder Auserwählten vorbehalten noch jenen, die an eine bestimmte Lehre glauben. Dieser Zustand, von dem ich, spreche existiert vielmehr von vornherein in den Tiefen jedes Menschen. Um ihn zu verwirklichen, muß eine Person sich seiner lediglich bewußt werden und ihm erlauben durch seinen Geist, seine Seele, seinen Intellekt und seinen Körper in die äußere Umgebung auszustrahlen.

Leider erscheint es dem weitaus größten Teil der heute lebenden Menschen als unmöglich, dieses Ziel, die bedingungslose Freude, zu erreichen. Für viel zu viele Personen ist Leid, Schmerz, Verwirrung, Unbeherrschtheit und spirituelle Leere der menschliche Zustand.

Dennoch möchte ich Ihnen gleich zu Beginn dieses Buches versichern, das Ziel kann erreicht werden! Es hat immer einen Weg nach Hause zum Selbst, dem Reservoir der bedingungslosen Freude und Glückseligkeit, das aus der Mitte jedes Menschen auftaucht, gegeben. Und viele Menschen haben diesen Weg schon vor Ihnen gefunden.

Der Weg war nie ein Geheimnis, obwohl er nicht leicht zu gehen ist. Er führt nach innen durch die feinstofflichen Welten der Energie und des Bewußtsein, die als Körper, Seele, Intellekt und Geist hervortreten, zum Selbst in der Mitte Ihres Seins.

Das größte Hindernis dabei, das Selbst und die bedingungslose Freude, die aus dem Selbst hervortreten zu erfahren, sind die Anhaftungen an die Welt, die durch karmischen Ballast entstehen, die dichte, qualifizierte Energie, die man in seinem Energiefeld von einem Leben zum anderen mitschleppt. Sie kennen diese Energie bereits – es ist dieselbe dichte Energie, die Druck und Muskelschmerzen verursacht, wenn Sie gestreßt sind und die Beklemmung, Selbstzweifel und Verwirrung hervorruft, sobald sie bewußt oder unbewußt aktiviert wird. Tatsächlich ist karmischer Ballast in der einen oder anderen Erscheinungsform die Hauptquelle sowohl menschlichen Leidens als auch körperlicher Krankheiten.

Karmischer Ballast verursacht nicht nur Leiden und Krankheiten, er begrenzt auch unser Bewußtsein, indem er uns an die äußere Welt der Erscheinungen (Maya) bindet. Er tut dies, indem er die Übertragung und Umwandlung unqualifizierter Energie (Prana) durch den höheren und niederen Verstand und durch das menschliche Energiesystem unterbricht.

Prana kann als die Lebenskraft betrachtet werden. Im Makrokosmos – der Welt außerhalb Ihres Energiesystems – dient Prana als Fundament all dessen was existiert, sich bewegt, atmet und Raum beansprucht. Im physisch-materiellen Universum beinhaltet dies Raum, Zeit, Energie, Materie und alle physisch-materiellen Wesen. In den feinstofflichen Welten umfaßt dies Energie, feinstoffliche Materie, Bewußtsein und alle nicht-physischen Wesenheiten. Im menschlichen Energiefeld – dem Mikrokosmos – dient Prana als Grundlage des höheren und niederen Verstandes, des feinstofflichen Energiesystems und des physisch-materiellen Körpers.

Was ist Karma?

Um zu verstehen, wie karmischer Ballast in Form von dichter, qualifizierter Energie den Zugang zum Selbst versperrt und den Strom von Prana durch das Energiesystem unterbricht, muß man zunächst wissen, was Karma ist und wie es funktioniert. Das uralte Sanskritwort Karma stammt aus der Wurzel »kri« (handeln) und kennzeichnet eine Handlung oder Tat. Swami Shivananda erklärte, daß Karma »ein universelles Gesetz ist, das die innere Harmonie und die logische Ordnung des Kosmos aufrechterhält«.

Im Westen wird Karma als »kumulative Wirkung unseres Handelns« definiert. Das ist in gewissem Sinne richtig; die großen Religionen des Ostens gehen jedoch über diese Definition hinaus, sowohl bezüglich seiner Struktur als auch seiner Funktion.

Der Jainismus bezeichnet Karma als Summe jener feinstofflichen Energien, die sich im menschlichen Energiesystem ansammeln und die bewußte Wahrnehmung des Selbst und von allem, was daraus hervortritt, verschleiern. Gemäß dieser uralten Religion, deren zentrale Werte Schönheit, Gewaltlosigkeit und Ehrfurcht vor dem Leben sind, hat Karma acht funktionale Aspekte: Es verdunkelt die Einsicht, verschleiert das Bewußtsein, erzeugt vorgetäuschte Gefühle (Emotionen und Empfindungen), führt eine Person in die Irre (verschleiert die Wahrheit), bedingt die Alterung, definiert die Persönlichkeit, indem es Personas (»Masken«, »Rollen« oder »Persönlichkeiten«) erschafft, es bestimmt den Zustand einer Person und somit ihr seelisches Wohlbefinden und es blockiert ihre persönliche Kraft. Die ersten vier Aspekte sind Hindernisse, die nachfolgenden vier nicht, obwohl sie das Selbst begrenzen, weil sie den Strom unqualifizierter Energie (Prana) durch das menschliche Energiesystem blockieren.

Obwohl die oben genannten acht Aspekte wichtige Gesichtspunkte von Karma beschreiben, ist es vielleicht einfacher, Karma mit Hilfe einer Metapher zu erfassen. Um diese zu verstehen, müssen Sie zuerst begreifen, daß Sie das Universum im Kleinen, ein Mikrokosmos sind. Das bedeutet, daß Sie (unabhängig davon, ob Sie sich dessen bewußt sind oder nicht) gleichzeitig in allen Welten und Dimensionen des physischen und nicht-physischen Universums leben und funktionieren, einschließlich der Welten und Dimensionen innerhalb des Prana-Feldes, die keinerlei Eigenschaften haben, sowie der individuellen Energiefelder im kollektiven Feld der Maya, die Eigenschaften besitzen.

Dieses Prana-Feld kann in gewisser Hinsicht mit der Atmosphäre verglichen werden. Sie und jeder andere leben in der Atmosphäre, aber unsere normalen Aktivitäten haben sehr wenig Einfluß auf deren Zustand oder auf den Zustand der Wesenheiten, die sich darin befinden (auch wenn Wellen erzeugt werden, haben diese kaum Einfluß). Sie können gehen, laufen, essen, schlafen und so weiter, ohne daß Ihr Tun sich wesentlich auf das Prana-Feld und die Wesenheiten darin auswirkt.

Das Prana-Feld unterscheidet sich jedoch in einem wichtigen Punkt von der Atmosphäre: In der letzteren entstehen Wellen, im Prana-Feld nicht.

Im Gegensatz dazu, kann das kollektive Feld von Maya mit einem Teich verglichen werden. Sie und alle anderen Wesen leben in diesem Teich. Solange Sie und alle anderen nichts tun, bleibt das Wasser darin unbewegt und es entstehen keine Wellen. Sobald Sie sich jedoch bewegen oder irgend etwas tun, das die Ruhe des Teichs beeinträchtigt, bildet sich eine Welle, die sich von ihrem Ausgangspunkt entfernt. Sobald diese Welle auf ein anderes Wesen trifft, wird dieses beeinflußt und es entsteht eine Gegenwelle, die sich wiederum auf Sie, also in die Richtung der Originalwelle zubewegt.

Das Wasser entspricht hier dem kollektiven Feld der Maya. Solange ein Mensch an diesem Feld anhaftet, wird er von den Wellen, die von seinem Energiefeld ausstrahlen und von den Gegenwellen karmisch beeinflußt, unabhängig davon, ob er sich dessen bewußt ist oder nicht.

Der Unterschied zwischen den Wellen dieser Metapher und den tatsächlichen Wellen innerhalb des kollektiven Feldes von Maya besteht darin, daß Wellen, die vom kollektiven Feld von Maya ausgehen, an der Person hängen bleiben, auf die sie einwirken. Wenn das geschieht, werden sie zu einem Teil des karmischen Ballastes, den diese Person von einem Leben zum anderen mit sich herumträgt.

Wie Sie sehen, ist Karma viel komplexer als das abstrakte Gesetz, nach dem wir ernten müssen, was wir gesät haben. Karma ist eine Naturkraft, die Willen und Absicht offenbart und die sowohl selbstbegrenzend als auch hemmend sein kann. Karma verbindet die Wirkungen unserer Handlungen in allen einander durchdringenden Welten und Dimensionen mit ihren Ursachen. Da es Anhaftungen hervorbringt, formt es eine Person und begrenzt ihre Freiheit. Ähnlich wie die Schwerkraft zieht die Polarität, die das Karma zwischen Ursache und Wirkung herstellt, eine Person aufgrund ihrer früheren Taten zu Dingen, Feldern mit qualifizierter Energie und Lebewesen hin und bindet sie dann (indem sie qualifizierte Energie einsetzt) an das Objekt, das Energiefeld oder das Lebewesen, von dem es angezogen wird.

Wie das geschieht, wird in späteren Kapiteln im Detail erklärt. Wichtig ist an dieser Stelle, daß Karma in Form von qualifizierter Energie durch eine synergetische Beziehung zwischen qualifizierter Energie im kollektiven Feld von Maya sowie dem individuellen Verstand und dem Ego wirkt. Ohne den individuellen Verstand und das Ego – die aus karmischem Ballast bestehen, der sich als Sediment im menschlichen Energiefeld ablagert, um qualifizierte Energie durch

Absicht, Verlangen und Willen auszudrücken und zu bündeln – gäbe es in keiner Dimension karmische Aktionen und Reaktionen und wir würden nicht an Dingen, Energiefeldern oder Wesen in unserer externen Umgebung haften.

Swami Shivananda bestätigt: »Jede körperliche oder geistige Tat ist Karma. Gedanken sind Karma. Reaktionen auf Aktionen sind Karma ... Anziehung, Abneigung, Schwerkraft, Atmen, Reden, Gehen, Sehen, Hören, Essen, Fühlen, Wollen, Wünschen, Denken und jede Tätigkeit des Körpers, des Geistes und der Sinne bilden Karma. Karma umfaßt sowohl Ursache als auch Wirkung.« (Swami Shivananda: Practice of Yoga)

Was ist karmischer Ballast?

Karmischer Ballast ist die Summe der qualifizierten (karmischen) Energie, die sich in dieser und in früheren Existenzen im Energiefeld eines Menschen angesammelt hat.

Jesus von Nazareth erkannte die große Macht und Wirkung des karmischen Ballastes und ermahnte seine Zuhörer, weder in Taten noch in Gedanken zu sündigen. Wie die Meister des Yoga und Tantra erkannte er, daß Gedanken, Empfindungen und Gefühle Teilfelder qualifizierter Energie sind, die aus dem individuellen Verstand und dem Ego entstehen und durch die Kraft des Willens, des Verlangens und der Absicht von einer Person zu einer anderen projiziert werden können.

Swami Shivananda erweiterte die Einsichten des Nazareners, indem er erklärte: »Jeder Gedanke hat Gewicht, Kontur, Größe, Form, Farbe, Qualität und Kraft. Gedanken sind wie Dinge ... Bitterkeit und Süße liegen im Verstand. Sie werden von Gedanken erzeugt.« (Swami Shivananda: Thought of Power)

Aus den Lehren der Meister ergibt sich, daß jeder Gedanke, jede Handlung, jedes Gefühl und jede Empfindung als

Energiewelle mit ganz bestimmten Eigenschaften aufgefaßt werden kann. Diese Energiewellen können von einer Person unbewußt ausgestrahlt werden oder bewußt durch das größere Feld qualifizierter Energie projiziert werden. Andererseits kann die Person mit fremden Energiewellen verhaftet werden, die in ihr inneres Energiefeld eindringen. Tatsächlich löst jede Aktivität des individuellen Verstandes und des Ego sowohl auf der feinstofflichen als auch auf der physischen Ebene innerhalb des kollektiven Feldes von Maya Reaktionen von Teilfeldern qualifizierter Energie, insbesondere von Lebewesen aus.

Die Wirkungen des karmischen Ballastes

Für einen Menschen, der im individuellen Verstand und Ego gefangen ist, scheint der karmische Ballast sowohl positive als auch negative Auswirkungen zu haben. Es ist jedoch wichtig anzumerken, daß selbst das scheinbar Positive aus qualifizierter Energie entsteht. Dies bedeutet, daß es eine Person nach wie vor an die äußere Welt bindet und das freie Fließen von Prana in ihrem Energiefeld einschränkt. Letztlich sind die Anhaftung an individuelle Felder aus karmischer Energie (karmischen Ballast) und die Einschränkung des Prana die Ursachen des Leidens. »Alle Menschen sind dem Anhaften und dem Verlangen nach Vergnügen unterworfen und weil sie danach streben, sind sie im Kreislauf der Geburt und des Todes gefangen. Getrieben von diesem Drang rennen sie verschreckt wie ein gejagter Hase umher und leiden immer mehr.« (Dhammapada, Vers 341–2)

Karmischer Ballast, der in das Energiefeld einer Person eingedrungen und dort gefangen ist, neigt dazu sich an bestimmten Stellen zu sammeln. Dies beinhaltet die Aura-Felder, die den persönlichen Körperraum umgeben und den persönlichen Körperraum (den Raum in den höheren und tieferen Dimensionen, der dem Raum entspricht, den der physisch-materielle Körper einnimmt).

In einigen extremen Fällen kann sich karmischer Ballast in einem Energiekörper oder einem Energieträger ansammeln, wenn dieser aus seiner normalen Position im persönlichen Körperraum herausgeschleudert wurde. (Geist, Intellekt, Seele und niederer Verstand bestehen aus Gemeinschaften von Energiekörpern und Energieträgern, die synchronistisch miteinander und mit dem menschlichen Energiesystem zusammenarbeiten.)

Wenn karmischer Ballast im Energiefeld eingeschlossen ist, erzeugt er Anhaftungen, die in der Folge Leiden verursachen, indem sie den Strom unqualifizierter Energie (Prana) durch das menschliche Energiesystem unterbrechen. Da es die unqualifizierte Energie ist, die alle angenehmen und freudvollen Aktivitäten einschließlich Liebe und Intimität belebt, wird jede Unterbrechung seiner Fähigkeit durch das menschliche Energiesystem zu fließen, Beziehungen stören und Freude, Liebe und Vergnügen in Bahnen ungesunder Aktivitäten leiten.

Die Wichtigkeit von Vergnügen, Liebe, Intimität und Glückseligkeit im Leben kann nicht hoch genug eingeschätzt werden. Die Yoga-Sutras lehren, daß negative Empfindungen, Gefühle, Emotionen und Gedanken das Energiefeld durchfluten, sobald Vergnügen, Intimität, Freude und Glückseligkeit eingeschränkt sind und/oder aus der bewußten Wahrnehmung verdrängt werden.

Karmischer Ballast auf der spirituellen Ebene

Karmischer Ballast kann in jeder Welt und Dimension des menschlichen Energiesystem eingeschlossen werden und sich dort sammeln. Je mehr karmischer Ballast in einer bestimmten Welt und Dimension festsitzt, desto schwieriger wird es für das Prana, auszustrahlen.

Wenn sich in einem Energiefeld übermäßig viel karmischer Ballast angesammelt hat, wird man in der Welt des

Geistes eine Störung in der Übertragung und Umwandlung von Prana erfahren, die wiederum den Zugang zum Selbst (der Quelle der Glückseligkeit) stört. Dies vermindert in der Folge die Fähigkeit, sein Dharma zu erkennen und ihm zu folgen.

Der individuelle spirituelle Weg (Dharma) ist die Route die man nach Hause durch das kollektive Feld von Maya zum Selbst nimmt. Indem man dem Dharma folgt, macht man das, was »angemessen« ist; das sind ausschließliche solche Handlungen, die den Fluß unqualifizierter Energie durch Energiesystem fördern. Handlungen, die aus dem karmischen Ballast entstehen (und welche die Funktionen des höheren und niederen Verstandes und des menschlichen Energiesystems vortäuschen können) erzeugen Anhaftungen, die dann Kontraktionen verursachen.

In der Tat halten uns Anhaftungen in Gedanken-, Gefühls- und Verhaltensmustern gefangen, die dem individuellen Verstand und dem Ego entspringen. Wie der sprichwörtliche Hund, der seinem Schwanz nachjagt, wird man durch die Anhaftungen mit Aktivitäten beschäftigt, die nirgendwohin führen und lediglich dazu dienen, das Muster zu verewigen. Dieses fruchtlose Karussell ist letztlich selbstvernichtend und feindlich gegenüber der Selbsterkenntnis und der Freiheit des Selbstausdruckes.

Sobald die Anhaftung an karmischen Ballast den Fluß des Prana und den Zugang zum Selbst blockiert hat, wird das Überleben die Selbstverwirklichung als vorherrschendes Paradigma ablösen, und der individuelle Verstand und das Ego (die aus qualifizierter Energie bestehen) lösen den Einfluß des höheren und niederen Verstandes im täglichen Leben ab. »In einer spirituellen Wüste leben« ist eine Phrase, die oft benutzt wird, um diesen Zustand zu beschreiben.

»Das Selbst mit dem Nichtselbst gleichzusetzen – dies ist die Fessel des Menschen, die er aus Unwissenheit trägt und die ihm im selben Zug das Elend von Geburt und Tod beschert. Darum betrachtet man seinen vergänglichen Körper«

(den individuellen Verstand, das Ego und den physisch-materiellen Körper) »als wirklich und identifiziert sich mit ihm. Man nährt, badet und erhält ihn mit Hilfe von (angenehmen) Sinnesobjekten durch die man gefesselt wird, wie die Raupe durch die Hülle ihres Kokons.« (Sri Sankaracarya: Viveka Cudamani, Vers 137)

Die Anhäufung karmischer Ablagerungen auf der spirituellen Ebene kann viele Probleme, zusätzlich zu den bereits erwähnten Schwierigkeiten, nach sich ziehen. Sie kann Grenzen schwächen (vor allem die Oberflächen der aurischen Felder). Und sie kann das synchronistische Zusammenwirken der Energiekörper in der Welt des Geistes stören.

Es ist wichtig anzumerken, daß das spirituelle Bewußtsein aus den Energiekörpern des höheren Verstandes wie ein holographisches Bild hervortritt. Aber so wie alles, das im Universum der Erscheinungen existiert - einschließlich Licht, Klang, Gedanken und Emotionen –, benötigt spirituelles Bewußtsein ein energetisches Medium, durch das es sich hindurch bewegen kann. Ohne genügend unqualifizierte Energie, die als Medium dient, wird das Bewußtsein der inneren Welt auf der spirituellen Ebene begrenzt sein; man wird sich aus sich selbst ausgesperrt wiederfinden, mit einem entsprechenden Mangel an Glückseligkeit, Wissen und Bewußtsein des Selbst.

Mit der Zeit, wenn sich immer mehr karmischer Ballast ansammelt und sich der Funktionen des Geistes bemächtigt, kann eine Person in die Anbetung einer falschen Spiritualität verfallen (unterstützt durch vorgetäuschte spirituelle Erfahrungen). Eine falsche Spiritualität ist eine solche, welche die angeborene Göttlichkeit eines menschlichen Wesens und seinen von vornherein vorhandenen Zustand der Erleuchtung leugnet.

Karmischer Ballast auf der mentalen Ebene

Jede Unterbrechung im Fluß der unqualifizierten Energie auf der mentalen Ebene (der Welt des Intellekts) wird Bewußtheit, Kreativität, Seelenfrieden, Erinnerungen und das normale Gleichgewicht zwischen induktiven und deduktiven Gedankengängen stören. Wird die Übertragung und Umwandlung unqualifizierter Energie auf der mentalen Ebene unterbrochen, wird man es tatsächlich fast unmöglich finden, nach innen zu gehen. Statt dessen wird man sich in einem inneren Zwiegespräch gefangen finden (dem unaufhörlichen Geplapper des individuellen Verstandes und Ego) und reaktiv sein gegenüber Teilfeldern und Projektionen qualifizierter Energie auf der mentalen Ebene.

Das menschliche Bewußtsein ist eine Funktion unqualifizierter Energie auf der mentalen Ebene. Und wie jede Energieform benötigt Bewußtsein ein energetisches Medium, durch das es sich hindurch bewegen kann. Ohne genügend unqualifizierte Energie, die als dieses Medium dient, wird die Wahrnehmung des eigenen Energiefeldes stark eingeschränkt; man wird sich auf der mentalen Ebene aus sich selbst ausgesperrt finden mit einem entsprechenden Verlust an Kreativität, Fokus, Intuition und Gedächtnis.

Mit der Zeit werden nicht nur die Funktionen des Bewußtsein, sondern auch die des Intellekts (der aus einer Gemeinschaft von Energiekörpern besteht, die innerhalb des Bereichs des begrenzten menschlichen Bewußtseins tätig sind) gestört. Es ist der Intellekt, der über die angeborene Kapazität verfügt, Erscheinungen und Dinge in der äußeren Umwelt zu erkennen und in einer zusammenhängenden Struktur zu ordnen. Es sind die Funktionen und Aspekte des Verstandes in Verbindung mit dem Intellekt, die es einer Person ermöglichen, an externen Energiefeldern in der Welt des Intellekts teilzuhaben, von ihnen Wissen zu erwerben und das Gelernte anzuwenden.

Auf der mentalen Ebene haben sowohl unqualifizierte

Energie als auch qualifizierte Energie, die Informationen der externen Umgebung enthält, Einfluß auf das menschliche Bewußtsein. Der höhere und niedere Verstand, insbesondere der Intellekt verarbeiten diese Informationen. Karmischer Ballast in der Welt des Intellekts kann diesen Prozeß unterbrechen.

Das unglückliche Individuum, dessen mentale Funktionen durch karmischen Ballast gestört werden, wird sich vielfach so fühlen, als ob sein Verstand vernebelt ist oder außer Kontrolle gerät. Dies wird es in der Folge dem höheren Verstand zunehmend erschweren, ein voll funktionierendes Hologramm der Welt des Intellekts sowohl im Mikrokosmos als auch im Makrokosmos zu schaffen und aufrecht zu halten.

In extremen Situationen, wenn Grenzen geschwächt sind und auf der mentalen Ebene genug qualifizierte Energie in den persönlichen Körperraum eingetreten ist, können sich falsche Personas entwickeln. Dies sind in sich geschlossene Persönlichkeiten, die aus qualifizierter Energie und feinstofflicher Materie bestehen. Sie können in den persönlichen Körperraum eindringen und sich der Funktionen des Intellekts bemächtigen.

Diese falschen Personas können durch fremde Ideen, Einstellungen und Überzeugungen in der Tat derart überzeugend sein (indem sie einer Person zusetzen und an ihr herumnörgeln), daß sich das belagerte Individuum allmählich gedanklich gegen sich selbst und/oder gegen die Gesellschaft richtet und sich möglicherweise auch so benimmt. Mit der Zeit können sich falsche Personas, unterstützt vom individuellen Verstand und Ego, der Position und der Aufgaben der mentalen Energiekörper bemächtigen (vor allem wenn diese aus dem persönlichen Körperraum herausgeschleudert wurden). In Extremfällen können sie stark genug werden, daß sie eine Person dazu bringen, die Bedürfnisse und Wünsche der Personas auf Kosten des Wirtes und/oder auf Kosten anderer Leute, die mit dem Wirt sie zusammen leben, zwanghaft zu befriedigen.

Karmischer Ballast auf der emotionalen Ebene

Jede Beeinträchtigung unqualifizierter Energie auf der emotionalen Ebene (der Welt der Seele) durch karmischen Ballast wird die Fähigkeit einschränken, emotionale Energie auszudrücken oder auch nur zu empfinden.

Es gibt nur vier authentische menschliche Emotionen: Wut, Furcht, Schmerz und Freude. Sie sind authentisch, weil sie aus den Chakras auftauchen, tief innerhalb des persönlichen Körperraumes, in der Welt der Seele. Wut taucht aus dem zweiten Chakra auf, Furcht aus dem dritten, Schmerz aus dem vierten und Freude aus dem fünften (mehr über Chakras und Emotionen lesen Sie in Kapitel 12).

Wenn Prana ungehindert durch das menschliche Energiesystem fließt und nicht durch karmischen Ballast und/oder Anhaftungen auf der emotionalen Ebene eingeschränkt ist, werden die vier authentischen Emotionen spontan ohne Angst ausgedrückt und aufgelöst, sobald sie durch die Gesichtsmuskeln und die Organe des Ausdrucks (den Mund und die Augen) freigesetzt werden.

Menschen haben die Fähigkeit entwickelt, diese vier Emotionen durch Weinen, Schreien, Brüllen und so weiter auszudrücken, ebenso mit den Augen und der Gesichtsmuskulatur. Wenn eine Emotion spontan ausgedrückt und freigesetzt wird, stellt sich ein Gefühl der Befriedigung ein – ein Zeichen dafür, daß die aufgestaute emotionale Energie freigesetzt wurde und ein gesunder Strom unqualifizierter Energie durch das Energiesystem wiederhergestellt ist. Karmischer Ballast, der den Fluß unqualifizierter Energie auf der emotionalen Ebene blockiert, läßt es nur selten zu, daß Gefühle das dritte oder das letzte Stadium dieses Prozesses, die Freisetzung erreichen.

Die Freisetzung ist nur möglich, nachdem die emotionale Energie die Organe des Ausdrucks im Kopf erreicht hat. Da der karmische Ballast den Strom der emotionalen Energie durch das menschliche Energiesystem blockiert, ist die Freisetzung kaum jemals vollständig und ein Rest emotionaler Energie bleibt zurück. Kein noch so großes Weinen, Schreien oder Rufen nach dem Ereignis wird diese restliche emotionale Energie umwandeln und freisetzen. Emotionale Energie, die nicht spontan geäußert wird, bleibt im menschlichen Energiefeld hängen und wird zum Bestandteil des karmischen Ballastes aus dichter qualifizierter Energie, welche in den aurischen Feldern, die den persönlichen Körperraum umgeben, auf der emotionalen Ebene gespeichert wird.

Es kann eine besonders schwierige Situation entstehen, wenn sich auf der emotionalen Ebene übermäßig viel karmischer Ballast angesammelt hat. In diesem Fall können einer oder mehrere Energiekörper aus dem persönlichen Körperraum herausgeschleudert werden. Wenn Energiekörper aus der emotionalen Ebene herausgeschleudert werden, kann die Reaktion sein, daß man noch zurückgezogener lebt oder vielleicht sein emotionales Leben völlig aufgibt und unechte Emotionen annimmt, die durch qualifizierte Energie geschaffen werden, die in den persönlichen Körperraum eingedrungen ist, oder sich als karmischer Ballast in den Dimensionen der Seele abgelagert hat.

In Extremfällen können aus dem karmischen Ballast falsche Personas auftauchen und zusammenarbeiten, um einen vorgetäuschten Willen zu erschaffen. Ein vorgetäuschter Wille auf der emotionalen Ebene kann besonders gefährlich sein, weil er meist obsessiv-zwanghaft wird und die Selbstbeherrschung schwächen oder zerstören kann. Fast alle Arten von Gewalt und selbstzerstörerischem Verhalten beziehen ihre obsessiv-zerstörerische Qualität aus vorgetäuschtem Willen und den Emotionen, die durch falsche Personas auf der emotionalen Ebene zum Ausdruck gebracht werden.

Bei manchen Menschen kann der Verlust der Selbstbeherrschung und der Aufbau vorgetäuschter emotionaler Energie zu Mustern von Suchtverhalten führen. Alles, von sexbesessenen Aktivitäten, Eßstörungen, Drogenmißbrauch bis zur Sucht nach Beziehungen kann darauf zurückgeführt werden, daß einer oder mehrere Energiekörper auf der emotionalen Ebene herausgeschleudert und durch vorgetäuschten Willen, Emotionen und/oder Personas ersetzt worden sind.

Karmischer Ballast auf der ätherischen Ebene

Gefühle steigen von der ätherischen Ebene auf. Das bedeutet, daß sie innerhalb eines niedrigeren Frequenzspektrums schwingen als Emotionen, die aus der astralen Ebene (der Welt der Seele) auftauchen. Darum sind Gefühle weniger präzise als Emotionen. Die Schwingungen mancher Gefühle sind so niedrig, daß sie stark physischen Empfindungen ähneln. Tatsächlich sind viele der häufigsten psychosomatischen Krankheiten unserer Zeit, die mit emotionalem Streß in Verbindung gebracht werden, ätherische Leiden, deren Ursache der karmische Ballast auf der ätherischen Ebene ist. Chronisches Müdigkeitssyndrom, Aufmerksamkeitsdefizitsyndrom (ADS), chronische und akute Depressionen, Ängstlichkeit, Panikattacken ebenso wie Atemnot, Rückenbeschwerden und Kolitis [Dickdarmentzündung]* sind einige der bekannteren Krankheiten, die durch die Anhäufung von karmischem Ballast auf der ätherischen Ebene entstehen.

Gefühle sind ebenso wie manche Empfindungen auch Funktionen unqualifizierter Energie auf der ätherischen Ebene. Das bedeutet, daß sie ein energetisches Medium benötigen, durch das sie sich bewegen können. Ohne genügend unqualifizierte Energie, die als Medium dient, ist die Wahrnehmung der inneren Welt auf der ätherischen Ebene begrenzt. Man wird sich aus sich selbst ausgesperrt finden, mit einem entsprechenden Verlust an Empfindsamkeit, Selbst-Wahrnehmung und intuitiver Einsicht.

Tatsächlich ist es so, daß intuitive Einsicht, die man oft

*Texte in eckigen Klammern [...] wurden zwecks besseren Verständnisses hinzugefügt.

als «Bauchgefühl« oder vage Erkenntnis der Wahrheit erfährt, in der Bewußtheit auf der ätherischen Ebene entsteht. Wenn sich dort zuviel karmischer Ballast angesammelt hat, kann er die intuitive Wahrnehmung behindern. Dies erschwert es einem zunehmend, zwischen angemessenem und unangemessenem Handeln zu unterscheiden oder die Gültigkeit seiner Wahrnehmungen zu akzeptieren.

Karmischer Ballast auf der physisch-materiellen Ebene

Empfindungen und physisches Vergnügen entstehen auf der physisch-materiellen Ebene, was bedeutet, daß sie innerhalb eines niedrigeren Frequenzspektrums schwingen als Gefühle. Wenn der Fluß unqualifizierter Energie auf der physisch-materiellen Ebene durch karmischen Ballast unterbrochen wird, wird dies die Einschränkung physischer Empfindung und körperlichen Vergnügens verursachen. Das kann zu sexuellen Störungen einschließlich Impotenz und vorzeitiger Ejakulation bei Männern und zu Orgasmusstörungen bei Frauen führen. Tatsächlich kann fast jede Abneigung gegen normale sexuelle Stimulation und Vergnügen auf denselben Ursprung zurückgeführt werden: einer gestörten Übertragung und Umwandlung unqualifizierter Energie auf der physisch-materiellen Ebene.

Da karmischer Ballast auf der physisch-materiellen Ebene unsere Kondition und Kraft schwächen kann, kann er auch störende Wirkungen auf die körperliche Leistungsfähigkeit haben. Indem karmischer Ballast sich an strategischen Punkten im physisch-materiellen Körper ansammelt, kann er sogar ein Umfeld schaffen, das zu Verletzungen führt. Tatsächlich können Verletzungen immer dann auftreten, wenn der karmische Ballast einen Menschen dazu zwingt, die übergroße Dichte auf der physisch-materiellen Ebene durch winzige Bewegungen zu kompensieren, die den Körper an seinen schwächsten Punkten belasten (den Gelenken und den Verbindungsstellen von Sehnen und Knorpel). Diese zusätzliche Belastung, vor allem bei Sportlern, die ihrem physisch-materiellen Körper Spitzenleistungen abverlangen, kann zu schweren Verletzungen führen.

Wird der karmische Ballast auf der physisch-materiellen Ebene zu einer zu großen Belastung, kann eine Person wütend und gegenüber geliebten Menschen handgreiflich werden, im vergeblichen Versuch, einen gewisse Kontrolle über sie und ihr Energiesystem (auf der physisch-materiellen Ebene) zu gewinnen. Wenn verbale Ausbrüche keine Erleichterung bringen, kann der Ausdruck auch gewalttätig werden.

Gewaltausbrüche können nach innen oder nach außen gerichtet sein oder zwischen beidem hin und her springen. Die Gewalt kann entweder passiv oder dominant sein. Passive Gewalt kann rituell, durch sadomasochistische sexuelle Aktivitäten ausgelebt werden. Dominante Gewalt kann explosiv werden und kann durch sexuellen Mißbrauch und/ oder körperliche Angriffe ausgelebt werden. Bei denen, die ihre Wut verdrängen, kann der karmische Ballast zu einer Vielzahl an Mustern und Suchtverhaltensweisen führen. Obwohl Suchtverhalten meist die Folge von Störungen ist, die auf der ätherischen Ebene stattfinden, können Suchtmuster auch auf die physisch-materielle Ebene übertragen werden, wo sie den Strom von sexueller Energie und Prana unterbrechen. Dies kann wiederum die Produktion von Stoffen im Gehirn unterbrechen, die Vergnügen auslösen. Die gestörte Körperchemie kann zu körperlicher Abhängigkeit führen, vor allem, wenn die betroffene Person sich selbst und ihre unmittelbare Umgebung nicht im Griff hat.

Karma und Kultur

Suchtverhalten, das aus der Ansammlung von karmischem Ballast entsteht, sollte nicht nur als individuelles oder als

Beziehungsproblem gesehen werden. Es muß umfassender, als kulturelles Problem betrachtet werden. Indem er die Persönlichkeit formt und den Zugang einer Person zum Selbst begrenzt, hat karmischer Ballast und die Anhaftungen, die er verursacht, einen kollektiven Einfluß auf die Kultur.

Kulturen unterstützen ihrer Natur nach karmische Bindungen als Teil ihrer Wertesysteme, Normen und Tabus. Forscher erkennen zwar an, daß patriarchalische Kulturen, zum Beispiel in Nordeuropa und Nordafrika, in der Regel repressiver sind als matriarchalische; die Wahrheit ist jedoch, daß es selbst in den matriarchalischsten Kulturen, etwa bei Juden und Hopi-Indianern, Regeln und/oder Gesetze gibt, welche die Ausstrahlung unqualifizierte Energie behindern. Diese Regeln messen oft den Willen des Individuums am kollektiven Willen der Gruppe. Obwohl Regeln für das »gemeinsame Wohl« als notwendig gelten, ist es wichtig zu erkennen, daß der uneingeschränkte Strom unqualifizierter Energie nicht dasselbe ist, wie der uneingeschränkte Strom qualifizierter Energie.

Es mag notwendig sein, qualifizierte Energie und die vom individuellen Verstand und Ego ausgelösten Handlungen einzuschränken. Die Einschränkung unqualifizierter Energie, egal mit welcher Rechtfertigung, wird jedoch immer negative Folgen für den einzelnen, sowie die Gruppen und Institutionen, denen er angehört, haben. Die Unterdrückung und Sublimierung unqualifizierter Energie wird letztlich anstelle einer strukturierten, geordneten Gesellschaft das genaue Gegenteil schaffen. Sie wird eine Kultur hervorbringen, die Beziehungen und Institutionen untergräbt und Unzufriedenheit und Zwietracht sät.

In der Tat machen es die Auswirkungen der übermäßigen Ansammlung qualifizierter Energie im menschlichen Energiefeld und die negativen kulturellen Einflüsse, die daraus resultieren notwendig, ein neues Paradigma und eine neue Kultur für Individuen, Beziehungen und Institutionen zu schaffen. Nur dann werden die Menschen die Freude und den Frieden, den sie in sich selbst suchen und liebevolle Beziehungen finden, die auf gegenseitigem Vertrauen und Intimität gründen. Wenn genügend Menschen die Wirkungen ihres karmischen Ballastes überwunden haben, wird eine neue Kultur entstehen, die auf Kooperation, gemeinsamer Verantwortung und dem Bewußtsein des Selbst gründet. Sie wird eine Weltordnung ersetzen, die unhaltbare Kulturen unterstützt, die selbstbegrenzend sind und Intimität und Dharma keinen Platz einräumen.

Was Sie lernen werden

Der Zweck dieses Buches ist es, Sie dabei zu unterstützen, sich von den Fesseln karmischen Ballastes und der von ihm geschaffenen Anhaftungen zu befreien. Während Sie »Chakras und Karma« lesen, werden Sie erfahren, wie Anhaftungen, die durch karmischen Ballast verursacht werden, Ihre Persönlichkeit (den individuellen Verstand und das Ego) und Ihre Beziehungen beeinflußt haben und wie bestimmte Muster, die durch Anhaftung geschaffen wurden, Ihr System an Überzeugungen infiltriert, Ihren freien Willen beeinträchtigt und Ihr emotionales, mentales und geistiges Leben vorherbestimmt haben.

Sobald Sie gelernt haben, wie karmischer Ballast in Form von dichter, schwerer, qualifizierter Energie Sie beeinflußt hat (und welche emotionalen, mentalen und geistigen Verhaltensmuster Sie als Ausgleich entwickelt haben), werden Sie einfache Fertigkeiten erlernen, die Ihnen dabei helfen, karmischen Ballast und die von ihm geschaffenen Anhaftungen zu lokalisieren, zu identifizieren und aufzulösen.

Nachdem Sie die auf diesen Seiten dargestellten Übungen durchgeführt haben, wird Ihnen bereits nach kurzer Zeit klar werden, daß »Chakras und Karma« mehr als ein Buch ist. Es ist ein Programm, das Schritt für Schritt vorgeht und dazu entworfen ist, Ihre Grenzen zu stärken, Ihre Chakras im persönlichen Körperraum, die kleineren Energiezentren in Ihren Händen und Füßen und die Chakras oberhalb und unterhalb des persönlichen Körperraumes zu aktivieren, den Prana-Fluß durch die Meridiane zu erhöhen, karmischen Ballast zu entfernen und die Energiekörper und Energieträger (falls sie herausgeschleudert wurden) wieder zu integrieren.

Sobald Sie damit begonnen haben, die Wirkungen des karmischen Ballastes und des dadurch geschaffenen Anhaftens zu überwinden, werden innere Ressourcen, die bisher in Ihnen geschlummert haben, in Ihrer bewußten Wahrnehmung auftauchen. Und Sie werden feststellen, daß es zu einem Ihrer größten Vergnügen werden wird, diese mit dem Partner, der Familie und Freunden zu teilen. Wenn Ihr Leben freudvoller wird und Sie mutig Ihrem Dharma folgen, werden Sie feststellen, daß Sie das Universum bei allem, was Sie tun unterstützt. Freude, Intimität und Glückseligkeit werden eine Lebensweise für Sie und für die Menschen sein, mit denen Sie Ihr persönliches Wissen teilen.

Kapitel 2

»Die Stille ist die Herrin der Unruhe. Darum verliert der Weise, der den ganzen Tag unterwegs ist, sein Gepäck nie aus den Augen. Obwohl es viel Schönes zu sehen gibt, haftet er an nichts und bleibt gelassen.«
TAO-TE CHING

Lernen Sie Ihr Selbst kennen

Obwohl Sie sich dessen möglicherweise nicht bewußt sind, sind Sie und das Selbst (die Einheit aus der alles hervorgegangen ist) eins. Im Laufe des Prozesses, bei dem karmischer Ballast entfernt wird, wird Ihr Bewußtsein für diese einzigartigen Beziehung wachsen, bis die Einheit mit dem Selbst die Erfahrung jedes Augenblicks wird. Bis dahin ist es wichtig, eine Vorstellung davon zu bekommen, was das Selbst ist, wie es funktioniert und wie die Einheit mit dem Selbst sein würde.

In den Schriften des Yoga und Tantra, des Taoismus und des Jainismus wurde viel über das Selbst geschrieben. Doch bevor wir fortfahren, sollten Sie folgendes beachten: Das Selbst ist kein Gegenstand des Wissens und hat keine bestimmenden Eigenschaften. Darum ist eine genaue Definition des Selbst unmöglich. Da Ihr Geist, Ihr Intellekt, Ihre Seele und Ihr Körper zudem aus dem Selbst hervorgegangen sind, hat keines davon das Fassungsvermögen, zu begreifen oder zu verstehen, was das Selbst ist, denn das Selbst ist ihre Wurzel, ihre Ursache, ihr Schöpfer. Dies stellt ein Paradox dar, das verglichen werden kann mit dem Problem, dem sich Wesenheiten in einem Traum gegenüber sehen, die vergeblich versuchen ihren, Schöpfer (den Träumenden) zu erfassen, dem sie ihre Existenz verdanken und in dessen Bewußtsein sie existieren und funktionieren.

Es ist natürlich von vornherein eine Tatsache (die Yoga und Tantra sowie die großen Religionen des Ostens anerkennen), daß Sie bereits eins sind mit dem Selbst (ob Sie sich dessen bewußt sind oder nicht) und daß das Selbst ebenso die Wurzel Ihres Geistes, Ihrer Seele, Ihres Intellekts und Ihres Körpers ist, wie auch von allem anderen im Universum der Erscheinungen. Doch das Selbst entspricht nicht genau dem, was es Ihrer Vorstellung nach ist, oder zumindest dem Selbst, mit dem Sie sich im täglichen Leben identifizieren. Treffender wäre es zu sagen, daß das Selbst die Grundlage dessen ist, was Sie jetzt sind und was Sie waren, ehe Sie individualisiert wurden und sich mit dem individuellen Ich identifiziert haben, dem Teil von Ihnen, der sich aus dem individuellen Verstand und dem Ego zusammensetzt.

Wenn Sie nicht genau verstehen, worauf ich hinaus will, befinden Sie sich in guter Gesellschaft, denn die meisten Weisen, Seher, Theologen und Psychologen haben das gleiche Problem wie Sie. Die Wahrheit ist, daß es unmöglich ist das Selbst zu erkennen, wenn Sie den individuellen Verstand und das Ego als Werkzeug benutzen. Denn wenn Sie sich mit sich als Individuum identifizieren, schränken Sie Ihre Wahrnehmung auf endliche Objekte ein. Tatsächlich kann das, was endlich ist und sich ständig verändert, das Ewige und Unwandelbare nicht erfassen.

Wenn Sie versuchen, sich eine zweidimensionale Linie vorzustellen, die weder einen Anfang noch ein Ende hat, oder einen Verstand, der nicht denkt, werden Sie eine Vorstellung von der Unmöglichkeit bekommen, universelles Bewußtsein zu erfassen, indem Sie die Fähigkeiten des individuellen Verstandes und des Ego nutzen.

Tatsächlich können Sie das Selbst nur erkennen, indem Sie eine direkte Erfahrung des Selbst haben; das heißt, indem Sie den individuellen Verstand und das Ego zumindest zeitweise transzendieren.

Bis Sie eine direkte Erfahrung des Selbst haben, können Sie nur Ihre intellektuelle Neugier befriedigen (was durchaus nützlich ist), indem Sie lernen, wie das Universum der Erscheinungen einschließlich Ihnen selbst und einschließlich der verschiedenen Aspekte Ihres Seins aus dem Selbst aufgetaucht ist und wie das Selbst damit fortfährt, alles in jeder Welt und jeder Dimension des Universums der Erscheinungen zu beeinflussen.

Die funktionale Natur des Selbst

Das Selbst entspricht dem Heiligen Geist des Christentums. Im Yoga heißt es Atman, »das, was sich nicht verdoppeln läßt«. Das Selbst ist seiner Funktion nach dasselbe wie die »Singularität« in der Mitte jedes Menschen und wie das universelle Feld, aus dem das dualistische Universum hervorgegangen ist.

Das Selbst ist die Quelle und die Grundlage von Raum und Zeit sowie von Bewußtsein, Energie und Materie darin, in allen Welten und Dimensionen des Kosmos. Das Selbst ist lebendig und bewußt. Es ist der Ursprung des menschlichen Lebens und die Quelle von Glückseligkeit, Freude, Liebe und Vergnügen, die es beseelt.

Funktionell betrachtet ist das Selbst identisch mit dem universellen Bewußtsein oder Brahman (im Hinduismus ist Brahman der Schöpfer des Universums). Wie Brahman existiert das Selbst außerhalb der normalen (linear-sequentiellen) Zeit in dem, was Ewigkeit oder ewige Zeit genannt wird. In der Ewigkeit gibt es weder Vergangenheit noch Zukunft, nur das immer vorhandene Jetzt. Tatsächlich durchdringt das Selbst die Begrenzungen, die ihm durch Raum und Zeit (so wie wir sie durch unsere fünf Sinne wahrnehmen oder durch jeden dadurch geschaffenen Erscheinungsaspekt), auferlegt werden. Darum kann es weder jemals sterben, noch ist es den Rhythmen von Geburt, Leben und Tod unterworfen. Es verändert sich nie und ist nicht an die Grenzen gebunden, die dem Universum der Erscheinungen durch die Prozesse der Evolution und Involution auferlegt werden, die alles dazu bringen sich zu verändern. Es existiert überall und erfüllt den Raum und die Zeit in allen Dimensionen sowohl des Makrokosmos als auch des Mikrokosmos.

In Anbetracht dessen, daß alles, was war, ist und sein wird, im Selbst enthalten ist, erkennen wir, daß das Selbst an sich nichts will, weil ihm nichts fehlt. Es wünscht weder Verehrung, noch muß es versöhnlich gestimmt werden. Da es alles umfaßt, beurteilt es nichts - denn es würde nur über sich selbst urteilen.

Das Universum der Erscheinungen kann »als aus dem Selbst hervorgegangen« beschrieben werden und menschliche Wesen als - metaphorisch gesprochen - nach dem Bild des Selbst erschaffen, denn sie sind im Wesentlichen eine Manifestation des Bewußtseins des Selbst, so wie ein Traum die Manifestation des Bewußtseins des Träumers ist. » Und Gott schuf den Menschen ihm zum Bilde. Und er schuf ihn als Mann und als Frau...« (Genesis 1:27).

Die Mandukya-Upanischad nennt das Selbst »Santam Sivam, Advaitam« (Mand. UP. VII). Das Selbst ist friedvoll, gesegnet und nicht-dualistisch. Das Selbst ist ruhig, unendlich und vollständig. Es ist intelligent und glückselig. Das Selbst ist das unpersönliche Absolute. Es birgt alles in sich, was entstanden ist, und hat darum kein Zweites. Im Vedanta wird (das Selbst) Atman als Satchitananda bezeichnet, Sat bedeutet ewige Existenz, chit bedeutet universelles Bewußtsein und ananda bedeutet Glückseligkeit, die strahlende Freude ohne Ursache ist.

In der Bhagavadgita erklärt Krishna, Atman (das Selbst) könne nur dann erkannt werden, wenn der Erkennende, das Feld der Erkenntnis und das Erkannte als eins erfahren werden.

Zwar kann auf die Existenz des Selbst indirekt durch den rationalen Verstand geschlossen werden, nachweisen läßt sich seine Existenz jedoch nur durch unmittelbare Erfahrung. Die einzigen Instrumente, die den Adepten zu diese

Erfahrung führen können, sind der höhere Verstand (Geist, Intellekt und Seele), der niedere Verstand (und seine Funktionen und Aspekte) sowie das menschliche Energiesystem. Leider sind diese Energieträger und authentische Energie- und Bewußtseinsfelder meist derart von karmischem Ballast überschattet, daß die unmittelbare Erfahrung des Selbst nahezu unmöglich ist.

Das Selbst sind Sie ... sozusagen

Im Energiefeld des Menschen tritt das Selbst auf der rechten Seite des menschlichen Herzens hervor, hinein in die Bewußtheit und dehnt sich von diesem Punkt aus, bis es den persönlichen Körperraum auf allen Ebenen und in allen Dimensionen ausfüllt. Von dort aus strahlt es wie eine Sonne hinaus in die äußere Umgebung und scheint auf »Heilige und Sünder gleichermaßen«. Um eine Vorstellung davon zu bekommen, wie ein Leben in Einheit mit dem Selbst sein würde, können wir eine Metapher verwenden.

Stellen Sie sich vor, Sie sitzen in einem Kino als einziger Zuschauer eines Films, dessen Drehbuch Sie geschrieben und den Sie produziert haben, in dem Sie Regie führen sowie auch der Star sind. Nun stellen Sie sich vor, daß Sie nach einer Weile so in den Film und in die Rolle, die Sie spielen vertieft sind, daß Sie vergessen haben, wer Sie sind und begonnen haben, sich mit der Rolle zu identifizieren, die Sie im Film spielen. Schließlich könnten Sie so in die Gedanken, Gefühle und Empfindungen versunken sein, welche die Ereignisse und Charaktere im Film auslösen, daß der Film für Sie wirklicher werden könnte als die »wirkliche« Welt.

Nun stellen Sie sich vor, daß Sie vollständig mit Ihrer Rolle und den Ereignissen im Film verhaftet sind. Wenn die Rollenfigur, die Sie spielen, bedroht würde, so würden Sie mit Angst reagieren. Wenn Ihre Rollenfigur gerettet würde, wären Sie erleichtert. Wenn Sie verlieren würden, was Sie geliebt haben, wären Sie verzweifelt, und wenn Sie es wiedergewinnen würden, wären Sie in Hochstimmung. Nach einiger Zeit würde schon die Idee, aus der Illusion auszubrechen als Akt der Selbstvernichtung abgelehnt werden. Also würden Sie nichts tun. Sie würden weiter mit den Ereignissen auf der Leinwand verhaftet bleiben und in einer Illusion leben, die Ihrer Überzeugung nach real ist. Selbst wenn Sie gelegentlich daran Zweifel hätten, würden die Beweise des individuellen Verstandes und des Ego und Ihre Bindungen an die anderen Schauspieler bezeugen, daß der Traum real ist. Genau das ist der Zustand, in dem wir Menschen uns befinden. Menschliche Wesen identifizieren sich so stark mit der Rolle, die sie spielen, und mit den Empfindungen und Gedanken, die diese mit sich bringt, daß sie vergessen haben, daß der Film ihres Geistes (den sie durch ihre Sinne erfahren und durch den individuellen Verstand und das Ego verarbeiten) unwirklich ist. Sie haben vergessen, daß sie nicht nur der Schöpfer des Filmes sind, sondern auch sämtliche Rollen spielen, einschließlich der Rolle die sie auf der Leinwand gespielt haben.

Nun stellen Sie sich vor, daß Sie sich (nachdem Sie sich mit der Rolle im Film identifiziert haben) wieder daran erinnern, daß der Film nicht real war, und Sie beschließen, sich nicht mehr mit Ihrer Rolle und den Gedanken, Gefühlen und Empfindungen, welche die Rolle gestützt haben, zu identifizieren. Sobald Sie sich von der Wirkung (dem Film) zurückziehen und zur Ursache (dem Selbst) zurückkehren, würde Ihnen wieder einfallen, wer Sie wirklich waren. Sie würden sich wieder daran erinnern, daß Sie tatsächlich der Produzent, der Regisseur und alles andere, das zu diesem Film geworden ist, sind, ebenso wie das Selbst aus dem all dies hervorgekommen ist. Sobald Sie sich von der Illusion oder Maya (der scheinbaren Wirklichkeit) befreit hätten, würden Sie sich von den Wirkungen des karmischen Anhaftens und des Schmerzes und Leidens, das dieses verursacht hat (solange Sie sich fälschlicherweise mit der Filmrolle identifizierten), befreien.

Nachdem Sie die Wahrheit akzeptiert und sich selbst befreit haben, wären Sie nicht spiritueller in irgendeinem realen Sinn oder ein besserer Mensch. Sie würden sich einfach daran erinnern, wer Sie sind. Und Sie würden wieder damit beginnen, sich mit dem zu identifizieren, was wirklich ist (während Sie den Film Ihres Verstandes genießen). Im Endeffekt ist dies genau der Prozeß, den Sie durchlaufen, wenn Sie karmischen Ballast abbauen. Indem Sie Ihre Anhaftung an die Wirkung (den individuellen Verstand und das Ego) aufgeben und zur Ursache (dem Selbst) zurückkehren, werden Sie schrittweise karmische Bindungen überwinden und Ihre a priori vorhandene Einheit mit dem Selbst sowie die Glückseligkeit, die Intimität, die Liebe und die Freude die daraus hervorkommen, erfahren.

Bewußtsein in der Welt der Natur

Als multidimensionale Wesenheiten setzen sich menschliche Wesen aus Bewußtsein, Energie und Materie zusammen, die in einem Feld aus Zeit und Raum treiben. Die oben genannten fünf Grundbausteine wurden vom Selbst – dem universellen Bewußtsein – hervorgebracht, und werden weiterhin von diesem unterstützt.

In der Welt der Natur ist die Manifestation des universellen Bewußtseins mehr oder weniger begrenzt, so daß das Selbst nicht in seiner ganzen Fülle auftauchen kann. In der Welt der Minerale zeigt sich das Bewußtsein (im Sanskrit cit) als niedrigste Form der Empfindungsfähigkeit, was die reflexartige Reaktion auf Reize anbelangt. Unter Wissenschaftlern ist dies als »Gedächtnis der Atome« bekannt. Die Empfindungsfähigkeit der Pflanzen ist höher entwickelt, aber auch ihr Bewußtsein schlummert. Dieselbe Art begrenzten Empfindungsvermögens manifestiert sich in der Klasse der Mikroorganismen, die das Tier- und Pflanzenreich bevölkern.

Im Tierreich ist das Bewußtsein um so stärker zentralisiert

und um so komplexer, je höher ein Tier entwickelt ist. Seine höchste Entwicklung erreicht das Bewußtsein im Menschen, der Bewußtsein und Prana hervorbringen kann. Beide entspringen aus dem Selbst durch die Träger des Geistes, des Intellekts, der Seele des niederen Verstandes und des Körpers.

Es sollte jedoch angemerkt werden, daß die Bewußtseinsebene einer Lebensform von den Frequenzen unqualifizierter Energie (Prana) abhängt, die sie überträgt und durch ihr feinstoffliches Energiesystem (Chakras, Auras und Meridiane) umwandeln kann. Tiere werden durch ein begrenzteres Frequenzspektrum animiert als menschliche Wesen und hochentwickelte Menschen durch ein wesentlich breiteres Frequenzspektrum als primitive.

Es gibt Schwankungen im Bewußtsein aller lebenden Wesenheiten, die auf Schwankungen im Spektrum der Energiefrequenzen (unqualifizierter Energie) beruhen, die durch deren Energiesystem ausstrahlen. Doch die Fluktuationen können weder die Kapazitäten der Chakras und Meridiane diese zu befördern und umzuwandeln, übersteigen, noch die Kapazitäten der Auras diese zu speichern.

Die Hierarchie des menschlichen Bewußtseins

Durch die Energieträger des höheren und niederen Verstandes, deren Funktionen und Aspekte, aber auch durch das Energiesystem eines völlig bewußten menschlichen Wesens kann sich das universelle Bewußtsein – das Selbst – in seiner ganzen Fülle ausdrücken und spirituell, intellektuell, emotional sowie durch authentische Bedürfnisse (den niederen Verstand) an der Welt der Erscheinungen teilhaben.

Das Bewußtsein des Selbst, das durch die Träger des Geistes hervortritt, bleibt von den Eigenschaften der Wesenheiten, Energiefelder und Objekte in der Welt der Erscheinungen getrennt. Als der »Wissende« im Feld des Wissens (der Welt der Erscheinungen) versucht der menschliche Geist nie, etwas zu verstehen, sondern er beobachtet vielmehr, bis er weiß. Weder urteilt er, noch ist das Überleben sein höchstes Ziel. Da die Erfahrungen des Geistes nicht vom karmischen Ballast gefiltert werden, werden sie unmittelbar wahrgenommen. Das bedeutet, daß die Eigenschaften von etwas, das beobachtet wird, durch unmittelbare Erfahrung, Einsicht, Offenbarung und/oder Intuition erfahren werden.

Etwas formte sich auf rätselhafte Weise
Wurde geboren vor Himmel und Erde
In der Stille und in der Leere,
Steht es allein und unwandelbar,
Immer gegenwärtig, immer in Bewegung.
Vielleicht ist es die Mutter von zehntausend Dingen.
Ich kenne seinen Namen nicht.
Nenne es das Tao.
Mangels eines besseren Wortes nenne ich es groß.
TAO-TE CHING (Nr. 25)

Das Bewußtsein des Selbst, das durch die Energieträger des Intellekts hervortritt, zeigt sich als Gewahrsein. Gewahrsein ist nicht, wie man normalerweise annehmen würde, Verstand. Gewahrsein denkt nicht, hat keine Einstellungen, macht sich keine Sorgen über die Zukunft oder verweilt in der Vergangenheit. Gewahrsein bleibt im ewigen Jetzt zentriert. Es beobachtet die Ereignisse in den physischen und feinstofflichen Ebenen unabhängig davon, ob der individuelle Verstand und das Ego sich dieser Ereignisse bewußt sind oder nicht. Darum kennt es den Zustand seines eigenen Energiefeldes und den energetischen Zustand anderer Wesenheiten in seiner unmittelbaren Umgebung.

Authentische Emotionen, Gefühle und sogar Empfindungen, die aus der Welt der Seele im menschlichen Energiefeld auftauchen, sind ein funktionaler Teil des menschlichen Bewußtseins und drücken den Willen und die Absicht des Selbst, das durch den höheren Verstand hervortritt, aus.

Authentische Handlungen, die auf der physisch-materiellen Ebene stattfinden und die den Willen und die Absicht des höheren und niederen Verstandes ausdrücken, sind angemessen und effizient. Sie gründen nicht auf Urteilen (weil der höhere und der niedere Verstand nicht mit dem individuellen Verstand und Ego verhaftet ist), so daß keine Kluft besteht, zwischen der Absicht des höheren und niederen Verstandes und dem Gefühl und/oder der Emotion, die auftaucht und die entsprechende Handlungen antreibt.

Wenn der höhere und der niedere Verstand einen Menschen zu einer Handlung auf der physisch-materiellen Ebene veranlassen, ist die Energie, die sie einsetzen, unqualifiziert; das heißt, daß weder der höhere noch der niedere Verstand, noch das Handeln auf der physisch-materiellen Ebene den Gegenstand der Handlung beeinflussen (außer daß sie ihn vitalisieren). Sie verändern, manipulieren oder vertauschen nicht die Qualitäten von irgend etwas in der äußeren Umgebung. Wie das Selbst, so vertiefen alle Handlungen auf der physisch-materiellen Ebene, die durch unqualifizierte Energie motiviert werden, die Erfahrung von Beziehungen, Intimität und Freude.

Auch wenn ihre primäre Funktion darin besteht, als Träger für das Selbst zu dienen, ist der höhere und niedere Verstand fähig, sich in die äußere Umgebung zu begeben – sowohl im unqualifizierten wie auch im qualifizierten Universum – und die Form der erfaßten Objekte anzunehmen, indem sie die Funktionen und Aspekte des Verstandes als Träger für die Erkennung und die Assimilation verwenden. Obwohl die Funktionen und Aspekte des Verstandes aus dem höheren und niederen Verstand hervorgehen, können sie sich darüber hinaus ausdehnen und Kontakt mit Objekten, Wesenheiten und Energiefeldern sowohl im kollektiven Feld der Maya als auch im Prana-Feld aufnehmen, das dieses unterstützt.

»So wie das Wasser aus einem Tank durch einen Kanal auf einen Acker fließt und dessen Form (rechteckig, dreieckig oder jede andere Form) annimmt, fließt auch der strahlende Geist (der höhere und niedere Verstand) durch das Auge oder durch ein anderes Sinnesorgan zu dem Ort hinaus, an dem sich ein Objekt befindet, und nimmt die Form dieses Objektes an.« (Swami Shivananda: Practice of Yoga)

Die Körper des Verlangens

Die Welt des niederen Verstandes ergänzt die des höheren Verstandes und arbeitet synchron mit ihr zusammen. Der niedere Verstand besteht aus Energieträgern, die »Körper des Verlangens« heißen. Diese Energieträger haben die gleiche Größe und Form wie die Energiekörper des höheren Verstandes und bestehen wie diese vollständig aus Prana.

Dank der Körper des Verlangens kann man die Grundbedürfnisse des Lebens, insbesondere des Lebens in der physisch-materiellen Welt, erfahren, ausdrücken und befriedigen. Diese Verlangen sind eine normale Funktion des Lebens auf Erden und sollten nicht mit den Verlangen nach bestimmten Dingen verwechselt werden, das Anhaftung hervorruft und das durch den individuellen Verstand und das Ego auftaucht.

Die Veden – die grundlegenden Texte des alten Yoga – lehren, daß es vier grundlegende Arten des Verlangens gibt, die Funktionen der Körper des Verlangens sind.

Artha

Das erste ist ***Artha***. Im Sanskrit bezieht sich Artha auf das Verlangen nach materiellem Komfort und materiellem Wohlstand. Artha ist ein essentielles Verlangen, weil es menschliche Wesen dazu bewegt, in einem physisch-materiellen Körper inkarniert zu sein. Da es ökonomisch notwendig ist, genug Wohlstand zu erwerben, um sich von der Last unaufhörlicher Arbeit zu befreien, ist dieses Verlangen die Vorbedingung für anhaltendes, spirituelles Wachstum und anhaltende spirituelle Weiterentwicklung.

Kama

Kama ist das zweite essentielle Verlangen. Es steht für das Vergnügen und für das Streben danach. Es ist eines der vier essentiellen Verlangen, die ein menschliches Wesen dazu motivieren, in einem physischen Körper inkarniert zu sein. In der Bhagavadgita wird das Verlangen in den Mittelpunkt des Lebens gestellt und mit der Lebenskraft gleichgesetzt. Die Veden haben nie gelehrt, daß Vergnügen unterdrückt oder als antispirituell verachtet werden sollte. Sie lehren vielmehr, daß Atman zwei Aspekte hat. Der erste Aspekt ist Bewußtsein, das alles umfaßt, was existiert. Deshalb will es nichts, denn es fehlt ihm nichts. Dieses Atman ist Paramatman. Aus dem Atman tritt auch Jivamatman hervor, die individuelle Seele. Auf der tiefsten Stufe des Seins bestimmt Jivamatman das Verlangen und Streben eines Individuums. Es ist Jivamatman, der die Quelle des Dharmas darstellt, des tiefsten Verlangens des Herzens.

Dharma

Dharma ist das dritte essentielle Verlangen, das menschliche Wesen dazu motiviert, in einem physisch-materiellen Körper inkarniert zu sein. Wörtlich übersetzt bedeutet Dharma »das, was zusammenhält«, (im wesentlichen das, was weltliche Beziehungen davon abhält, ins Chaos zu verfallen). Es ist Dharma, das in der menschlichen Gemeinschaft die soziale Ordnung aufrecht erhält. Dharma hat zwei Ausprägungen: gemeinsames Dharma, das für die gesamte Menschheit gleich ist und individuelles Dharma, das für jedes menschliche Wesen besonders ist. Gemeinsames Dharma ist Rechtschaffenheit oder spirituelle Pflicht. Rechtschaffenheit kann in diesem Zusammenhang mit angemessenem Handeln gleichgesetzt werden. Angemessenes Handeln sind solche Aktivitäten, die den Fluß des Prana fördern und deren Ursprung der höhere und der niedere Verstand sowie seine Funktionen und Aspekte sind. Individuelles Dharma ist der spezielle Weg (angemessener Aktivität), der eine Person zurück zur (bewußten) Einheit mit dem Selbst führen wird.

MOKSHA

Moksha ist das vierte Verlangen, das menschliche Wesen dazu motiviert, sich in einem physisch-materiellen Körper zu inkarnieren. Moksha steht für die Transzendenz, die spirituelle Freiheit und die Befreiung von karmischem Anhaften. Von den vier Verlangen ist Moksha das höchste. Advaita Vedanta (der nicht-dualistische Weg der Selbstverwirklichung) lehrt, daß Jnana (Wissen), das der unmittelbaren Erfahrung entspringt, ein Mittel ist, Unwissenheit zu überwinden und Moksha zu erlangen.

Ramana Maharshi, der große indische Meister des 20. Jahrhunderts, erklärte, Unwissenheit sei nichts anderes als das Haften an der Idee des »Ich«. Der Jainismus geht wie üblich mehr ins Detail und lehrt, Moksha sei der höchste Zustand der Trennung und/oder Loslösung. Im »Moksha« ist man von allen Bindungen an die äußere Welt der Erscheinungen befreit.

Die Funktionen des Verstandes

Da das Selbst jenseits seiner Schöpfung existiert, braucht es Träger, um Bewußtsein und Prana hervorzubringen die ihm erlauben, am Universum der Erscheinungen teilzunehmen. Im höheren Verstand sind diese Träger die Energiekörper, im niederen Verstand die Körper des Verlangens.

Alle Energiekörper und Körper des Verlangens bestehen aus unqualifizierter Energie und feinstofflicher Materie. Um synchron mit anderen Energiekörpern und mit den Funktionen und Aspekten des Verstandes zusammenzuarbeiten, muß jeder Energiekörper in seiner Dimension den Raum einnehmen, der dem entspricht, den der materielle Körper in der physisch-materiellen Welt einnimmt. Dieser Raum wird in jeder Welt und Dimension »persönlicher Körperraum« genannt.

Die Energiekörper und die Körper des Verlangens des höheren und des niederen Verstandes interagieren mit dem Makrokosmos (der äußeren Umwelt) durch die drei Funktionen des Verstandes, die im Sanskrit als Koshas, Indyrias und Pranas bekannt sind.

Koshas

Koshas sind mentale Hüllen, die es ermöglichen, sich seiner selbst und seiner Umwelt bewußt zu werden. Obwohl Energiekörper und Körper des Verlangens über ein Bewußtsein verfügen, kann das Bewußtsein nichts über sich selbst wissen. Es braucht daher einen Spiegel, um sein eigenes Spiegelbild zu erfahren. Auf den einzelnen Ebenen der Erkenntnis im höheren und niederen Verstand, übernehmen die Koshas diese Aufgabe.

Koshas existieren im Raum-Zeit-Gefüge und sind aktive Felder (Energieträger), nicht abstrakte Ideen oder Archetypen. Es gibt zwölf Koshas, die den Energiekörpern und den Körpern des Verlangens im höheren und niederen Verstand entsprechen.

Normalerweise bleibt jedes Kosha im persönlichen Körperraum in der Welt und der Dimension, in denen es aktiv ist. Doch ein Kosha kann sich über den persönlichen Körperraum hinaus ausdehnen, während es seine Funktionen erfüllt. Tatsächlich stellt jedes Kosha Kontakte mit Energiefeldern, Objekten und Wesenheiten in der äußeren Welt her und interagiert mit ihnen, und zwar in der Welt und in den Dimensionen seiner Aktivität. Das geschieht durch »Erweiterungen«, die sich dem Willen und/oder der Absicht entsprechend ausdehnen und zusammenziehen können. Insofern sind die Koshas Erweiterungen des menschlichen Bewußtseins. Energiefelder, Objekte und Wesenheiten strahlen auf dieselbe Art Energie aus und/oder projizieren diese auf das Kosha, das in ihrer speziellen Welt und in ihrer Dimension wirkt.

Indryias

Auf den Ebenen der Emotionen, Gefühle und Empfindungen erfüllen die ***Indyrias*** dieselbe Funktion wie die Koshas. Es gibt zwei Arten von Indyrias: Jnana-Indyrias und Karma-Indyrias. Die Jnana-Indyrias sind Funktionen der Seele; sie sammeln Wissen über den Makrokosmos auf den Aktivitätsebenen, die mit Emotionen, Gefühlen und Empfindungen in Verbindung gebracht werden. Karma-Indyrias manifestieren Wissen durch Handlung, nachdem das Wissen durch die Jnana-Indyrias aufgenommen und integriert worden ist.

Erst wenn die Jnana-Indyrias Wissen aufgenommen haben, ermöglichen uns die Karma-Indyrias mit empfindungsfähigen Wesen sowie mit Dingen und/oder Energiefeldern in Interaktion zu treten, indem sie die Wahrnehmungsfähigkeit der Sinne nach außen richten. Die Karma-Indyrias führen diese Funktion aus, indem sie die Qualitäten von was auch immer annehmen, mit dem sie interagieren. Das können sie jedoch nur tun, wenn sie vollständig in den persönlichen Körperraum integriert sind, und zwar in der Welt und in der Dimension ihrer Aktivität.

Die Funktionen der einzelnen Indyrias können mit den Funktionen des Verlangens, der Liebe und der Intimität innerhalb einer Beziehung verglichen werden. Verlangen separiert etwas oder jemanden von seinem Umfeld, Liebe lenkt unsere Aufmerksamkeit darauf und Intimität ermöglicht es, dessen Eigenschaften oder Frequenz zu erfahren. Auf dieselbe Art isolieren und fokussieren die Indyrias und erlauben es, die Eigenschaften und/oder Resonanz eines Objekts, einer Person und/oder eines Energiefeldes in der äußeren Welt wahrzunehmen.

Pranas

Das feinstoffliche Medium, das der Geist verwendet, um aktiv zu werden, ist allgemein bekannt als ***Pranas***. Es gibt zwei Arten von Pranas : Einströmende und ausströmende Pranas. Die einströmenden Pranas liefern das feinstoffliche

Medium für den unaufhörlichen Informationsfluß, den die Bewußtseinszentren im menschlichen Energiefeld empfangen und verarbeiten. Der höhere und der niedere Verstand und seine korrespondierenden Funktionen des Verstandes nutzen diese Informationen, um die qualitativen und quantitativen Merkmale des sie umgebenden äußeren Energiefeldes zu erkennen.

Die ausströmenden Pranas liefern dem höheren und der niederen Verstand sowie dessen Funktionen das Medium, durch das sich Wissen in der externen Umgebung (durch Handlung) manifestieren kann. Wenn einströmende und ausströmende Pranas aktiv sind und gesund funktionieren, werden Handlungen auf allen Ebenen durch den höheren und niederen Verstand und deren Funktionen und Aspekte entstehen. Zusätzlich bilden die Pranas dank der innewohnenden Macht unqualifizierter Energie einen Schutzschild, der das Eindringen qualifizierter Energie in das menschliche Energiefeld verhindert.

Die Aspekte des Verstandes

Manas, Buddhi, Chitta und Ahamkara sind als Aspekte des Geistes bekannt. Ähnlich wie die DNS in den Zellen sind sie eine Art Bauplan, der dafür sorgt, daß der höhere und der niedere Verstand, ihre Funktionen und die Organe des Energiesystems synchron zusammenarbeiten.

Manas

Manas erfaßt oder ergreift ein Objekt, eine Wesenheit und/oder ein Energiefeld in der äußeren Welt und isoliert es dadurch, so daß es studiert werden kann. Dieser Aspekt (ein wesentliches Element der persönlichen Identität) wird verständlich, wenn man das Schauen mit dem Sehen vergleicht. Beim Schauen wird nicht irgend etwas herausgegriffen. Doch beim Sehen wird das, was gesehen wird in einen bestimmten Zusammenhang gestellt, der es erlaubt, das Gesehene zu vergleichen und zu studieren. Manas schaut nicht, sondern es sieht, indem es den Fokus auf etwas im Feld des Sehens ausrichtet, so daß es von seinem Umfeld getrennt werden kann.

Buddhi

Buddhi ist der Aspekt des Geistes, der ein Objekt, eine Wesenheit und/oder ein Energiefeld analysiert und vergleicht, das von seinem Umfeld durch erworbenes Wissen abgetrennt wurde. Auch wenn Objekte, Wesenheiten und/oder Energiefelder wechseln und/oder sich verändern, bleibt Buddhi gleich. Es ist die Beständigkeit des Buddhi, die es ihm erlaubt, das, was es studiert hat, in einen spezifischen Kontext zu bringen, so daß das Chitta es mit einem speziellen Wert versehen kann.

Chitta

Chitta mißt dem, was Manas isoliert und Buddhi analysiert haben einen Wert bei. Der Wert hängt vom Zustand des menschlichen Wesens ab, das durch diese Aspekte hervortritt. Wenn man am individuellen Verstand und Ego haftet, wird der Wert von etwas auf dem Reflex des Verlangens/der Abneigung beruhen und wird danach bewertet werden, ob er das physische und/oder psychische Wohlergehen fördert. Wenn jemand sich für den Weg nach innen entschieden und begonnen hat, seine Grenzen zu stärken und karmischen Ballast zu entfernen, wird der Wert von etwas danach bemessen, ob es entweder den Strom des Pranas erhöht und/oder seine Beziehung zum Selbst stärkt.

Ahamkara

Ahamkara ist der Entscheider. Er trennt die Informationen, die er von den anderen Aspekten des Verstandes empfängt und nutzt sie, um daraus das Bild, das ein Mensch von sich selbst und von seinen Beziehungen hat, zu schaffen und/oder zu unterstützen. Was er empfängt und als gültig und relevant erachtet, trägt nicht nur zu dem, was man als »Wissen« akzeptiert bei, sondern er bestätigt durch Erfahrung, was man bereits über sich selbst weiß.

Wenn die Information den individuellen Verstand und das Ego unterstützen, bestätigen sie das, was der individuelle Verstand und das Ego schon immer behauptet haben: daß man in der Tat ein Individuum ist. Und daß man durch die Aspekte der »menschlichen Natur« motiviert wird, wenn diese mit Menschen, Dingen und Energiefeldern in der äußeren Umwelt interagieren. Wenn die Entscheidung das Selbst unterstützt, bekräftigt sie unsere uns innewohnende Göttlichkeit und unsere von vornherein vorhandene Einheit mit dem universellen Bewußtsein.

Kapitel 3

»Mögen deine heilenden Flammen das träge Herz entzünden und möge das verzehrende Feuer deiner heiligen Inspiration mich erleuchten.«

St. Anselm

Lassen Sie uns über Energie reden

Wann immer wir über das Selbst und den karmischen Ballast sprechen, der den Zugang zur Glückseligkeit, Freude, Intimität und das Vergnügen, das daraus hervorgeht einschränkt, muß man unterscheiden zwischen qualifizierter Energie (Energie mit Qualitäten), welche die Anhaftung an den individuellen Verstand und das Ego und den Objekten, Energiefeldern und Wesen im kollektiven Feld der Maya hervorbringt und der unqualifizierten Energie, die keinerlei Qualitäten besitzt und die Einheit mit dem Selbst erleichtert. In diesem Kapitel werden wir diese Unterschiede behandeln. Sie werden eine Reihe von Übungen erlernen, die den Fluß von unqualifizierter Energie durch ihr Energiesystem erhöhen wird.

Hermetik, welche die Grundlage der westlichen Metaphysik ist, lehrt uns: »Alles ist Geist, das Universum ist geistig«. Das bedeutet, daß auf der höchsten Ebene alles in jener Singularität vereint ist, die wir universelles Bewußtsein, Atman (oder das Selbst) nennen. Als jedoch das Raum-Zeit-Gefüge durch die Tattwas (Schritte der Evolution) entstand und die Erscheinungswelt sich aus dem universellen Bewußtsein zu entwickeln begann, dehnte sich die unqualifizierte Energie aus und erfüllte jeden vorhandenen Raum (der sich zusammen mit ihr weiter ausdehnte). Diese Expansion (die wir Evolution nennen) und die Beziehung des uni-

versellen Bewußtseins (das statisch ist) und der unqualifizierten Energie (die dynamisch ist), werden im Yoga und im Tantra durch den ewigen Tanz von Shiva und Shakti (siehe Abb. rechts) symbolisiert.

Dieser endlose Tanz, d.h. Bewußtsein und Energie, (Energie in ihren vielen Formen bekannt als Shakti, Prakriti, Prana, Apana und Kundalini-Shakti) dient als das Fundament des physischen und des nicht-physischen Universums. Ohne die Wechselwirkung zwischen dem universellen Bewußtsein (Shiva) und der dynamischen Energie (Shakti) gäbe es keine Erscheinungswelt, keine empfindungsfähigen Wesen mit Sinnesorganen, die unsere Welt wahrnehmen, keinen Geist, der sich mit ihr vereint, keinen Intellekt, der sich der Welt bewußt wird und keine Seele, die mit ihr interagieren kann.

Nachdem Shakti, die dynamische, kreative Energie oder Prakriti (oder Ur-Prana) aus dem universellen Bewußtsein hervorgegangen war, wurde sie zur treibenden Kraft der Evolution, zur Schöpferin der Vielfalt. In Zukunft wird Shakti in Form von Prana, die treibende Kraft der Involution sein, die Bewegung in Richtung der Einheit mit dem universellen Bewußtsein.

Prana bedeutet im Sanskrit »absolute Energie«. Diese Lebenskraft ist eine Art kosmischer Klebstoff. Sie strahlt aus dem universellen Bewußtsein (dem Selbst) und fließt in alle Welten und Dimensionen, wo sie jeden verfügbaren Raum ausfüllt und alles in allen Dimensionen miteinander verbindet. Alles, was existiert, besitzt eine Form und beansprucht Raum; inklusive Objekte, Wesen, Emotionen und Gefühle, die alle aus dem Prana auftauchen und ihm ihre Existenz verdanken, da es sie versorgt und sie mit einem Medium ausstattet, durch das sie sich bewegen und ihre bestimmte Vibration oder Resonanz ausdrücken können.

Die Tattwas

Unqualifizierte Energie (obgleich ein wesentlicher Bestandteil des Bewußtseins) entsteht als scheinbar eigenständige Kraft durch die Tattwas. Obwohl Yoga lehrt, daß es sechsunddreißig Tattwas (Schritte der Evolution) gibt, die für die unglaubliche Vielfalt der Erscheinungswelt verantwortlich sind (sowohl auf der feinstofflichen als auch auf der physisch-materiellen Ebene), wollen wir uns an dieser Stelle mit vier Tattwas auseinandersetzen.

Das erste Tattwa war die ursprüngliche Welt, wie sie innerhalb des Bewußtseins (Atman) existierte. Daraus entstanden Perusha und Prakriti. Perusha war das Urbewußtsein, Prakriti die Urquelle der Macht, (unqualifizierte Energie) oder Prana. Durch die Verbindung von Perusha und Prakriti entstand das nächste Tattwa, Mahatattwa. In diesem Stadium war das vollkommene Gleichgewicht im (nicht-physischen) Ur-Universum gestört und die Evolution, so wie sie die Menschen verstehen, setzte ein.

Als Mahatattwa begann, löste Prakriti den Prozeß der Evolution aus, zuerst auf den höheren und tieferen Ebenen des Bewußtseins, den Ebenen der Energie und der feinstofflichen Materie, dann auf der physisch-materiellen Ebene. Aus dieser dynamischen Urkraft entwickelte sich die unqualifizierte Energie, die heute bekannt ist, als Kundalini-Shakti, Prana in seinen vielen Formen und Apana. Diese Urkraft war zugleich die Quelle der Freude, die in den Mikrokosmos eindrang und Intimität, Liebe und Freude hervorbrachte.

Struktur und Funktion der unqualifizierten Energie

Im Gegensatz zur Energie auf der physisch-materiellen Ebene, die in ihren verschiedenen Formen Kraft, elektrische

Ladung, oder Widerstand usw. manifestieren kann, hat unqualifizierte Energie dagegen keine Qualitäten. Sie kann weder mit dem physischen Auge noch mit visuellen Hilfsmitteln gesehen werden, die das menschliche Sehvermögen steigern. Man kann sie auch nicht hören, fühlen, riechen oder schmecken. Bis jetzt widerstand sie der Entdeckung durch die Wissenschaft und der Bewußtheit des rationellen Verstandes. Dennoch haben Wissenschaftler ihre Existenz in gewisser Weise vorausgesetzt. Der erste war Georg Riemann, der Mitte des 19. Jahrhunderts die Meinung vertrat, Licht entstehe durch eine Krümmung des fünfdimensionalen Raumes. Später, im Jahr 1968, erschien unerwartet die Superstring-Theorie auf der Bildfläche.

Nach der Superstring-Theorie verdankt alles im physischen Universum seine Existenz den sechs nicht-physischen Dimensionen, deren Energie das physisch-materielle Universum versorgt. Für Menschen, die sich der funktionellen Aspekte des menschlichen Bewußtseins auf den nicht-physischen Ebenen bewußt sind, ist die Existenz der unqualifizierten Energie eine unbestrittene Tatsache.

Wenn wir unqualifizierte Energie beschreiben wollen, stellt uns die Sprache vor eine Reihe zusätzlicher Probleme. Da Sprache im Allgemeinen attributive Begriffe verwendet, um die Eigenschaften von etwas zu beschreiben, jedoch unqualifizierte Energie keine Eigenschaften besitzt, ist es tatsächlich eine Herausforderung, unqualifizierte Energie zu beschreiben. Aber wir können eine gewisse Vorstellung von der qualifizierten Energie gewinnen, wenn wir sie mit etwas vergleichen was wir kennen, wie z.B. das Wasser. Wasser ist die Grundlage fast aller Getränke, die von Menschen konsumiert werden und jedes Getränk erhält durch Zusatzstoffe seinen typischen Geschmack, Farbe und Konsistenz. Trotz der Zusatzstoffe bleibt das Wasser jedoch unverändert. Das wird deutlich, wenn es verdampft: Es verwandelt sich in ein Gas, das alle Zusätze zurückläßt und einen Rückstand bildet, der klar erkannt werden kann.

In der gleichen Weise, kann unqualifizierte Energie von nichts unmittelbar beeinflußt werden, auch nicht von karmischer Energie oder dem individuellen Verstand und dem Ego, die lediglich »Zusätze« sind. Wie das Wasser kann auch unqualifizierte Energie fest, flüssig und gasförmig sein und von einem Zustand in den anderen umgewandelt werden, ohne grundlegend verändert zu werden.

Unqualifizierte Energie, die im festen Zustand erscheint, ist am stabilsten. Im festen Zustand dient sie den Energiekörpern, den Energieträgern und den Organen des menschlichen Energiesystems als Grundsubstanz. Im flüssigen Zustand ist die unqualifizierte Energie weniger stabil und nimmt vielfältigere Größen und Formen an. Der flüssige Zustand kann als vorübergehendes Stadium angesehen werden und kommt für gewöhnlich unter der Schirmherrschaft eines Fachmannes oder Heilers zum Vorschein, wenn dieser Werkzeuge oder Instrumente aus unqualifizierter Energie formt, um sie bei der Heilung und der Energiearbeit einzusetzen.

Im gasförmigen Zustand ist unqualifizierte Energie am wenigsten stabil und verändert ihre Größe und Form rasch. Es ist die unqualifizierte Energie, welche die Hohlräume der Energiekörper, der Energieträger und Aura-Felder ausfüllt. Und es ist die unqualifizierte Energie im gasförmigen Zustand, die bei jedem Einatmen ins menschliche Energiesystem eintritt, durch die Chakras hervortritt und durch die Meridiane geleitet wird. Außerdem ist die unqualifizierte Energie im gasförmigen Zustand (in allen Dimensionen und Welten) ein Medium, in dem sich qualifizierte Energie bewegen kann.

Da die unqualifizierte Energie dem universellen Bewußtsein entspricht (Shiva und Shakti in ewiger Umarmung), ist sie den hermetischen Prinzipien nicht unterworfen. Das bedeutet, daß sie unabhängig von der Quelle der unqualifizierten Energie nicht dem Prinzip des Geistes, Ursache und Wirkung, Rhythmus, Polarität, Entsprechung, Geschlecht und Schwingung unterliegt (mehr über die Hermetik in Kapitel 6).

Der individuelle Verstand und das Ego oder ein anderer funktionaler Aspekt der Erscheinungswelt können unqualifizierte Energie nicht übertragen oder umwandeln. Das bedeutet, daß unqualifizierte Energie weder bewußt noch unbewußt gebündelt werden kann durch das menschliche Verlangen, Angst, Bedürfnis oder einen Willensakt des begrenzten menschlichen Bewußtseins und/oder des Ego.

Unqualifizierte Energie ist jederzeit, in allen Situationen und Dimensionen unabhängig vom individuellen Verstand und Ego. Sie strahlt wie die Sonne, es sei denn, sie wird von einer Quelle unqualifizierter Energie und/oder vom Bewußtsein (dem Selbst, dem höheren und niederen Verstand oder von den Funktionen und/oder Aspekten des Verstandes) gebündelt.

Da der individuelle Verstand und das Ego unqualifizierte Energie nicht unmittelbar projizieren können, nimmt sie unter keinen Umständen die Form von Wellen, Atmosphären, Ansammlungen, knotigen Fäden oder karmischem Ballast an, noch kann ein physisches oder nicht-physisches Wesen, das ausschließlich in der qualifizierten Welt der Maya lebt und funktioniert, sie unmittelbar beeinflussen.

Obwohl es manchmal so scheint, als sei unqualifizierte Energie (in Situationen, die mit Streß, Schock oder Trauma verbunden sind) eingeschränkt, zumindest im Erleben derer, welche die Auswirkungen solcher Situationen wahrnehmen, ist in Wirklichkeit durch die Anhaftung am individuellen Verstand und Ego die Fähigkeit eingeschränkt, unqualifizierte Energie zu »sehen« oder zu erfahren.

Die vier Formen der unqualifizierten Energie

Wenn unqualifizierte Energie aus dem Selbst hervortritt, nimmt diese die Form von »Prana«, der Apana, der Kundalini-Shakti oder einer der einströmenden oder ausströmenden Pranas an.

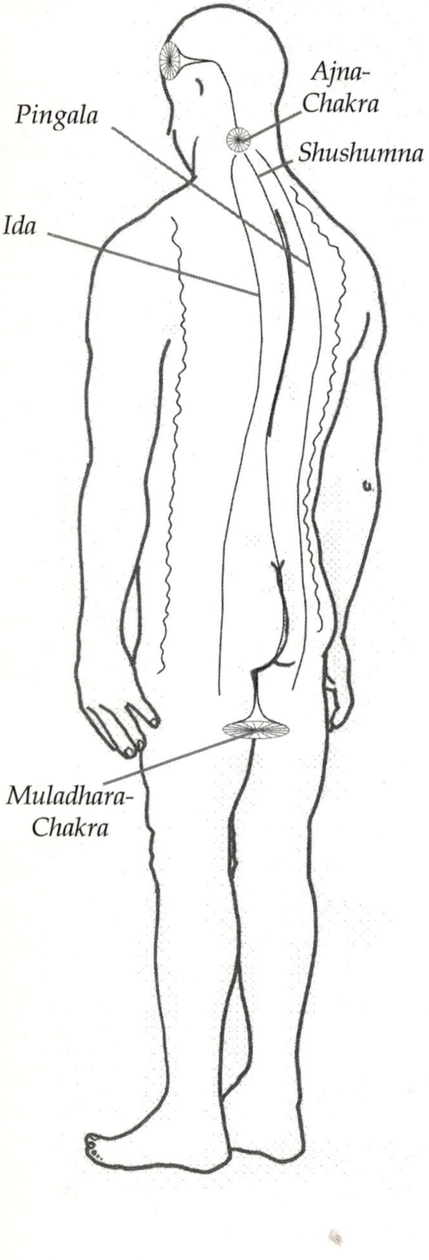

Prana ist die Summe aller Energien im Universum, sowohl im Mikrokosmos als auch im Makrokosmos. Es dringt mit der Einatmung ins menschliche Energiesystem ein und strahlt durch die Chakras, wenn sie aktiv sind.

Die Apana entsteht an der apanischen Grenze. Die apanische Grenze befindet sich im menschlichen Energiefeld und zwar in allen Dimensionen und Welten des höheren und niederen Verstandes und umgibt den persönlichen Körperraum in einem Abstand von etwa zwanzig Zentimetern. Wenn die apanische Grenze frei von übermäßigem Einfluß des karmischen Ballasts ist, reicht Apana bis zur Oberfläche des persönlichen Körperraumes.

Die Kundalini-Shakti ist eine besondere Form von unqualifizierter Energie, die im ersten Chakra (Muladhara-Chakra) schlummert. Sie befindet sich im persönlichen Körperraum an einer Stelle, die dem Steißbein entspricht. Wenn sie erweckt wird, fließt sie durch den Shushumna-Gouverneur-Meridian (den wichtigsten männlichen Meridian), der vom ersten Chakra aufsteigt und sich nach oben erstreckt, von der Rückseite des persönlichen Körperraumes bis zum Kronen-Chakra am Scheitelpunkt des Kopfes (siehe Abbildung links).

Die einströmenden und ausströmenden Pranas gehen aus den Energieträgern hervor, die in allen Welten des höheren und niederen Verstandes zu finden sind. Sie stellen den Funktionen und Aspekten des Verstandes ein Medium zur Verfügung. Und sie vergrößern die Vitalität und die Kraft in der äußeren Welt durch pranische Ausdehnungen, die als eine Funktion der Absicht des höheren Verstandes hervortritt.

Prana und der Atem

Das Studium des Prana und seiner Beziehung zum Atem (pranayama) war für Jahrtausende ein wesentlicher Bestandteil des Yoga. Die alten Meister wußten, daß ein völlig empfindungsfähiges, menschliches Wesen eine beträchtliche Menge Prana zum Überleben benötigt. Darum galt die ununterbrochene Zufuhr von Prana als wesentlicher Aspekt für Gesundheit, Wohlbefinden und spirituelle Entwicklung.

Die Alten erkannten zudem, daß der individuelle Verstand und das Ego die Aufnahme und Verteilung des Pranas stören und es davon abhalten können, die Gemeinschaften von Energiekörpern und Energieträgern wiederzubeleben, aus denen der höhere und niedere Verstand, sowie deren Funktionen und Aspekte bestehen. Um das zu verhindern, haben die Meister Übungen entwickelt, deren Ziel es ist, dem individuellen Verstand und Ego die Macht über den Atem und das Prana zu entreißen und seine Verteilung im menschlichen Energiesystem zu steigern.

In diesem Kapitel beschreibe ich eine Technik namens »Yoga-Atmung«. Wenn Sie regelmäßig üben, gelangt mehr Prana in Ihr Energiefeld und wird gleichmäßiger verteilt. Dann können Sie es nutzen (zur angemessenen Zeit), um karmischen Ballast und die von ihm geschaffenen Bindungen aufzulösen.

➠ Die Yoga-Atmung

Diese Atmung ist eine Synthese der drei Grundatmungen und wird daher oft »vollständige Atmung« genannt (siehe Abbildung nächste Seite). Die drei Arten der Atmung sind die Bauchatmung, die mittlere Atmung und die obe-

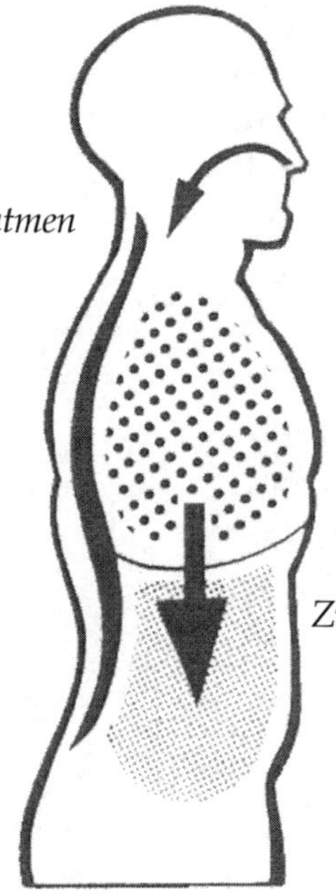

re Atmung. Bei der Bauchatmung weitet sich der Bauch und dehnt sich nach unten aus. Bei der mittleren Atmung füllen die Luft und das Prana die Brusthöhle, die sich dann ausdehnt um den Brustkorb und die Schultern zu füllen. Bei der Nasenatmung füllen die Luft und das Prana die Nasenwege und dann den Kopf.

Um mit der Yoga-Atmung zu beginnen, setzen Sie sich aufrecht auf einen Stuhl und stellen Sie die Füße flach auf den Boden. Wenn Sie wollen, können Sie auch im Lotussitz sitzen. Sobald Sie bequem sitzen, legen Sie die rechte Hand knapp unterhalb des Sonnengeflechts auf den Bauch. So spüren Sie den Rhythmus der Atmung und atmen flüssiger. Schließen Sie nun die Augen. Das muß zwar nicht sein, aber es hilft Ihnen, sich zu entspannen, und erleichtert das rhythmische Atmen. Dabei gehen Einatmen und Ausatmen ineinander über. Atmen Sie immer durch die Nase ein.

Atmen Sie jetzt ein und füllen Sie den unteren Teil der Lungen mit Luft. Die Hand auf dem Bauch spürt, wie das Zwerchfell sich streckt und der Bauch sich ein wenig ausdehnt. Füllen Sie nun den mittleren und oberen Teil der Lungen mit Luft. Die Schultern heben sich und die Muskeln des Brustkorbs dehnen sich, während die Lungen sich weiten. Während der mittleren Atmung, spüren manche Menschen Schmerzen zwischen den Schulterblättern. Die Ursache ist die Ansammlung von karmischem Ballast, welche die Muskeln zum Kontrahieren bringt und sie steif gemacht hat. Lassen Sie sich von diesen Beschwerden nicht entmutigen. Wenn Sie weitermachen, fließt mehr Prana in Ihr Energiesystem und die Muskeln werden wieder elastisch.

Nachdem Luft und Prana die Lungen gefüllt haben, lassen Sie beide nach oben steigen, bis sie die Nasenwege und den Kopf füllen.
Wenn Sie ausatmen leeren Sie zuerst die Nasenwege, dann den oberen, mittleren und unteren Teil der Lungen. Dabei senken die Schultern sich von selbst und das Zwerchfell kehrt in seine normale Position zurück. Üben Sie etwa fünf Minuten, ohne Unterbrechung zwischen Einatmung und Ausatmung.
Anfangs sollten Sie täglich eine bestimmte Zeit für die Übung reservieren. Später können Sie die Yoga-Atmung mit der Meditation und mit den spirituellen Übungen verbinden. Eine Anmerkung zur Vorsicht: Gehen Sie stets behutsam mit sich um. Wenn sie einmal die Yoga-Atmung beherrschen, werden Sie nicht zwanghaft. Andernfalls werden sie sich lediglich in anderen Bereichen überanstrengen und schaden Ihrer Gesundheit und anstatt Ihren Atem zu befreien, werden Sie ihn nur noch mehr einschränken

Die Apana

Die Apana ist eine besondere Form des Prana mit einer weiblichen Polarität. Sie existiert in allen Dimensionen und Welten des höheren und niederen Verstandes und entspringt von einer Position oder einer Grenze, die den persönlichen Körperraum in jeder Dimension, in einer Entfernung von etwa zwanzig Zentimetern umgibt. Die Grenze bzw. Position, von wo aus die Apana hervortritt, darf nicht mit der Oberfläche der Aura-Felder verwechselt werden. Die apanische Grenze ist keine Struktur, sondern vielmehr die Grenze eines Feldes, das im Mikrokosmos bereits vorhanden ist.

Von der apanischen Grenze in jeder Dimension fließt Apana zum persönlichen Körperraum und beseitigt dabei karmischen Ballast, der sich dort abgelagert hat. Die Verbindung von Apana (mit ihrer weiblichen Polarität), die außerhalb des persönlichen Körperraumes hervortritt, mit dem

Prana, das aus den Chakras fließt, ist zusammen so mächtig, daß karmischer Ballast entfernt wird und dem individuellen Verstand und dem Ego die Herrschaft über den lebenswichtigen Bereich zwischen der Oberfläche des persönlichen Körperraumes und der apanischen Grenze entrissen werden kann.

Die Chakras

Die wichtigste Aufgabe der Chakras besteht darin, das Selbst, das universelle Bewußtsein mit den Welten und Dimensionen des Universums der Erscheinungen zu verbinden. In dieser Funktion dienen die Chakras als Energiezentren, durch die Prana ins Universum der Erscheinungen strömt. Außer als Energiezentren zu dienen, leiten sie Prana weiter und wandeln es in verschiedene Frequenzen um.

Es gibt 142 Chakras im menschlichen Energiesystem. Neun davon befinden sich im persönlichen Körperraum, die traditionellen sieben Chakras und die beiden Milz-Chakras zwischen dem zweiten und dritten Chakra (die Milz-Chakras versorgen die Energiekörper auf der ätherischen und physischen Ebene mit Prana). 63 Chakras liegen oberhalb des persönlichen Körperraumes, unmittelbar über dem Kronen-Chakra und 70 Chakras befinden sich unterhalb des persönlichen Körperraumes, unmittelbar unter dem ersten Chakra.

Prana strömt durch alle 142 Chakras und wird ständig in genau jene Frequenzen umgewandelt, die notwendig sind, um das menschliche Energiesystem und die Gemeinschaften von Energiekörpern, die das Energiesystem unterstützen, gesund zu halten. Mit Hilfe einer einfachen Übung können Sie damit beginnen, das Prana zu erfahren, das durch die sieben traditionellen Chakras im persönlichen Körperraum strahlt.

➠ Die Stimulation der sieben traditionellen Chakras

Jedes der sieben traditionellen Chakras steuert die Übertragung und Umwandlung eines Teiles der unqualifizierten Energie in den Welten des höheren und niederen Ver-

standes. Die Hauptfrequenz eines Chakras nennt man die »Chakra-Resonanz«. Sie können die einzigartige Resonanz der sieben traditionellen Chakras im persönlichen Körperraum anfangen zu spüren, indem Sie die Handfläche Ihrer assertiven (männlichen) Hand verwenden – das ist die rechte Hand, wenn Sie Rechtshänder sind und die linke, wenn Sie Linkshänder sind – um die Vorderseite der Chakras zu stimulieren (in jeder Handfläche liegt ein kleines Energiezentrum, das Prana ausstrahlt).

Wenn Sie festgestellt haben, wo der weibliche Pol jedes Chakras liegt (das erste Chakra liegt an der Basis der Wirbelsäule, das zweite vier Finger breit unter dem Nabel, das dritte am Sonnengeflecht, das vierte Chakra in der Mitte des Brustbeins, das fünfte an der Kehle, knapp unterhalb des Adamsapfels, das sechste genau zwischen den Augenbrauen und das siebte am höchsten Punkt des Schädels), beginnen Sie damit, den Bereich vor jedem Chakra mit der Handfläche Ihrer männlichen Hand zu erforschen (siehe Abbildung rechts). Sie werden sehen, daß diese Technik am erfolgreichsten ist, wenn Sie die Handfläche etwa 15 Zentimeter über die Oberfläche des physisch-materiellen Körpers halten und vom siebten zum ersten Chakra führen.

Sobald Sie den weiblichen Pol eines Chakras gefunden haben, wird das Chakra aktiv und Sie spüren eine Vibration, die auch dann nicht aufhört, wenn Sie die

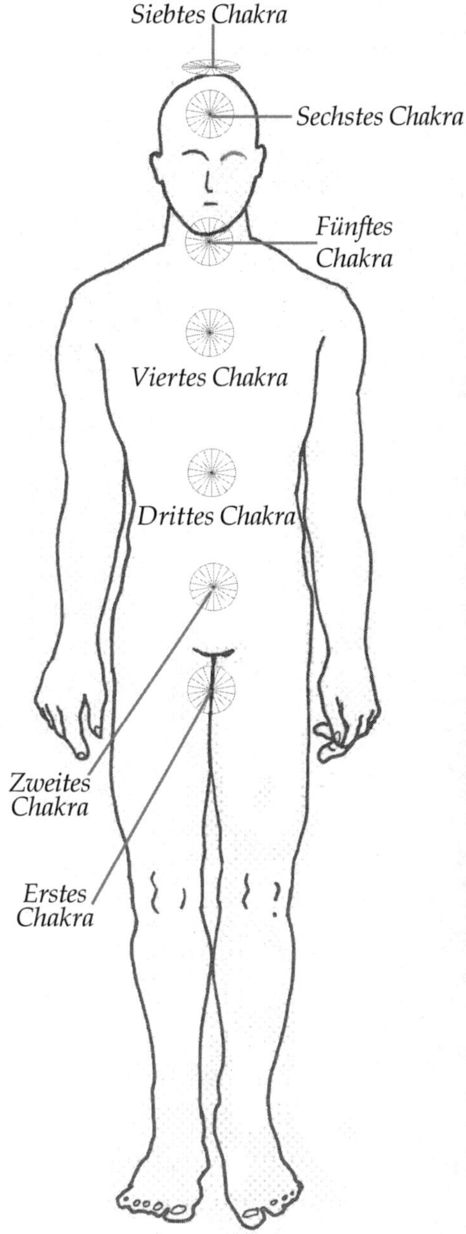

Hand entfernen. Vielleicht haben Sie auch Empfindungen, die allein das stimulierte Chakra auslöst. Sie können eine ganze Reihe von Empfindungen haben, von einem Gefühl der Sicherheit im ersten Chakra bis zu einem Gefühl der Zufriedenheit oder ein tröstliches Gefühl im dritten Chakra.

Die folgende Liste zählt die Emotionen, Gefühle und Empfindungen auf, die mit den sieben traditionellen Chakras im persönlichen Körperraum assoziiert werden:

- ***Erstes Chakra**: Sicherheit, Selbstvertrauen, Körperbild, Verbindung mit der Erde und ihren Geschöpfen.*
- ***Zweites Chakra**: Vitalität, geschlechtliche Identität (männlich oder weiblich), Kreativität, Wut.*
- ***Drittes Chakra**: Zugehörigkeit, Vertrauen, Intimität, Freundschaft, Status, seelisches Wohlbefinden, Furcht.*
- ***Viertes Chakra**: Selbstbewußtheit, persönliche Rechte (u.a. das Recht über den eigenen Körper zu bestimmen, Gefühle, Emotionen und Erkenntnisse auszudrükken und aufzulösen, das Recht Ihrem persönlichen Dharma zu folgen), emotionale Schmerzen.*
- ***Fünftes Chakra**: Selbstausdruck, Freude über den persönlichen Raum (der bis zur Aura-Grenze reicht), Integrität, Freude.*
- ***Sechstes Chakra**: menschliches Bewußtsein, Gedächtnis, Intuition, Vernunft, rationales und deduktives Denken.*
- ***Siebtes Chakra**: transzendentes Bewußtsein.*

Die Kundalini-Shakti

Das Wort »Kundalini« stammt aus der Wurzel »Kundala«, was in Sanskrit »geschlängelt« bedeutet. Die hinduistische Mythologie personifiziert die Kundalini-Shakti oft als Devi (Göttin Kundalini) oder als zusammengerollte, schlummernde Schlange, der menschenähnliche Züge zugesprochen werden.

Als Manifestation von unqualifizierter Energie tritt sie

in zwei Arten auf: Als die strukturelle Kundalini oder als »Schlangenenergie« (die zusammengerollt, an der Basis der Wirbelsäule schlummert). Die strukturelle Kundalini ist eine ordnende Kraft, die es den Energiekörpern und den Energieträgern ermöglicht, in Zusammenarbeit mit den Organen des Energiesystems zu funktionieren.

Die Schlangenenergie am Steißbein ist der größte Speicher unqualifizierter Energie im menschlichen Energiesystem. Wenn die Schlangenenergie erwacht und durch den Shushumna-Gouverneur-Meridian (den wichtigsten männlichen Meridian) nach oben zu steigen beginnt, weitet sich das Bewußtsein aus und unqualifizierte Energie überzieht das Energiesystem und zwar so, daß das Bewußtsein ausschließlich durch den höheren und niederen Verstand in Erscheinung tritt.

Unqualifizierte Energie spüren

Die meisten Menschen merken nichts von der unqualifizierten Energie in ihrem Leben, obwohl Vitalität, bedingungslose Freude und Kreativität auf ihr Vorhandensein hinweisen. Manchmal ist die unqualifizierte Energie jedoch unmöglich zu übersehen (obwohl man sie falsch interpretieren kann), zum Beispiel während der sexuellen Intimität, während einer Katharsis, in der tiefen Meditation und im luziden Traum. Diese Erfahrungen gehen oft mit dem Gefühl eines tiefen Friedens einher, einem Frieden, der laut Jesus von Nazareth »höher ist als alle Vernunft« oder die Erfahrung von Intimität und Einheit, die in der yogischen oder tantrischen Meditation erfahren wird. Leider sind solche Erfahrungen selten und die meisten Menschen spüren die unqualifizierte Energie erst, nachdem sie mit dem karmischen Ballast in ihrem Energiefeld reagiert hat.

Wenn sich sehr viel karmischer Ballast angesammelt hat, reflektiert das Energiefeld von seiner Oberfläche aus unqualifizierte Energie und die dabei entstehende Reibung wird als Brennen empfunden. Ist weniger unqualifizierte Energie vorhanden, oder ist sie weniger dicht, verspürt man bei ihrer Wechselwirkung mit qualifizierter Energie ein Glühen, das recht angenehm sein kann. Aber solche Erfahrungen sind meist kurz, oder sie werden mißverstanden. Dies erklärt warum unqualifizierte Energie selten geschätzt wird als das, was sie ist, im Gegensatz zu der Aufmerksamkeit, die ihr eigentlich gebühren würde.

Die Ausrichtung ändern

Um das Fließen unqualifizierter Energie durch das menschliche Energiesystem zu fördern und karmischen Ballast zu überwinden, müssen Sie sich im persönlichen Körperraum richtig ausrichten. Richtig ausgerichtet zu sein, bedeutet nicht ihre Körperstellung zu ändern, sondern, das Bewußtsein vom individuellen Verstand und Ego zum höheren und niederen Verstand zu verlagern. Dadurch betreten Sie ein verläßliches Aktivitätsfeld außerhalb der linearen Zeit, das funktionsgemäß das Universum aus qualifizierter Energie (Maya) transzendiert (oder außerhalb steht) und daher widerstandsfähig gegen die Einflüsse und/oder Auswirkungen des karmischen Ballastes ist.

Es gibt drei Aktivitätsfelder, in denen Maya ihren Einfluß verliert und auf unqualifizierte Energie zuverlässig zugegriffen werden kann. Das erste ist der daumengroße Punkt rechts neben dem Herz-Chakra, an dem unqualifizierte Energie zusammen mit Atman hervortreten. Vom Atman (dem dritten Herzen) aus, ist die unqualifizierte Energie am schwersten zu erreichen. Dafür gibt es zwei Gründe: Erstens verhüllen in der Regel mehrere Schichten aus karmischem Ballast den Punkt, an dem Atman hervortritt; und zweitens verteilt sich Prana fast sofort nach seinem Auftauchen im menschlichen Energiesystem.

Zum Glück gibt es noch zwei weitere Zugänge zur unqualifizierten Energie. Sie nehmen mit jedem Atemzug Prana in Ihr Energiesystem auf. Wenn Sie nun den Atem vom individuellen Verstand und Ego trennen, können Sie auch das Bewußtsein vom individuellen Verstand und Ego lösen. Wenn das einmal gelungen ist, kann das Bewußtsein sich im Pool von Prana zentrieren, das mit jedem Einatmen eintritt. Die Verlagerung muß jedoch schnell geschehen, noch bevor sich das Prana in die Organe des menschlichen Energiesystems - die Chakras, die Auras und die Meridiane - verteilt.

Ungeübte Schüler fanden, daß diese Technik schwierig zu meistern ist, weil sie ein gewisses Maß an Unterscheidungsvermögen voraussetzt (mit Unterscheidungsvermögen ist die Fähigkeit gemeint, die »Frequenz« der unqualifizierten Energie und die Qualitäten der qualifizierten Subfelder zu erspüren). Wenn das Unterscheidungsvermögen nicht entwickelt ist, verteilt sich das Prana in die Organe des menschlichen Energiesystems, bevor man sich darin zentrieren kann.

Die dritte Technik, bei der das Herz-Chakra aktiviert wird, wird Sie besonders dann ansprechen, wenn die Energiearbeit neu für Sie ist. Bei der dritten Technik aktiviert man die Rückseite des Herz-Chakras und zentriert sich in der unqualifizierten Energie, die aus ihm hervorgeht. Selbst wenn Sie wenig Erfahrung haben, ist diese Methode überraschend einfach zu meistern, indem sie den nachfolgenden Anweisungen folgen.

➠ NEUAUSRICHTUNG

Jedes Chakra hat zwei Pole, einen weiblichen Pol in der Vorderseite des Chakras und einen männlichen Pol in der Rückseite. Bei dieser Übung aktivieren Sie den männlichen Pol des Herz-Chakras. Man wählt den männlichen Pol, da dieser stabiler ist als der weibliche Pol, das heißt, er reagiert weniger auf qualifizierte Subfelder und auf Projektionen von qualifizierter Energie, die von außen kommen.

Um sich im persönlichen Körperraum neu auszurichten, beginnen Sie mit dem, was »Standardmethode« heißt. Die Standardmethode wird durchweg in diesem Buch angewandt, um sich zu entspannen und die bewußte und unbewußte mentale Aktivität zu harmonisieren.

Beginnen Sie, indem Sie eine bequeme Position einnehmen, setzen Sie sich aufrecht hin und beginnen Sie mit der Yoga-Atmung. Fahren Sie damit etwa fünf Minuten fort. Zählen Sie dann langsam rückwärts von fünf bis eins und wiederholen und visualisieren Sie dabei jede Zahl dreimal still für sich selbst. Nehmen Sie sich Zeit und lassen Sie Ihren Verstand so kreativ sein, wie er möchte.

Wenn Sie die Zahl eins erreicht haben, sprechen Sie lautlos diese Affirmation: »Ich bin tief entspannt und fühle mich viel besser als zuvor.« Setzen Sie die Yoga-Atmung fort und zählen Sie erneut rückwärts, diesmal von zehn bis eins. Atmen Sie aus, wenn Sie lautlos »zehn« sagen. Holen Sie danach wieder tief Luft, atmen Sie aus und sagen Sie lautlos dabei »neun«. Machen Sie so weiter bis zur Eins und sprechen Sie dann die Affirmation: »Jedesmal, wenn ich diese Ebene des Verstandes erreiche, nutze ich einen größeren Teil meines Verstandes auf kreativere Weise.«

Oft hindern angesammelte Muskelverspannungen das Prana daran, frei durch das menschliche Energiesystem zu fließen, vor allem durch das Herz-Chakra. Die taoistische Yin-Yang-Symbolik erklärt, daß auf jede Aktion eine Reaktion folgt. Um sich zu entspannen, müssen Sie sich also zunächst anspannen und kontrahieren.

Um die Spannung der Muskulatur zu lösen, atmen Sie zunächst ein, und spannen Sie die Fußmuskeln so stark wie möglich an. Halten Sie dabei den Atem drei Sekunden lang an. Atmen Sie dann aus und entspannen Sie dabei die Fußmuskeln. Atmen Sie jetzt erneut tief ein und spannen Sie diesmal die Wadenmuskeln an. Atmen Sie aus und entspannen Sie dabei die Muskeln. Machen Sie dann weiter mit den Oberschenkeln, dem Gesäß und dem Becken, dem mittleren und oberen Bauch, dem Brustkorb und den Schultern, dem Hals, den Armen und den Händen. Nachdem Sie alle diese Körperteile einzeln entspannt haben, ziehen Sie drei Sekunden lang die Gesichtsmuskeln zusammen; dann atmen Sie aus und entspannen sich. Nun öffnen Sie den Mund, strecken die Zunge heraus und spannen die Gesichtsmuskeln drei Sekunden lang so stark wie möglich an. Dann atmen Sie aus und entspannen sich.

Um die Standardmethode abzuschließen spannen Sie den ganzen Körper an (dabei ziehen Sie erneut die Gesichtsmuskeln zusammen) und halten den Atem an. Nach drei Sekunden atmen Sie durch die Nase aus und entspannen sich.

Jetzt sind Sie locker und haben die bewußte und unbewußte mentale Aktivität harmonisiert. Sie können also damit beginnen, die Rückseite des Herz-Chakras zu aktivieren. Wir wählen das Herz-Chakra, weil es das Zentrum des Bewußtseins im Energiefeld und eine zuverlässige Quelle unqualifizierter Energie ist.

Die Rückseite des Herz-Chakras nimmt im persönlichen Körperraum die Stelle ein, die dem oberen Brustwirbel unmittelbar hinter der Mitte des Brustbeins entspricht. Wir aktivieren diese Stelle mit unserer Absicht und verzichten auf Rituale oder weniger direkte Methoden (z.B. Visualisieren), denn bei der fortgeschrittenen Energiearbeit (etwa beim Entfernen von karmischem Ballast und beim Zurückholen und der Reintegration von Energiekörpern) ist es erforderlich, unmittelbar am Energiesystem zu arbeiten. Indirekte Methoden führen hier nicht zum gewünschten Ergebnis, da sie begrifflicher Natur sind und dem individuellen Verstand und dem Ego entspringen.

Wichtig ist, daß man ein Chakra nicht mit dem persönlichen Willen oder Verlangen aktiviert, sondern nur mit der Absicht; denn der Wille und das Verlangen sind meist im individuellen Verstand und Ego gefangen. Solange man sich seiner ursprünglichen Einheit mit dem Selbst nicht bewußt ist, kann man den Willen und das Verlangen nicht einsetzen, um Organe des menschlichen Energiesystems zu aktivieren.

Wenn Sie bereit sind, die Rückseite des Herz-Chakras zu aktivieren, sagen Sie: »Es ist meine Absicht, die Rückseite meines Herz-Chakras zu aktivieren«. Sprechen Sie diese Worte mit normaler Stimme, ohne Zweifel und ohne Anstrengung. Nach wenigen Augenblicken spüren Sie die Rückseite des Chakras: Er beginnt zu glühen und/ oder zu vibrieren, da der Fluß des Pranas, das daraus hervorgeht, gesteigert wird. Indem Sie dem Impuls abzuschweifen mental (oder emotional) widerstehen, werden Sie feststellen, daß die Gedanken aufhören, oder zumindest aufhören, Sie zu stören und daß das Prana durch ihr gesamtes Energiesystem hindurchstrahlt. Manchmal äußert sich der stärkere Prana-Fluß als leichtes, friedvolles Gefühl und bei anderen als eine Schwingung, die sich ins menschliche Energiefeld ausdehnt.

Nachdem das Chakra aktiviert ist, genießen Sie den Wechsel im Bewußtseins und den kräftigen Prana-Fluß etwa fünf Minuten lang. Dann zählen Sie von eins bis fünf. Wenn Sie bei fünf angelangt sind, öffnen Sie die Augen. Jetzt fühlen Sie sich hellwach, entspannt und wohler als zuvor.

➡ Zentrieren in der Rückseite des Herz-Chakras

Nachdem Sie die Rückseite des Herz-Chakras aktiviert haben, zentrieren Sie sich nun dort. Indem sie sich in der Rückseite Ihres Herz-Chakras zentrieren, tritt Ihr Bewußtsein durch den höheren und niederen Verstand hervor statt durch den individuellen Verstand und das Ego.

Damit Sie sich in der Rückseite Ihres Herz-Chakras zentrieren können, nehmen Sie eine bequeme Position ein und setzen Sie sich aufrecht hin. Dann wenden Sie die Standardmethode an und bringen die bewußte und unbewußte mentale Aktivität ins Gleichgewicht. Wenn Sie bereit sind fortzufahren, bekräftigen Sie:»Es ist meine Absicht, die Rückseite meines Herz-Chakras zu aktivieren«. Dann bekräftigen Sie: »Es ist meine Absicht, mich in der Rückseite meines Herz-Chakras zu zentrieren«.
Sobald Sie sich in der Rückseite des Herz-Chakras zentriert haben, fühlen Sie ein wachsendes Gefühl der Leichtigkeit, gefolgt von einem Gefühl des stärkeren Wohlbefindens. Diese Wirkung können Sie noch verstärken, indem Sie sprechen: »Es ist meine Absicht aus der Rückseite meines Herz-Chakras hervorzutreten.« Indem Sie von dort hervortreten, wird Ihnen die Verlagerung bewußt, die sich gerade vollzogen hat, d.h. Sie sind nun im höheren und niederen Bewußtsein zentriert.
Bleiben Sie fünfzehn Minuten in der Rückseite Ihres Herz-Chakras zentriert und widerstehen Sie der Versuchung, abzuschweifen oder den Bewegungen der energetischen Wellen oder Feldern zu folgen. Nur karmische Energie bewegt sich in Wellen oder Feldern und wenn Sie sich von den Bewegungen der qualifizierten Energie ablenken lassen, verlagert sich das Zentrum des Bewußtseins zurück zum individuellen Verstand und Ego.
Nach fünfzehn Minuten zählen Sie von eins bis fünf und kehren zum normalen Bewußtsein zurück. Bei »fünf« öffnen Sie die Augen. Jetzt fühlen Sie sich hellwach, völlig entspannt und wohler als zuvor.

Kapitel 4

»Selbst die Götter beneiden die Heiligen, die frei von Stolz sind und deren Sinne ihnen gehorchen wie gut abgerichtete Pferde. Geduldig wie die Erde stehen sie unerschütterlich da. Sie sind rein wie ein See ohne Schlamm und frei vom Kreislauf der Geburt und des Todes.«
DHAMMAPADA *(Kapitel 7, Vers 94-95)*

Ihre Grenzen stärken

Um karmischen Ballast und die von ihm geschaffenen Anhaftungen zu überwinden, ist es unerläßlich, in den Dimensionen und Welten des höheren und niederen Verstandes sowie in der Welt der Chakras und den Milzebenen, seine Grenzen zu stärken. Grenzen spielen eine äußerst wichtige Rolle bei der Überwindung von Karma, weil Projektionen aus qualifizierter Energie daran gehindert werden, in das menschliche Energiefeld einzudringen. Zudem sind starke Grenzen eine Voraussetzung für die fortgeschrittene Energiearbeit und für eine reichere Erfahrung von Vergnügen, Intimität, Freude und Glückseligkeit, die aus dem Selbst durch den höheren und niederen Verstand hervortreten.

Grenzen gibt es in allen Dimensionen und Welten. Im Mikrokosmos finden wir drei Arten von Grenzen, die das menschliche Energiefeld und die darin enthaltenen Organe, Energiekörper und Energieträger schützen. Bei diesen Grenzen handelt es sich nicht um Archetypen, Metaphern oder psychologische Konstrukte. Sie sind Strukturen, die im Raum-Zeit-Gefüge existieren und grundlegende Aktivitäten im menschlichen Energiefeld vollbringen.

Alle Grenzen bestehen aus Prana in einem festen Zustand (und sehen für den Hellsichtigen daher fest aus). Da sie reale

Funktionen des menschlichen Energiefeldes sind und keine abstrakten Konzepte oder Archetypen, kann man die Grenzen durch die Absicht des höheren und niederen Verstandes und durch unqualifizierte Energie (Prana) beeinflussen.

Die drei Gruppen von Grenzen, die wir untersuchen werden, sind die Oberfläche des persönlichen Körperraumes, die apanische Grenze, die den höheren und niederen Verstand umgibt (mehr über Apana erfahren Sie in Kapitel 14) und die Oberflächen der Aura-Felder.

Die Oberfläche des persönlichen Körperraumes

Der persönliche Körperraum entspricht in jeder Dimension und Welt dem Raum, den der physischer Körper einnimmt. In den Welten des höheren und niederen Verstandes, ihren Funktionen und Aspekten, in der Welt der Chakras und auf den Milzebenen wird dieser Raum von einem Energiekörper oder einem Energieträger eingenommen.

Die Oberfläche des persönlichen Körperraumes (in einer bestimmten Dimension und Welt) bleibt stark und fest und verhindert die Intrusion von qualifizierter Energie, solange der in ihm enthaltene Energiekörper oder der entsprechende Energieträger in seiner Position fixiert bleibt (vertikal integriert).

Wenn man jedoch am individuellen Verstand und Ego anhaftet, beginnt sich karmischer Ballast um den persönlichen Körperraum herum anzusammeln. Sobald sich ein Übermaß an karmischem Ballast angehäuft hat, oder ein Energieträger durch Streß, Schock oder Trauma deformiert, verdreht oder aus dem persönlichen Körperraum ausgestoßen wurde, wird die Oberfläche des persönlichen Körperraumes ernsthaft geschwächt; dann ist es notwendig, den Energiekörper oder den Energieträger zurückzuholen und zu reintegrieren und die karmischen Ablagerungen, die ihn beeinträchtigt haben, zu entfernen um ihn wieder zu stärken.

Die apanische Grenze: Die apanische Grenze ist ein Aktivitätsfeld, das den persönlichen Körperraum in den Dimensionen und Welten des höheren und niederen Verstandes in einer Entfernung von zwanzig Zentimetern umgibt. Die Apana (eine Form von unqualifizierter Energie) tritt an der apanischen Grenze hervor und hat eine weibliche Polarität, das bedeutet, sie bewegt sich zum persönlichen Körperraum hin.

Wenn die apanische Grenze nicht übermäßig mit karmischen Ablagerungen belastet und die Apana nicht in ihrer Bewegung eingeschränkt ist, wird die unqualifizierte Energie, die an der apanischen Grenze hervortritt, die Oberfläche des persönlichen Körperraumes von karmischem Ballast frei halten und die Integrität des menschlichen Energiefeldes schützen. Frei von der Last karmischer Ablagerungen, bleiben die Energiekörper fest an ihrem Platz und die Chakras (vor allem die neun Chakras im persönlichen Körperraum) strahlen ungehindert Prana in das menschliche Energiesystem und die umgebenden Aura-Felder aus.

Die Oberflächen der Aura-Felder: Die Oberflächengrenzen, welche die Aura-Felder in den Dimensionen und Welten des höheren und niederen Verstandes, in der Welt der Chakras und auf den Milzebenen umgeben, durchdringen einander und dehnen sich von der Oberfläche des persönlichen Körperraumes her in ihre entsprechenden Welten und Dimensionen aus.

Als Ausdehnungen des menschlichen Energiefeldes sind die Oberflächen der Aura-Felder die wirksamste Abwehr des Energiesystems gegen die Intrusion dichter, qualifizierter Energie aus der äußeren Umgebung. Um das menschliche Energiefeld vor Intrusionen zu schützen, müssen diese Grenzen jedoch stark und stabil bleiben. Leider ist, durch die übermäßige Ansammlung von karmischem Ballast innerhalb des menschlichen Energiefeldes, bei den meisten Menschen die Oberfläche ihrer Aura-Felder erheblich geschwächt worden.

Um die Aura-Grenzen zu stärken, muß man die volle Verantwortung für sein persönliches Wohlbefinden und seine spirituelle Entwicklung übernehmen, gleichgültig, was es kostet. Dann muß man den Willen (der durch das Anhaften am individuellen Verstand und Ego fragmentiert wurde) mit dem Willen des Selbst (Atman) in der Mitte seines Seins integrieren.

In diesem Kapitel finden Sie eine ausführliche Beschreibung der Struktur und der Funktion der Aura-Felder und insbesondere der sie umgebenden Grenzen. Zudem habe ich eine Aufstellung von drei Bekenntnissen eingeschlossen. Wenn Sie entscheiden, diese Bekenntnisse abzulegen (und zu halten), werden Sie Ihren Willen mit dem Willen des Selbst vereinigen und die Grenzen Ihrer Aura-Felder dauerhaft stärken. In der Tat, werden Sie allein durch diese einfache Handlung, den Prana-Fluß in Ihrem Energiefeld dramatisch verbessern. Dies wiederum wird Ihr Maß an Vergnügen, Freude, Kraft und innerem Frieden steigern.

Die Aura-Felder

Die Aura-Felder in jeder Dimension dienen sowohl als Reservoire unqualifizierter Energie (Prana, Apana und Kundalini-Shakti) wie auch als Grenzen, die ihre Innenwelt (ihr persönliches Energiefeld) in jeder Dimension und Welt, von der Außenwelt trennen.

Damit das menschliche Energiesystem in einem gesunden Rahmen funktioniert, müssen die Aura-Felder stark, stabil und frei von einer übermäßigen Ansammlung karmischer Ablagerungen sein. Auch müssen die inneren Hohlräume, die von den Oberflächengrenzen umgeben und geschützt werden, durch eine ausreichende Zufuhr von unqualifizierter Energie gefüllt gehalten werden.

Das Aura-Feld dehnt sich in jeder Dimension von der Oberfläche des persönlichen Körperraumes (in jeder Richtung) von etwa fünf Zentimetern bis zu mehr als acht Meter nach außen hin aus. Die Aura-Felder sind flexible Strukturen und sowie ein Mensch sich spirituell entwickelt, indem karmischer Ballast entfernt wird, Energiekörper (und Energieträger) zurückgeholt und reintegriert werden und das menschliche Energiesystem aktiviert wird, werden die Auras größer und die sie umgebenden Grenzen werden sich ausdehnen und praller werden (wie die Oberfläche eines gefüllten Ballons). Bei spirituell entwickelten Menschen, können die Aura-Felder beträchtlich wachsen und sich über die normale Grenze von acht Metern hinaus ausdehnen.

Die Struktur des Aura-Feldes

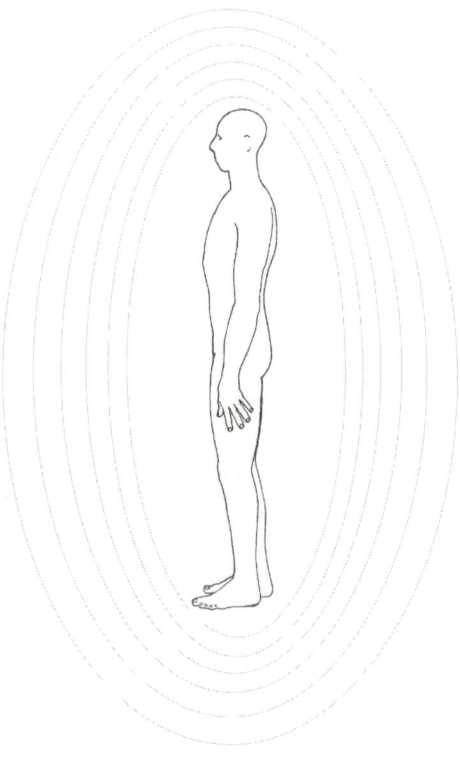

In jeder Welt und Dimension besteht das Aura-Feld aus einem inneren Hohlraum und aus einer dünnen Oberflächengrenze, die sie umgibt und ihm seine typische Eiform verleiht (siehe Abbildung links). Der innere Hohlraum der Aura wird innen von der Oberfläche des persönlichen Körperraumes und außen von der Oberfläche des Aura-Feldes begrenzt. Dieser versiegelte Hohlraum wird unter Druck gehalten und durch die gemeinschaftlichen Bemühungen der Oberflächengrenzen und der Chakras einerseits und der niederen Energiezentren in den Händen und Füßen andererseits, reguliert.

Die Aura-Oberflächen mögen extrem stark und dehnbar erscheinen, jedoch ermöglicht es ihre innere Struktur, (die es der Energie erlaubt, in beide Richtungen auszuströmen), daß qualifizierte Energie in den Aura-Hohlraum eindringen kann (besonders wenn sie geschwächt ist). Die intrusive Energie kann sich dann als karmische Ablagerung ansammeln und Teil des karmischen Ballastes werden, den man von einem Leben ins nächste mitnimmt. Da die übermäßige Anhäufung von karmischem Ballast die Gesundheit und das Wohlbefinden beeinträchtigen kann, ist es unerläßlich, daß die Oberfläche der Aura-Felder stark und gesund bleibt.

Die Funktion der Aura-felder

Die Aura-Felder erfüllen mehrere wichtige Funktionen, die helfen, Gesundheit, Ausgeglichenheit und Wohlbefinden im menschlichen Energiefeld aufrechtzuerhalten.

In ihrer wichtigsten Funktion dienen die Auras, gemeinsam mit ihren entsprechenden Energiekörpern und Energieträgern, als Erweiterungen von Bewußtsein und Selbstausdruck. Ohne die Auras wären weder das Selbst noch der höhere und niedere Verstand imstande, sich auszudrücken oder vollständig an der Erscheinungswelt teilzunehmen.

Die Auras dienen auch als Reservoire für unqualifizierte Energie, auf welche die Energiekörper- und Energieträgergemeinschaften bei Bedarf zurückgreifen können. Indem sich das menschliche Energiefeld in jeder Dimension über die Grenzen des persönlichen Körperraumes hinaus ausdehnt, schaffen die Aura-Felder zusätzlichen Raum für Emotionen (die aus den Chakras entspringen), die entwickelt, ausgedrückt und freigesetzt werden wollen.

Ferner dienen die Auras als Sensoren, die es ermöglichen, die Auswirkung unqualifizierter und qualifizierter Energie auf das menschliche Energiesystem zu registrieren. Diese Aufgabe erfüllen die Auras, indem sie Eindrücke von der Aura-Oberfläche in die Bewußtseinszentren innerhalb des persönlichen Körperraumes leiten, wo sie verarbeitet werden können.

Eindrücke entstehen, wenn Energie mit den Aura-Grenzen in Wechselwirkung tritt und dort eine mitfühlende Resonanz auslöst. Wir können diesen Vorgang mit einer schwingenden Geigensaite vergleichen, welche die Saite einer anderen Geige in der Nähe in Schwingung versetzt. Das komplexe Wechselspiel zwischen dem Aura-Feld und der Energie, die mit ihm in Wechselwirkung geht, ermöglicht es, die »subtile Atmosphäre« zu spüren, die sie umgibt, sowie die Qualität und die Quantität der (entweder unqualifizierten oder qualifizierten) Energie zu unterscheiden, die an der Oberfläche des Aura-Feldes einen Eindruck hervorruft.

In ihrer letzten Funktion, spielen die Aura-Felder eine Schlüsselrolle bei der Entfernung von Giften aus dem menschlichen Energiefeld. Die Auras erfüllen diese Aufgabe ununterbrochen, indem sie qualifizierter Energie in Form von Kügelchen, die in dem menschlichen Energiesystem entstehen, durch die Oberfläche der Auras in die äußere Welt diffundieren lassen.

Was schwächt die Oberfläche der Auras?

Trotz ihrer erstaunlichen Stärke sind die Aura-Grenzen bei den meisten Menschen durch Streß, Schock und Traumen geschwächt (Streß, Schock und Traumen werden durch Intrusionen dichter, qualifizierter Energie im menschlichen Energiefeld hervorgerufen). Eine erste Schwäche wird, anstatt erkannt zu werden als Symptom eines tiefer liegenden Problems, das geheilt werden muß, durch die Einschleppung nicht-physischer Wesenheiten ins menschliche Energiesystem zusätzlich verstärkt.

Leider werden viele Aktivitäten, die nicht-physische Wesenheiten ins menschliche Energiefeld einschleusen, von den Welt-Religionen, Schulmedizinern und New-Age-Heilern bereitwillig übernommen. Vieles davon hat sogar eine lange Tradition und wurde auch schon von unseren Vorfahren angewandt, die der fast universellen Praktik des Schamanismus anhingen.

Die Hauptaktivitäten, welche die nicht-physischen Wesenheiten ins menschliche Energiefeld einschleppen, sind Channeling oder die Anrufung von nicht-physischen Wesenheiten wie Göttern, Engeln, Elementargeistern, Geistführern, verstorbenen Menschen, aufgestiegenen Meistern, Naturgeistern und Krafttieren (zur Führung, Trost oder Unterstützung).

Es gibt eine sehr große Anzahl verschiedener Lebensformen in den nicht-physischen Dimensionen. Jedoch haben sie eines gemeinsam und zwar ihre Neigung, die Funktion des menschlichen Energiesystems zu stören und die Aura-Grenzen zu schwächen, wenn sie aktiv und/oder passiv die Erlaubnis erhalten haben, ins menschliche Energiefeld einzudringen. Angesichts dieser Tatsachen sollten wir uns einen Moment Zeit nehmen, um über den weit verbreiteten Glauben nachzudenken (im Osten sowohl wie im Westen), das manche nicht-physische Wesenheiten wohlwollend sind und/oder keinen eigenen Willen oder ein Ego haben und/oder keine eigenen Ziele verfolgen. Dieser Glaube, der seinen Ursprung bei den alten Hebräern hat (und vom Judentum, Christentum und Islam übernommen wurde), ist nicht allgemein akzeptiert.

Die Kosmologie des Hinduismus, des Yoga und des Tantrismus akzeptiert dagegen das uralte yogische Prinzip der Entsprechung, das besagt »wie oben, so unten« und »wie unten, so oben«. Sie erkennen an, das nicht-physische Wesenheiten ebenso wie ihre menschlichen Gegenparts, über einen individuellen Verstand und ein Ego verfügen, sowie eigene Interessen verfolgen, die egoistisch sind und der Selbsterhaltung dienen. Der Hinduismus lehrt sogar, das Götter Menschen sind, die emporsteigen zu diesen »Büros« oder Posten, aufgrund ihres auf der Erde angesammelten guten Karmas. Es ist wichtig zu bemerken, daß, nachdem diese »Amtsinhaber« ihr gutes Karma verbraucht haben, sie sich erneut inkarnieren werden.

Die einzigen Ausnahmen von dieser oben erwähnten Regel, sind Jivamuktis (erleuchtete Menschen), Boddhisatvas

(Meister, die in der Einheit mit Atman geboren wurden) und Avatare (das universelle Bewußtsein in menschlicher Form), die einen physisch-materielle Körper haben, aber im universellen Bewußtsein zentriert und losgelöst sind vom individuellen Verstand und Ego.

Die biblische Metapher von Luzifer und den gefallenen Engeln ist ebenfalls aufschlußreich, bezüglich der Auswirkungen nicht-physischer Wesenheiten (Entitäten) auf Menschen und deren Einfluß auf den Energiefluß im menschlichen Energiefeld. Luzifer (der neben Jehovas Thron stand) wie auch ein Drittel der Wesenheiten im Himmel (die höheren Dimensionen) waren nicht bereit, ihren individuellen Willen dem Willen des universellen Bewußtseins (Atman) unterzuordnen. Die Folge war, daß Luzifer und seine Scharen, metaphorisch gesprochen »gefallen« sind (sich also vom universellen Bewußtsein trennten). Trotz ihres »gefallenen« Zustandes trachteten sie immer noch danach, die Früchte der Einheit mit Atman zu ernten, jedoch ohne die Bedingungen zu akzeptieren, die da waren und sind: die Loslösung vom individuellen Verstand und Ego und sich dem universellen Bewußtsein zu ergeben.

Die Lösung, die diese Wesenheiten (und alle anderen eindringenden Wesenheiten) bezüglich ihres persönlichen Dilemmas gewählt haben, ist eine unabhängige Quelle von Glückseligkeit (und Prana) zu finden und dort so nah wie möglich zu bleiben. Ihr Verlangen, der Quelle von Glückseligkeit und Prana (von der sie sich nähren können), nahe zu sein, erklärt, warum nicht-physische Wesenheiten es vorziehen, mit menschlichen Wesen zu interagieren. Es erklärt auch, warum die größte Dichte an karmischem Ballast um die Prana-Quellen herum im menschlichen Energiefeld, im Bereich der drei Herzen (menschliches Herz, Herz-Chakra und Atman), der Chakras und den kleinen Energiezentren in den Händen und Füßen zu finden ist.

Jetzt, da Sie wissen, was nicht-physische Wesenheiten motiviert und welche Wirkung sie auf Ihr Energiefeld haben können, wird klar, daß es für die Wieder-Erfahrung der Einheit mit dem universellen Bewußtsein unbedingt zu vermeiden ist, daß qualifizierte Subfelder (die im Wesentlichen nicht-physische Wesenheiten in qualifizierte Energie gehüllt sind) in Ihr Energiefeld eindringen und dort bleiben. Der effektivste Weg, dies zu tun, ist es eine Reihe von Bekenntnissen abzulegen (Ihnen selbst gegenüber), mit ihnen nicht länger zu kommunizieren, sie anzurufen und/oder um Hilfe und Trost zu bitten in Gegenwart von nicht-physischen Wesenheiten und alle Verbindungen zu ihnen dauerhaft abzubrechen.

Die Bekenntnisse

Die nachfolgenden Bekenntnisse lösen Ihre Bindungen zu nicht-physischen Wesenheiten außerhalb Ihres Energiefeldes auf (die, die sich in Ihrem Energiefeld befinden, müssen als karmischer Ballast entfernt werden) und bringt Ihren Willen in Übereinstimmung mit dem Willen des Selbst, wenn es durch ihren höheren und niederen Verstand hervortritt. Darüber hinaus werden diese Bekenntnisse Ihr Energiefeld vor künftigen Intrusionen nicht-physischer Wesenheiten schützen, indem Ihre Aura-Grenzen in allen Welten und Dimensionen gestärkt werden, einschließlich der Welt des Geistes, des Intellekts, der Seele, des niederen Verstandes, der Welt der Chakras und der Ebenen der Milz-Chakras.

Wenn Sie wissen, daß diese Bekenntnisse für Sie angemessen sind und daß Sie sie dauerhaft einhalten werden, brauchen Sie die Bekenntnisse nur durchzulesen, laut zu wiederholen und zu bekräftigen: »Ich stimme diesen drei Bekenntnissen zu.«

Das erste Bekenntnis: »Wenn ich irgendwelchen nicht-physischen Wesenheiten bewußt oder unbewußt die Erlaubnis erteilt habe, in der Welt meines Geistes, in der Welt meines Intellekts, in der Welt meiner Seele, in der Welt meiner Chakras, in der Welt meines niederen Verstandes, der Ebene meines oberen Milz-Chakras und der Ebene meines Milz-Chakras zu sein, widerrufe ich diese Erlaubnis jetzt und dauerhaft für die Zukunft.«

Das zweite Bekenntnis: »Es ist mein Wunsch und mein Wille, daß alle nicht-physischen Wesenheiten die Welt meines Geistes, die Welt meines Intellekts, die Welt meiner Seele, die Welt meiner Chakras, die Welt meines niederen Verstandes, die Ebene meines oberen Milz-Chakras und die Ebene meines Milz-Chakras jetzt verlassen und dauerhaft in der Zukunft außerhalb davon bleiben. Ich will, daß ihr jetzt geht.«

Das dritte Bekenntnis: »Die Welt meines Geistes, die Welt meines Intellekts, die Welt meiner Seele, die Welt meiner Chakras, die Welt meines niederen Verstandes, die Ebene meines oberen Milz-Chakras und die Ebene meines Milz-Chakras sind mein heiliger Raum. Es ist mein Wunsch und mein Wille, daß sie ausschließlich von mir und vom Licht Gottes eingenommen werden, jetzt und dauerhaft in der Zukunft.«

Wenn Sie wissen, es ist für Sie angemessen, diese Bekenntnisse abzulegen und Sie wissen, Sie werden sie für den Rest Ihres Lebens einhalten, dann bekräftigen Sie laut: »Ich stimme diesen drei Bekenntnissen zu«.

Wenn Sie diese Bekenntnisse (Sie brauchen sie nur einmal zu sprechen) ablegen und einhalten, übernehmen Sie die Verantwortung für Ihr inneres Leben und weihen sich für ein Leben der Integrität und der Wahrheit. Außerdem bekunden Sie, daß Sie die Einheit mit dem Selbst über die Wünsche und Bedürfnisse der irdischen Welt stellen, die ausschließlich aus Ihrem individuellen Verstand und Ego hervorgehen.

Viele Menschen vor Ihnen haben diese Bekenntnisse abgelegt und die sofortige Veränderung in Ihrem Befinden gespürt, da das Prana, das durch qualifizierte Energie und nicht-physische Wesenheiten blockiert und vom freien Strahlen abgehalten wurde, befreit wird. Die Ausdehnung von Prana in Ihr Energiefeld erweitert Ihre Selbst-Bewußtheit und Ihre persönliche Integrität. Authentische Wahrnehmungen, Gefühle und Emotionen, die von karmischem Ballast eingeschränkt wurden, haben jetzt mehr Raum, sich auszudrücken und durch Ihre Energiekörper (Energieträger) und die sie umgebenden Aura-Felder aufgelöst zu werden. Und schließlich wird Energie in Form von Gedanken, Einstellungen und Überzeugungen (samt der nicht-physischen Wesenheiten in ihnen) daran gehindert, fortschreitend in den persönlichen Körperraum einzudringen; somit wird es Ihnen leichter, im höheren und niederen Verstand zentriert zu bleiben und das Selbst zu erreichen, das im tiefsten Inneren des persönlichen Körperraumes in die Bewußtheit hervortritt.

Während diese Veränderung stattfindet, ist es nicht ungewöhnlich, daß Schichten aus karmischem Ballast aus dem persönlichen Körperraum entfernt und rausgedrückt werden. Stören Sie diesen Prozeß nicht, indem Sie sich auf ihn konzentrieren oder mit Ihrer Aufmerksamkeit daran festhalten. Er dauert nur so lange, bis Ihr Energiesystem ein neues Gleichgewicht gefunden hat. Die meisten Menschen, die diese Bekenntnisse abgelegt haben, waren erstaunt, wie unbeschwert und sorgenfrei sie sich hinterher fühlten. Das ist keine Überraschung, da nicht-physische Wesenheiten sich vom Prana ernähren, das aus dem Selbst strömt und in das menschliche Energiesystem strahlt. Dabei fügen nicht-physische Wesenheiten ihren Willen, ihr begrenztes Bewußtsein, ihre Gefühle, Emotionen und Empfindungen sowie ihre feinstoffliche Materie den bereits im Energiefeld des Wirtes bestehenden karmischen Ablagerungen hinzu.

Selbst wenn Sie sich der Beziehung von Ursache und Wirkung zwischen nicht-physischen Wesenheiten (in Ihrem Energiefeld) und Ihrem inneren Zustand des Wohlbefindens, nicht bewußt waren, bleibt die Tatsache, daß nicht-physische

Wesenheiten, die als karmische Ablagerungen im individuellen Verstand und Ego integriert sind, für die Zerrüttung von Beziehungen und die Ursache von Krankheiten in allen Welten und Dimensionen verantwortlich sind, in denen der Mensch existiert und funktioniert.

Kapitel 5

»Wer erkannt hat, daß der Schöpfer unveränderlich in allem wohnt, was existiert und daß er unsterblich in der Welt der Sterblichen ist, der hat die Wahrheit erkannt.«
BHAGAVADGITA *(Kapitel 13, Vers 27)*

Welten, die einander durchdringen

Die Tattwas - Schritte der Evolution - bringen das Selbst in die Erscheinungswelt. Im Laufe der Evolution wird eine Hierarchie von nicht-physischen Welten und Dimensionen geschaffen. Letztere teilen die Welten des physischen und nicht-physischen Universums in spezifische Zentren des Bewußtseins und der Aktivität. Wir können das menschliche Energiefeld mit einem Gebäude vergleichen, das fünf Stockwerke hat: Die Etagen des Hauses entsprechen den fünf Welten des höheren und niederen Verstandes.

In jedem Stockwerk gibt es 140 Räume, die den siebzig höheren und siebzig tieferen Dimensionen in jeder Welt des höheren und niederen Verstandes entsprechen. In jedem Raum finden wir Bewohner, die den Energiekörpergemeinschaften und Energieträgern im menschlichen Energiesystem entsprechen. Das elektrische System des Gebäudes entspricht den Chakras. So wie die Elektrizität die Bewohner in jedem Raum mit Strom versorgt, so versorgen die Chakras jeden Energiekörper und jeden Energieträger mit Prana.

Ein Anbau symbolisiert die Ebenen der Milz-Chakras. Dieser Anbau besteht aus zwei Etagen mit jeweils einem Studio. In jedem Studio befinden sich Bewohner, die den Energieträgern auf den Milz-Dimension entsprechen. Die zwei Milz-Chakras entsprechen dem Elektrizitätssystem des Anbaus, der die Bewohner mit Strom versorgt.

Der wichtigste Unterschied zwischen dieser Metapher und der Wirklichkeit besteht darin, daß das Gebäude und sein Anbau eine materielle Umgebung haben, während die Welten und Dimensionen des höheren und niederen Verstandes, die Welt der Chakras und die Ebenen der Milz-Chakras vom kollektiven Feld der Maya umgeben sind.

Sechs dieser oben erwähnten Welten wollen wir uns in diesem Kapitel näher ansehen: die Welt des Geistes, die Welt des Intellekts, die Welt der Seele, die Welt des niederen Verstandes (in der auch die Körper des Verlangens zu Hause sind) und die Welt der Chakras und die Welt der Maya.

In jeder Welt gibt es 140 Dimensionen, die – mit Ausnahme der Welt der Chakras und der Welt der Maya, die sich bis in die Ebenen der zwei Milz-Chakras hinein ausdehnen und daher 142 Dimensionen haben – sowohl synchron untereinander als auch zusammen mit dem menschlichen Energiesystem und den Funktionen und Aspekten des Verstandes funktionieren.

Die ersten drei Welten, die Welt des Geistes, des Intellekts und der Seele, bilden zusammen den höheren Verstand. Von diesen dreien besitzt die Welt des Geistes die höchste Durchschnittsfrequenz, die Welt des Intellekts eine niedrigere und die Welt der Seele die niedrigste. Die vierte Welt, die Welt des niederen Verstandes, hat eine niedrigere Durchschnittsfrequenz als die Welten des höheren Verstandes. Die fünfte Welt ist die Welt der Chakras. Sie durchdringt sowohl den höheren und niederen Verstand als auch die Ebenen der Milz-Chakras. Die sechste Welt, die Welt der Maya, ist eine bedingte Welt, da sie aus qualifizierter Energie besteht und am Anfang, in der Mitte und am Ende nicht gleich ist. Von all diesen Welten ist nur das kollektive Feld der Maya dem Wandel und der linearen Zeit unterworfen.

Die Bestandteile der ersten fünf Welten und der Ebenen der Milz-Chakras sind: Bewußtsein, unqualifizierte Energie (Prana) und feinstoffliche Materie. Die Welt der Maya hingegen besteht aus begrenztem Bewußtsein (das aus qualifizierter Energie auftaucht) und qualifizierter Energie (in einem festen, flüssigen oder gasförmigen Zustand).

Um sich ein Bild von der Beziehung der Welten und Dimensionen des nicht-physischen Universums und des kollektiven Feldes der Maya zu machen, kann man sich fünf einander durchdringende Sphären vorstellen (siehe Abb. unten). Im Zentrum dieser Sphären, hier durch einen mathematischen Punkt repräsentiert, sitzt das universelle Bewußtsein. Dieses Bewußtsein, das Selbst, hat keine Dimensionen und versorgt sowohl das physische als auch das nicht-physische Universum mit Bewußtsein und unqualifizierter Energie. Von diesem Punkt aus gehen in gleichen Abständen 140 Speichen aus, welche alle Sphären durchdringen. Die Speichen symbolisieren die Chakras, die interdimensionale Wirbel aus un-

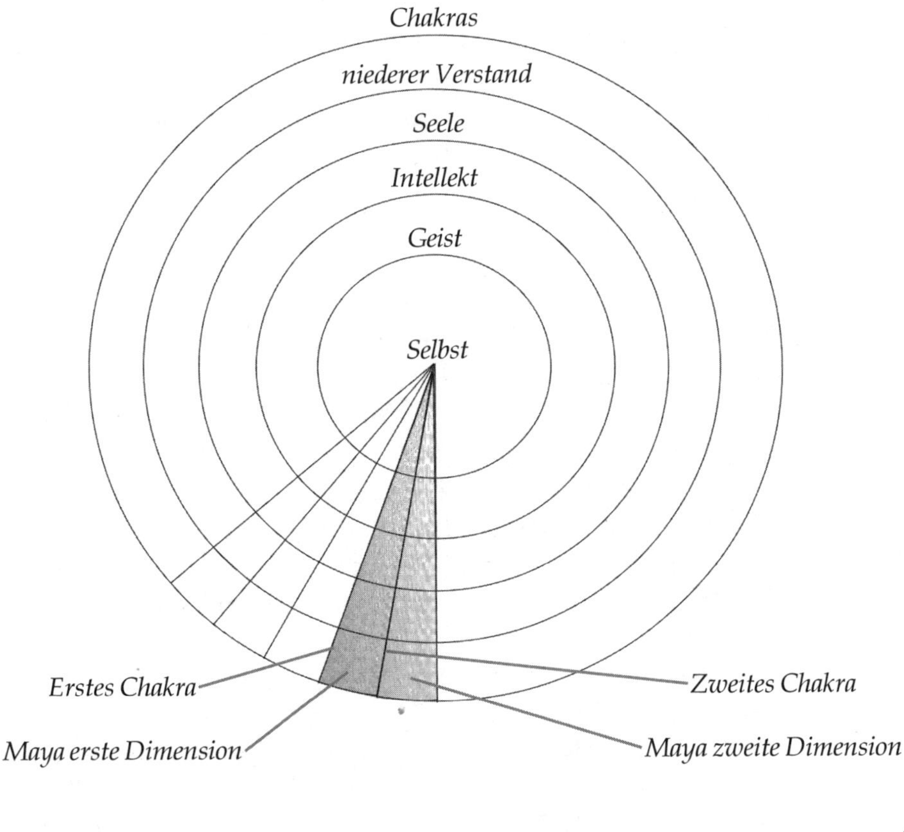

qualifizierter Energie sind und sich vom Selbst aus genauso weit erstrecken, wie die Welt des niederen Verstandes. Die beiden Milz-Chakras treten aus dem Selbst hervor, durchdringen aber nur die ätherische und die physisch-materielle Welt (mehr über die Milz-Chakras in Kapitel 11).

Die Sphäre, die dem Selbst am nächsten ist, ist die Welt des Geistes. Sie ist die erste, die mit Hilfe der Tattwas aus dem Selbst hervorgegangen ist. Diese Sphäre ist in 140 Dimensionen eingeteilt, welche jeweils von einem einzigen Chakra durchdrungen werden, das dieselbe Dimension auch in den Welten des Intellekts, der Seele, des niederen Verstandes und ihrer jeweiligen Funktionen und Aspekte durchdringt. Das Prana, das aus jedem Chakra strömt, versorgt die Energiekörpergemeinschaften und Energieträger in jeder Welt und Dimension, die das spezifische Chakra durchdringt.

Die Welt der Maya umgibt jede einzelne Sphäre und ähnelt ihnen sehr, was Größe und Form und den Abstand vom Selbst betrifft. Maya hüllt jede Sphäre im höheren und niederen Verstand ein (auch die Welt der Chakras und Milz-Chakras und ihre Funktionen und Aspekte) und ist in 142 Dimensionen eingeteilt.

Je dichter das kollektive Feld der Maya um jedes dimensionale Feld herum ist, desto schwieriger ist es für die Chakras, die Energiekörpergemeinschaften innerhalb dieser Felder zu versorgen und desto schwerer fällt es dem Prana, durch die Chakras in die nächste Welt zu fließen: die Welt des Intellekts.

Diese Welt ist in der Zeichnung durch eine zweite Sphäre dargestellt, die wiederum in 140 Dimensionen eingeteilt ist. Wie in der spirituellen Welt durchdringen und versorgen die Chakras die Energiekörpergemeinschaften auch in dieser Dimension.

Das Prana, das aus dem universellen Bewußtsein auftaucht, wird durch die Chakras kontinuierlich in niedrigere Frequenzen umgewandelt, so daß die Energiekörper in der

Welt des Intellekts sie verwerten können (die Energiekörper in der Welt des Intellekts haben eine geringere durchschnittliche Frequenz als die Energiekörper in der Welt des Geistes).

Je dichter das Feld der Maya ist, das die Welt des Intellekts einhüllt, desto schwieriger ist es für die Chakras, die Energiekörpergemeinschaften in allen Dimensionen zu versorgen und desto schwieriger wird es auch für das Prana, für die Energiekörper in der Welt der Seele umgewandelt und übermittelt zu werden.

Denn hinter der Welt des Intellekts liegt die Welt der Seele und hinter der Welt der Seele, die Welt des niederen Verstandes. Beide Welten sind in der Abbildung als Sphären dargestellt, die in jeweils 140 Dimensionen geteilt sind. Jede Dimension nebst ihren Energiekörpergemeinschaften und Energieträger wird von einem Chakra versorgt, das sie durchdringt und somit auch die Gemeinschaften der Energiekörper und -träger in dieser Dimension.

Auch hier gilt: Je dichter das Feld der Maya ist, das die Welt der Seele und die Welt des niederen Verstandes einhüllt, desto schwieriger ist es für die Chakras, die Energiekörpergemeinschaften und Energieträger in den Dimensionen jeder Welt zu versorgen.

Die Welt des Geistes

Die Welt des Geistes besteht aus Bewußtsein, unqualifizierter Energie (deren Frequenzbereich dem der Welt des Geistes entspricht) und feinstofflicher Materie. Diese Welt wird oft auch als kausale Welt bezeichnet; es ist wichtig zu erkennen, daß das Selbst (Atman) die eigentliche Ursache ist und daß sowohl das materielle als auch das immaterielle Universum, einschließlich der Welt des Geistes, nur seine Wirkungen sind.

Da Menschen das »Universum als Mikrokosmos« darstellen, existiert jedes Individuum gleichzeitig in allen 140

Dimensionen der spirituellen Welt und verfügt in jeder Dimension über eine Energiekörpergemeinschaft, die synchron mit der Gemeinschaft der benachbarten Energiekörper zusammenarbeitet.

In der Welt des Geistes haben alle Energiekörper die gleiche Größe und Form wie der physisch-materielle Körper, dem sie entsprechen. Unter normalen Umständen sind die Energiekörper vertikal integriert, das heißt, daß sie den persönlichen Körperraum in ihrer Dimension vollständig ausfüllen. Die Energiekörpergemeinschaften, die in der Welt des Geistes existieren, treten durch die Funktionen des Verstandes mit der Außenwelt in Aktion und erscheinen durch die Aspekte des Verstandes mit einer Identität.

Die Chakras, welche die Welt des Geistes durchdringen, versorgen die Energiekörpergemeinschaften mit Prana und regeln die Polarität in den Dimensionen der Welt des Geistes, indem sie, je nach Bedarf der Energiekörper, unqualifizierte Energie weiterleiten und umwandeln. Außerdem arbeiten die Chakras und die Aura-Felder mit den Bewußtseinszentren in der Welt des Geistes zusammen, um sowohl unqualifizierte als auch qualifizierte Energie in der inneren und äußeren Welt aufzuspüren.

Die Welt des Intellekts

Dies ist die nächste Welt, die mit Hilfe der Tattwas aus dem Selbst hervorgegangen ist. Sie besitzt ebenfalls 140 Dimensionen und ein Mensch hat in jeder dieser Dimension Energiekörpergemeinschaften, die synchron mit den Energiekörpergemeinschaften und Energieträgern der benachbarten Welten und Dimensionen zusammenarbeiten.

Die Energiekörpergemeinschaften in der Welt des Intellekts interagieren durch die Funktionen des Verstandes mit der äußeren Welt und zeigen sich mit einer Identität durch die Aspekte des Verstandes.

Alle Energiekörper in der Welt des Intellekts haben die gleiche Größe und Form wie der physisch-materielle Körper und sind in einem gesunden Menschen vertikal integriert.

Die Energiekörper in der Welt des Intellekts werden durch die Chakras energetisch mit Prana versorgt, die es, falls notwendig, auch umwandeln, ferner die Polarität regulieren und zusammen mit den Aura-Feldern als Sensoren dienen. Die Welt des Intellekts schwingt in einem Frequenzbereich, der dem begrenzten Bewußtsein entspricht. Solange die Energiekörper in der Welt des Intellekts vertikal integriert bleiben und normal arbeiten, werden sich induktives und deduktives Denken in Balance befinden, Intuition und Einsicht kann in die bewußte Wahrnehmung treten und innere Zwiegespräche beschränken sich auf ein Minimum. Da Menschen im Rahmen ihrer Beziehungen vor allem durch die Energiekörper in den Welten des Intellekts und der Seele miteinander in Kontakt treten, ist die Gesundheit auf dieser Ebene eine Voraussetzung, um langfristige intime Beziehungen eingehen zu können und aufrechtzuerhalten.

Die Welt der Seele

Als nächste geht die Welt der Seele mit Hilfe der Tattwas aus dem Selbst hervor. In jeder ihrer 140 Dimensionen gibt es Energiekörpergemeinschaften, die synchron mit anderen Energiekörpern und Energieträgern in den benachbarten Welten und Dimensionen zusammenarbeiten.

Energiekörper in der Welt der Seele haben die gleiche Größe und Form wie der menschliche Körper und sind bei einem gesunden Menschen vertikal integriert. Wenn dies der Fall ist, interagieren sie durch die Funktionen des Verstandes mit der äußeren Welt und erscheinen durch die Aspekte des Verstandes mit einer Identität.

Versorgt werden sie von den Chakras, die ihnen Prana liefern und dieses bei Bedarf umwandeln und die Polarität regeln. Zusammen mit den Aura-Feldern und den Zentren des Bewußtseins im Energiefeld dienen sie als Sensoren.

Die Welt der Seele schwingt innerhalb des gleichen Frequenzbereichs wie Emotionen, Gefühle und Empfindungen. Wenn die Energiekörper in der Welt der Seele gesund funktionieren, ist man in der Lage, Emotionen und Gefühle physischer und nicht-physischer Wesenheiten zu spüren und kann eigene authentische Gefühle, die aus den Chakras auftauchen, spontan fühlen, ausdrücken und somit auflösen.

Wenn man eine gesunde Ausgewogenheit in der Welt der Seele erreicht hat, kann man sich selbst behaupten und verfügt dennoch über Einfühlungsvermögen, so daß emotionale Konflikte eher selten sind. Wenn sie jedoch auftreten, werden sie als das erkannt, was sie sind: Täuschungsmanöver des individuellen Verstandes und des Ego. Da Emotionen, Gefühle und Empfindungen bei der Kommunikation und den Interaktionen zwischen Menschen eine wichtige Rolle spielen, ist Gesundheit auf dieser Ebene unabdingbar, um langfristige intime Beziehungen eingehen zu können und aufrechtzuerhalten.

Die Welt des niederen Verstandes

Die Welt des niederen Verstandes ist eine Erweiterung des menschlichen Bewußtseins mit einer niedrigeren durchschnittlichen Frequenz als die Welt der Seele, die Welt des Intellekts und des Geistes. Dennoch ist sie ein essentieller Bestandteil des menschlichen Bewußtseins. Sie zu ignorieren heißt, dem Selbst das Recht zu verwehren, in Erscheinung zu treten und sich durch das gesamte Spektrum des menschlichen Bewußtseins auszudrücken.

Auch die Welt des niederen Verstandes hat 140 Dimensionen und ein Mensch verfügt auf jeder Dimension über Energieträger, die »Körper des Verlangens« heißen. In Struktur und Funktion entsprechen sie den Energiekörpern des höheren Verstandes und als Träger des universellen Bewußtseins arbeiten sie synchron mit den Energiekörpern der benachbarten Welten und Dimensionen zusammen.

Die Körper des Verlangens treten durch die Funktionen des Verstandes mit ihrer äußeren Umwelt in Wechselwirkung und erscheinen mit einer Identität in der Welt des niederen Verstandes, durch die Aspekte des Verstandes.

Die Chakras versorgen die Körper des Verlangens mit Prana. Zudem regeln sie die Polarität, wandeln unqualifizierte Energie um und fungieren zusammen mit den Aura-Feldern als Sensoren. Alle Körper des Verlangens haben die gleiche Größe und Form wie der menschliche Körper, dem sie entsprechen. Unter normalen Umständen sind sie vertikal integriert, nehmen also in ihrer Dimension den gesamten Körperraum ein.

Die vier Arten des Verlangens, die aus dem niederen Verstand hervortreten, wenn die Körper des Verlangens vertikal integriert sind, heißen Artha, Kama, Dharma und Moksha. Artha ist der Wunsch, materiellen Wohlstand und Bequemlichkeit zu genießen. Kama ist das Verlangen nach Vergnügen. Dharma ist der Wunsch nach Tadellosigkeit (angemessenes Handeln) und Moksha ist das Verlangen, spirituell frei zu sein und karmische Anhaftungen zu lösen.

Wenn funktionale Elemente des niederen Verstandes in die bewußte Aufmerksamkeit eintauchen, erkennt man den Unterschied zwischen angemessenem und unangemessenem Handeln und entscheidet sich konsequent für Aktivitäten und Handlungen, die angemessen sind und den Prana-Strom fördern.

Die Welt der Chakras

Die Welt der Chakras durchdringt und versorgt die Welten des höheren und niederen Verstandes sowie die Ebenen der Milz-Chakras wie auch die Funktionen und Aspekte des Verstandes.

Die einzelnen Chakras werden meist als Räder (oder Blüten) dargestellt, die einen Schaft oder Stiel haben (siehe Abb. unten). Die Chakras arbeiten in individuellen Feldern aus unqualifizierter Energie und reinem Bewußtsein, die ihrer Struktur nach den Energieträgern des höheren und niederen Verstandes entsprechen.

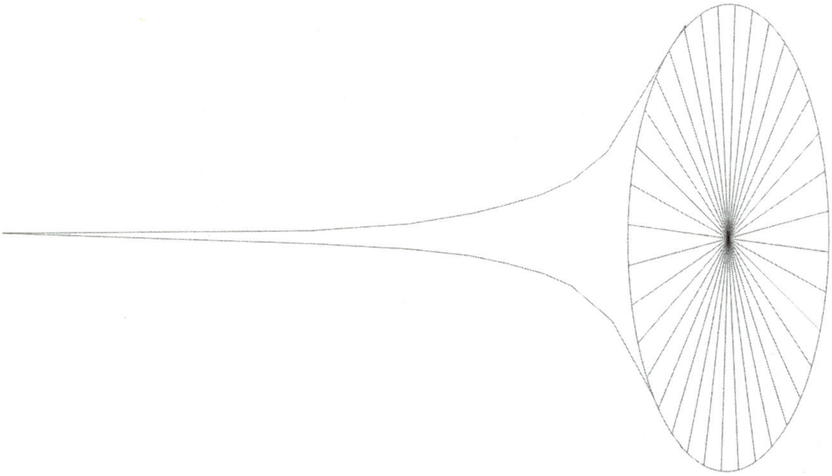

Wie die Energiekörper haben diese Felder (jedes Chakra taucht in drei Felder ein) die gleiche Größe und Form wie der menschliche Körper. Diese drei Felder, »Chakra-Körper« genannt, müssen in jeder Dimension vertikal integriert sein, damit die Chakras gesund bleiben und den Einfluß von Maya und ihren Subfeldern (untergeordnete Felder mit qualifizierter Energie) abwehren können.

140 Chakras strahlen vom Selbst aus und durchdringen die Welten des höheren und niederen Verstandes und ihre Funktionen und Aspekte. Zusätzlich entspringen noch zwei Milz-Chakras aus dem Selbst, verfolgen jedoch eine eigene Route, indem sie die zwei Milz-Ebenen und deren Funktionen und Aspekte durchdringen.

Die Funktion der Chakra-Körper kann ebenso gestört werden, wie die Funktion der Energiekörper und Energieträger des höheren und niederen Verstandes. Eine mögliche Ursache ist die unmäßige Ansammlung von karmischem Ballast in einer oder mehreren Dimensionen in der Welt der Chakras oder eine gewaltsame Projektion qualifizierter Energie oder ein Eindringen nicht-physischer Wesenheiten in den Mikrokosmos und die Welt der Chakras.

Wenn die Funktion eines Chakras gestört ist, genügt es nicht, das einzelne Chakra zu reaktivieren. Auch der karmische Ballast oder das qualifizierte Subfeld muß entfernt werden und zwar in der entsprechenden Dimension, in der die Störung vorliegt. Auch müssen die Chakra-Körper reintegriert werden, sofern sie aus dem persönlichen Körperraum gedreht oder sogar hinausgeschleudert worden sind.

Welten der Übungen

Die Menschen in unserer modernen Welt sind sich der multidimensionalen Welt in ihrem Inneren nur zu einem kleinen Teil bewußt. Nichtsdestotrotz ist es möglich, durch Wissen und Fähigkeiten bewußter zu werden und die spezifische Resonanz (Durchschnittsfrequenz) jeder Welt und Dimension des höheren und niederen Verstandes, ebenso wie die unterschiedlichen Qualitäten qualifizierter Subfelder voneinander zu unterscheiden.

Mit Hilfe der folgenden Übungen werden Sie die notwendige Fähigkeit entwickeln, Ihre Aufmerksamkeit zu teilen und die Resonanz spezifischer Welten und Dimensionen im höheren und niederen Verstand zu lokalisieren und zu bestimmen.

Die beiden ersten Übungen lehren Sie, Ihre Aufmerksamkeit zu teilen und die Vorderseite Ihres Herz-Chakras zu aktivieren, während Sie nach innen in die Welt des Geistes schauen. Wenn Sie nach innen schauen, werden Sie die Resonanz der vierten Dimension (der Ebene des Herz-Chakras) in der Welt des Geistes erleben.

In den darauf folgenden Übungen aktivieren Sie die Rückseite Ihres Herz-Chakras, zentrieren sich dort und schauen nach innen, in die Welt des Intellekts. Dann unternehmen Sie die gleichen Schritte in der Welt der Seele, des niederen Verstandes und in der Welt der Chakras.

Wenn Sie die erste Übungsreihe hinter sich haben und die Resonanz des Herz-Chakras in jeder Welt des höheren und niederen Verstandes unterscheiden können, schauen Sie auf der Ebene des Herz-Chakras (der vierten Dimension) nach innen, diesmal in mehrere Welten. Dann nutzen Sie das Gelernte, um auf der Ebene des Herz-Chakras nach innen zu schauen und alle Welten des höheren und niederen Verstandes gleichzeitig zu betrachten.

In den letzten Übungen aktivieren Sie die sieben traditionellen Chakras im persönlichen Körperraum und schauen nach innen und zwar gleichzeitig auf alle sieben Dimensionen der Welten des höheren und niederen Verstandes. Dadurch bekommen Sie eine Vorstellung von der Weite Ihres Bewußtseins und vom Spaß, von der Liebe, der Intimität und der Freude, die Ihnen jederzeit zugänglich sind.

➠ Die Aufmerksamkeit teilen und die Vorderseite des Herz-Chakras aktivieren

Bevor Sie auf der Ebene des vierten Chakras nach innen schauen können, müssen Sie in der Lage sein, Ihre Aufmerksamkeit zu teilen und mit der »zweiten Aufmerksamkeit« zu arbeiten. Bisher haben Sie in den Übungen nur die mentale Aufmerksamkeit benutzt. Bei den meisten folgenden Übungen bleibt die mentale Aufmerksamkeit jedoch in der Rückseite des Herz-Chakras und die zweite Aufmerksamkeit übernimmt die beschriebene Energiearbeit.

In der folgenden Übung werden Sie die Rückseite Ihres Herz-Chakras aktivieren und sich dort zentrieren. Dann werden Sie Ihre Aufmerksamkeit teilen und auf die Vorderseite des Herz-Chakras richten, indem Sie bekräftigen: »Es ist meine Absicht, meine Aufmerksamkeit zu teilen

und die Vorderseite meines Herz-Chakras zu aktivieren.«
Setzen Sie sich bequem und aufrecht hin. Entspannen Sie sich mit der Standardmethode und bringen Sie die bewußte und unbewußte mentale Aktivität ins Gleichgewicht. Fahren Sie fort, indem Sie die Rückseite Ihres Herz-Chakras aktivieren und sich dort zentrieren. Teilen Sie dann Ihre Aufmerksamkeit und aktivieren Sie die Vorderseite des Herz-Chakras, indem Sie bekräftigen: »Es ist meine Absicht, meine Aufmerksamkeit zu teilen und die Vorderseite meines Herz-Chakras zu aktivieren.«
Nehmen Sie sich fünfzehn Minuten Zeit, um die unqualifizierte Energie zu genießen, die auf der Vorderseite Ihres Herz-Chakras erscheint. Zählen Sie dann von eins bis fünf und öffnen Sie bei »fünf« die Augen. Jetzt fühlen Sie sich hellwach, völlig entspannt und wohler als zuvor.

➠ Nach innen in die Welt des Geistes schauen

In dieser Übung werden Sie die Standardmethode verwenden um zu entspannen und die bewußte und unbewußte Aktivität ins Gleichgewicht zu bringen. Dann werden Sie die Rückseite Ihres Herz-Chakras aktivieren und sich dort zentrieren. Wenn Sie zentriert sind, teilen Sie Ihre Aufmerksamkeit, aktivieren die Vorderseite Ihres Herz-Chakras und schauen nach innen, in die Welt des Geistes.
Sobald Sie bereit sind, setzen Sie sich aufrecht und bequem hin, entspannen Sie sich mit der Standardmethode und bringen Ihre bewußte und unbewußte mentale Aktivität ins Gleichgewicht.
Wenn Sie bereit sind fortzufahren, aktivieren Sie die Rückseite Ihres Herz-Chakras aktivieren und zentrieren sich dort. Dann bekräftigen Sie: »Es ist meine Absicht, meine Aufmerksamkeit zu teilen und die Vorderseite meines Herz-Chakras zu aktivieren. Fahren Sie fort: »Auf der Ebene des Herz-Chakras ist es meine Absicht nach inne zu schauen, in der Welt des Geistes.

Nehmen Sie sich fünfzehn Minuten Zeit, um die Meditation zu genießen. Zählen Sie dann von eins bis fünf. Bei »fünf« öffnen Sie die Augen. Jetzt fühlen Sie sich hellwach, völlig entspannt und wohler als zuvor.

➠ Nach innen in die Welt des Intellekts schauen

Entspannen Sie sich mit der Standardmethode und bringen Sie die bewußte und unbewußte mentale Aktivität ins Gleichgewicht. Dann werden Sie die Rückseite Ihres Herz-Chakras aktivieren und sich dort zentrieren. Wenn Sie zentriert sind, teilen Sie Ihre Aufmerksamkeit, aktivieren die Vorderseite Ihres Herz-Chakras und schauen nach innen in die Welt des Intellekts, indem Sie bekräftigen: »Auf der Ebene meines Herz-Chakras, ist es meine Absicht, nach innen zu schauen in die Welt des Intellekts.«

Genießen Sie die Meditation etwa fünfzehn Minuten lang. Zählen Sie dann von eins bis fünf und öffnen Sie bei »fünf« die Augen. Jetzt fühlen Sie sich hellwach, völlig entspannt und wohler als zuvor.

Nachdem Sie diese Übung abgeschlossen haben, können Sie mit Hilfe derselben Technik die einzigartige Resonanz des Herz-Chakras in der Welt der Seele erfahren, indem Sie bekräftigen: »Es ist meine Absicht, auf der Ebene des Herz-Chakras nach innen zu schauen in die Welt der Seele.« Danach können Sie die gleiche Übung in der Welt des niederen Verstandes machen, indem Sie bekräftigen: »Es ist meine Absicht, auf der Ebene des Herz-Chakras nach innen zu schauen in die Welt des niederen Verstandes.« Auch in der Welt der Chakras benutzen Sie die gleiche Methode: »Es ist meine Absicht, auf der Ebene des Herz-Chakras nach innen zu schauen in die Welt der Chakras.«

➠ Nach innen in alle Welten gleichzeitig schauen

Entspannen Sie sich mit der Standardmethode, bringen Sie die bewußte und unbewußte mentale Aktivität ins

Gleichgewicht. Dann aktivieren Sie die Rückseite Ihres Herz-Chakras und zentrieren Sie sich dort. Wenn Sie zentriert sind, teilen Sie Ihre Aufmerksamkeit und aktivieren Sie die Vorderseite Ihres Herz-Chakras.
Nachdem Sie die Vorderseite des Herz-Chakras aktiviert haben bekräftigen Sie: »Es ist meine Absicht, auf der Ebene des Herz-Chakras nach innen, in die Welt des niederen Verstandes zu schauen.« Dann bekräftigen Sie: »Es ist meine Absicht, auf der Ebene des Herz-Chakras nach inne, in die Welt der Seele zu schauen.« Danach bekräftigen Sie: »Es ist meine Absicht, auf der Ebene des Herz-Chakras nach innen in die Welt des Intellekts zu schauen.« Und zum Schluß bekräftigen Sie: »Es ist meine Absicht, auf der Ebene des Herz-Chakras nach innen in die Welt des Geistes zu schauen.«
Nehmen Sie sich fünfzehn Minuten Zeit, um die Bewußtseinsveränderung zu erfahren, die Sie erleben, wenn Sie nach innen, gleichzeitig auf alle Welten des höheren und niederen Verstandes schauen. Zählen Sie dann von eins bis fünf und öffnen Sie bei »fünf« die Augen. Jetzt fühlen Sie sich hellwach, völlig entspannt und wohler als zuvor.
Diese Übung kann eine tiefgreifende Wirkung auf Ihre Vorstellung vom Universum der vielen Welten und Dimensionen haben. Darum lohnt es sich, sie mehrere Male zu wiederholen, um die Harmonie zu genießen, welche die Interaktionen dieser Energiefelder auslösen, die gleichzeitig aus den Welten des höheren und niederen Verstandes auftauchen.

➡ Die Aktivierung der sieben traditionellen Chakras

Mit dieser Übung aktivieren Sie die sieben traditionellen Chakras im persönlichen Körperraum. In der darauf folgenden Gruppe von Übungen aktivieren Sie die sieben traditionellen Chakras, um dann nach innen zu schauen in alle sieben Dimensionen der Welten des höheren und niederen Verstandes.

Setzen Sie sich aufrecht und bequem hin. Entspannen Sie sich mit der Standardmethode, bringen Sie die bewußte und unbewußte mentale Aktivität ins Gleichgewicht. Wenn Sie bereit sind fortzufahren, aktivieren Sie die Rückseite Ihres Herz-Chakras und zentrieren Sie sich dort. Teilen Sie dann Ihre Aufmerksamkeit und aktivieren Sie die sieben Chakras im persönlichen Körperraum. Beginnen Sie mit der Rückseite des ersten Chakras und bewegen Sie sich am Shushumna-Gouverneur-Meridian nach oben bis zur Rückseite des siebten Chakras. Die bereits aktivierte Rückseite des Herz-Chakras können Sie auslassen. Wenn die Rückseite der sieben traditionellen Chakras aktiviert ist, aktivieren Sie die Vorderseiten. Beginnen Sie mit dem siebten Chakra und arbeiten Sie sich nach unten zum ersten vor.

Sobald Sie die Vorder- und Rückseite der sieben traditionellen Chakras im persönlichen Körperraum aktiviert haben, nehmen Sie sich etwa fünfzehn Minuten Zeit, um die Veränderung in Ihrem Energiesystem zu genießen. Zählen Sie dann von eins bis fünf und öffnen Sie bei »fünf« die Augen. Jetzt fühlen Sie sich hellwach, völlig entspannt und wohler als zuvor.

➠ Nach innen schauen, in die Welt des Geistes in sieben Dimensionen

Mit der folgenden Übung nutzen Sie das bisher Gelernte, um auf den Ebenen der sieben traditionellen Chakras nach innen in die Welt des Geistes zu schauen.

Setzen Sie sich aufrecht und bequem hin. Entspannen Sie sich mit der Standardmethode und bringen Sie die bewußte und unbewußte mentale Aktivität ins Gleichgewicht. Wenn Sie bereit sind fortzufahren, aktivieren Sie die Rückseite Ihres Herz-Chakras und zentrieren Sie sich dort. Dann teilen Sie Ihre Aufmerksamkeit und aktivieren Sie die sieben Chakras im persönlichen Körperraum. Beginnen Sie mit der Rückseite des ersten Chakra und be-

wegen Sie sich am Shushumna-Gouverneur-Meridian nach oben bis zur Rückseite des siebten Chakras. Die bereits aktivierte Rückseite des Herz-Chakras können Sie auslassen. Wenn die Rückseite der sieben traditionellen Chakras aktiviert ist, aktivieren Sie ihre Vorderseite. Beginnen Sie mit dem siebten Chakra und arbeiten Sie sich nach unten bis zum ersten.

Sobald die Chakras aktiv sind, schauen Sie nach innen in die Welt des Geistes (in alle sieben Dimensionen gleichzeitig) indem Sie bekräftigen: »Es ist meine Absicht, auf den Ebenen der sieben traditionellen Chakras nach innen zu schauen in die Welt des Geistes.« Das ermöglicht Ihnen eine unmittelbare Erfahrung der Welt des Geistes auf der Ebene der sieben traditionellen Chakras innerhalb des persönlichen Körperraumes.

Nehmen Sie sich etwa fünfzehn Minuten Zeit, um die Meditation zu genießen. Zählen Sie dann von eins bis fünf und öffnen Sie bei »fünf« die Augen. Jetzt fühlen Sie sich hellwach, völlig entspannt und wohler als zuvor.

➠ Nach innen schauen, in die Welt des Intellekts in sieben Dimensionen

Mit der folgenden Übung nutzen Sie das bisher Gelernte, um auf den Ebenen der sieben traditionellen Chakras nach innen zu schauen in die Welt des Intellekts. Die Übung ist identisch mit der vorigen, außer daß Sie hier bekräftigen: »Es ist meine Absicht, nach innen zu schauen, auf den Ebenen der sieben traditionellen Chakras in der Welt des Intellekts. «Das ermöglicht Ihnen die unmittelbare Erfahrung der Welt des Intellekts, auf der Ebene der sieben traditionellen Chakras.

Um die Übung durchzuführen, folgen Sie den oben aufgeführten Instruktionen. Nehmen Sie sich etwa fünfzehn Minuten Zeit, um die sieben traditionellen Chakras in der Welt des Intellekts zu genießen. Zählen Sie dann von eins bis fünf und öffnen Sie bei »fünf« die Augen. Jetzt fühlen Sie sich hellwach, völlig entspannt und wohler als zuvor.

➠ Nach innen schauen, in die Welt der Seele in sieben Dimensionen

Mit dieser Übung nutzen Sie das bisher Gelernte, um auf den Ebenen der sieben traditionellen Chakras nach innen zu schauen in die Welt der Seele.

Die Übung ist identisch mit der obigen, außer daß Sie hier bekräftigen: »Es ist meine Absicht, auf den Ebenen der sieben traditionellen Chakras nach innen zu schauen in die Welt der Seele.«

Um die Übung durchzuführen, folgen Sie den oben aufgeführten Instruktionen. Dann nehmen Sie sich etwa fünfzehn Minuten Zeit, um die sieben traditionellen Chakras in der Welt der Seele zu erfahren. Zählen Sie dann von eins bis fünf und öffnen Sie bei »fünf« die Augen. Jetzt fühlen Sie sich hellwach, völlig entspannt und wohler als zuvor.

➠ Nach innen schauen, in die Welt des niederen Verstandes in sieben Dimensionen

Mit der folgenden Übung nutzen Sie das bisher Gelernte, um auf den Ebenen der sieben traditionellen Chakras nach innen in die Welt des niederen Verstandes zu schauen.

Die Übung ist identisch mit der obigen, außer daß Sie hier bekräftigen: »Es ist meine Absicht, auf den Ebenen der sieben traditionellen Chakras nach innen zu schauen in die Welt des niederen Verstandes.«

Um die Übung durchzuführen, folgen Sie den oben aufgeführten Instruktionen. Nehmen Sie sich etwa fünfzehn Minuten Zeit, um die Meditation zu genießen. Zählen Sie dann von eins bis fünf und öffnen Sie bei »fünf« die Augen. Jetzt fühlen Sie sich hellwach, völlig entspannt und wohler als zuvor.

Nach innen schauen, in alle Welten gleichzeitig

Mit dieser Übung verbinden Sie alles, was Sie bisher gelernt haben und schauen gleichzeitig auf den Ebenen der sieben traditionellen Chakras in alle Welten des höheren und niederen Verstandes.

Setzen Sie sich aufrecht und bequem hin. Entspannen Sie sich mit der Standardmethode, bringen Sie die bewußte und unbewußte mentale Aktivität ins Gleichgewicht. Wenn Sie bereit sind fortzufahren, aktivieren Sie die Rückseite Ihres Herz-Chakras und zentrieren Sie sich dort. Dann teilen Sie Ihre Aufmerksamkeit und aktivieren Sie die sieben Chakras im persönlichen Körperraum. Beginnen Sie mit der Rückseite des ersten Chakras und bewegen Sie sich am Shushumna-Gouverneur-Meridian nach oben bis zur Rückseite des siebten Chakras. Die bereits aktivierte Rückseite des Herz-Chakras können Sie auslassen. Wenn Sie die Rückseite der sieben traditionellen Chakras aktiviert haben, aktivieren Sie ihre Vorderseite. Beginnen Sie mit dem siebten Chakra und arbeiten Sie sich nach unten bis zum ersten vor.

Sobald die sieben traditionellen Chakras im persönlichen Körperraum aktiviert sind, schauen Sie nach innen, in die Welt des Geistes und bekräftigen: »Es ist meine Absicht, auf den Ebenen der sieben traditionellen Chakras nach innen zu schauen in die Welt des Geistes.« Dann bekräftigen Sie: »Es ist meine Absicht, auf den Ebenen der sieben traditionellen Chakras nach innen zu schauen in die Welt des Intellekts.« Danach bekräftigen Sie: »Es ist meine Absicht, auf den Ebenen der sieben traditionellen Chakras nach innen zu schauen in die Welt der Seele.« Und zum Schluß bekräftigen Sie: »Es ist meine Absicht, auf den Ebenen der sieben traditionellen Chakras nach innen zu schauen in die Welt des niederen Verstandes.«

Nehmen Sie sich etwa fünfzehn Minuten Zeit, um die Meditation zu genießen. Zählen Sie dann von eins bis fünf und öffnen Sie bei »fünf« die Augen. Jetzt fühlen Sie sich hellwach, völlig entspannt und wohler als zuvor.

Teil 2

Sich selbst schützen

Kapitel 6

»Durch die Maya erfahren Jivas (verkörperte Seelen) sieben Stadien der Entwicklung: Unwissenheit, Verschleierung, Multiplizität, indirektes Wissen, unmittelbare Erfahrung, Befreiung vom Leiden und höchste Glückseligkeit.«

KAIVALYA NAVANEETA

Das kollektive Feld der Maya

Das universelle Feld aus unqualifizierter Energie wird sowohl im Mikrokosmos als auch im Makrokosmos durch das kollektive Feld qualifizierter Energie überlagert. Im Sanskrit wird dieses kollektive Feld Maya genannt. Maya kann definiert werden als »das, was real erscheint«. In diesem Feld aus qualifizierter Energie (Maya) befinden sich verschiedene qualifizierte Subfelder. Diese Subfelder interagieren mit menschlichen Wesen in allen Welten und Dimensionen (einschließlich denen, des höheren und niederen Verstandes, der Welt der Chakras, der Ebenen der Milz-Chakras und der Funktionen und Aspekte des Verstandes). Da sich Subfelder aus qualifizierter Energie in allen Welten und Dimensionen des Mikrokosmos und des Makrokosmos finden lassen, muß man sich effektiv und rechtzeitig mit ihnen befassen, wenn man karmisches Gepäck überwinden und die von ihm geschaffenen Anhaftungen auflösen will.

Obwohl es zwischen den Weltreligionen und spirituellen Traditionen unterschiedliche Ansichten gibt, erkennen alle an, daß das qualifizierte Universum Mayas (in allen Welten und Dimensionen) schon ewig existiert und fortfahren wird zu existieren, so lange es das Universum der Erscheinungen geben wird. Diese Ansicht vertreten sowohl die Veden als im wesentlichen auch der Hinduismus, der Buddhismus und der Jainismus.

Der große vedische Weise Shankara, der im Jahr 788 in einem kleinen Dorf im westlichen Malabar, Südindien, geboren wurde, integrierte das Konzept der Maya vollständig in die Psychologie und Kosmologie des Yoga. Über Maya schrieb er: »Wir können die Erscheinungswelt, die wir im Wachzustand wahrnehmen, mit einer Schlange vergleichen, die sich bei näherem Hinsehen als nichts weiter als ein zusammengerolltes Seil entpuppt. Wenn wir die Wahrheit kennen, lassen wir uns vom äußeren Anschein nicht länger täuschen: Die Erscheinung der Schlange weicht der Realität des Seils und die Welt löst sich in Brahman auf.«

Yoga macht über Maya sechs Aussagen: Sie hat keinen Anfang; sie wird durch Jnana (Wissen) aufgelöst; sie verschleiert die Wahrheit und/oder das Bewußtsein; sie projiziert (strahlt Qualitäten aus); sie kann nicht definiert werden, weil sie nur scheinbar real ist; sie ist die Natur der Existenz der Erscheinungen (sie entwickelt sich und vergeht, aber sie ist nicht von Dauer); und sie befindet sich innerhalb und außerhalb des menschlichen Energiefeldes.

Obwohl das kollektive Feld der Maya (mitsamt ihren Subfeldern aus qualifizierter Energie) nur als eingeschränkt real gilt, enthält sie alle konstituierenden Bestandteile, die für eine Existenz in der Erscheinungswelt erforderlich sind, zum Beispiel ein begrenztes Bewußtsein, qualifizierte Energie und sowohl feinstoffliche als auch physische Materie. Das alles nimmt Raum ein, entwickelt sich und verfällt in einem (zumindest jetzt noch) expandierenden Raum-Zeit-Gefüge.

Alle Subfelder aus qualifizierter Energie im kollektiven Feld der Maya besitzen eine Art Charakter, den ich auch »Geschmack« nenne. Dieser Charakter ist eine Funktion der Welt und der Dimensionen, in denen sich das Subfeld befindet, eine besondere Resonanz (durchschnittlichen Frequenz), Dichte und Polarität sowie eine bestimmte Anzahl von CECs, Conscious Energy Concentrations [bewußte Energiekonzentrationen] (lebende Wesenheiten). Als Funktion ihrer individuellen Beschaffenheit haben Subfelder aus qualifizierter Energie und die CECs darin einen Willen und ein Bewußtsein und sie drücken sich durch ein begrenztes Spektrum emotionaler und ätherischer Energien (Gefühle und Empfindungen) aus.

In der Tat haben das Feld der Maya und seine individuellen Subfelder eine gewaltige Auswirkung auf die physisch-materielle Ebene und ihre Geschöpfe, vor allem auf die Menschen. Qualifizierte Subfelder (besonders jene im menschlichen Energiefeld) beeinflussen die physische Gesundheit, das emotionale und mentale Wohlbefinden und können verhindern, daß man sich der inneren und äußeren Welt gewahr ist, indem sie die Funktionen des höheren und niederen Verstandes blockieren.

Yoga lehrt, daß Maya vier Möglichkeiten hat, das Bewußtsein zu stören: »durch Laya (Trägheit), Vikshepa (Ablenkung), Kashaya (Anhaftung) und Rasavada (egoistisches Vergnügen)« (aus: Essence of Vedanta). Zudem können Maya und ihre Subfelder (im Mikrokosmos wie im Makrokosmos) eine Wirklichkeit vortäuschen, um das menschliche Bewußtsein zu verwirren.

Swami Shivananda erläutert, wie Maya diese Scheinrealität (Adhyasa) hervorbringt und aufrechterhält und wie sie die Funktionen des höheren und niederen Verstandes imitiert: Adhyasa entsteht, »wenn wir aufgrund einer Täuschung das eine mit dem anderen verwechseln. Das Trugbild in der Wüste ist ein bekanntes Phänomen, das viele Wüstenreisende kennen. Es gaukelt nicht nur Wasser vor, sondern auch Gebäude, Wiesen und Villen ... Durch solche Trugbilder sind schon viele getäuscht worden, die sie nicht als unwirklich durchschauen konnten und ihnen daher nachgelaufen sind ... Irgendwann merkten sie jedoch, daß das was sie sahen, nur der Strahl der Sonne auf heißem Sand und kein echtes Wasser war. ... Ähnlich verhält es sich mit unwissenden Menschen, die nicht begreifen, daß diese Welt mit all ihren unzähligen beweglichen und unbeweglichen Geschöpfen ... nur scheinbar real ist ... sie ist das Licht des absoluten

Gewahrseins, das sich durch Maya widerspiegelt ... nichts anderes als ... die große göttliche Illusion«. (Swami Shivananda: Essence of Vedanta)

Subfelder in der Welt der Maya

Subfelder aus qualifizierter Energie im kollektiven Feld der Maya gibt es in Form von Atmosphären, Teichen, Wellen und Schnüren. Sie haben einen Zustand (fest, flüssig oder gasförmig) und Qualitäten wie Größe, Gestalt, Dichte, Polarität, Aktivitätsgrad, Oberflächentextur und manchmal auch Farbe.

Normalerweise besteht qualifizierte Energie in Subfeldern aus Energie, deren Frequenz innerhalb eines schmalen Spektrums liegt und daher typische Qualitäten aufweist, die sich von der qualifizierter Energie ihrer Umgebung unterscheidet. (Das erklärt, warum ein Mensch mit hochentwickeltem Wahrnehmungsvermögen ein Subfeld von einem anderen unterscheiden kann).

In der äußeren Welt verbinden sich Subfelder aus qualifizierter Energie im kollektiven Feld der Maya selten miteinander. Im Mikrokosmos (im menschlichen Energiefeld) sieht das jedoch anders aus. Wenn genügend Zeit zur Verfügung steht, verbinden sich die Subfelder dort und erzeugen eine zweite Generation von Subfeldern (komplexe Subfelder), die dann größer und vielschichtiger sind. Zu diesen komplexen Subfeldern gehören ***Samskaras*** (karmischer Ballast, der aus früheren Existenzen stammt), ***Vasanas*** (karmischer Ballast, der sich in diesem Leben angehäuft hat), ***knotige Fäden*** (komplexe Subfelder im Übergangsstadium zum karmischen Ballast), ***Personas*** (karmischer Ballast, der seine Qualitäten durch den individuellen Verstand und das Ego ausdrückt), ***Schnüre*** (karmischer Ballast, der zwei Menschen miteinander verbindet), ***Kontrollwellen*** (Projektionen aus dem karmischen Ballast einer anderen Person, die einen oder mehrere

Persönlichkeitsaspekte der eigenen Person kontrollieren können) und ***das Ego***. Alle Subfelder im Mikrokosmos konkurrieren um die Aufmerksamkeit ihres Wirtes und sind imstande, das Ausströmen des Selbst zu verschleiern, wenn es sich durch den höheren und niederen Verstand, deren Funktionen und Aspekte und das menschliche Energiesystem manifestiert.

Die drei Gunas

Alle Subfelder aus qualifizierter Energie haben die gleiche Grundstruktur, in dessen Kern sich mindestens eine Conscious Energy Concentration, CEC, befindet (CECs sind lebende Wesenheiten, die einen individuellem Willen, ein rudimentäres Bewußtsein und qualifizierte Energie innerhalb eines schmalen Frequenzspektrums haben). Qualifizierte Energie umhüllt die CEC und eine Grenze oder Oberflächenmembran aus feinstofflicher, qualifizierter Materie umgibt dieses Reservoir (feinstoffliche Materie ist qualifizierte Energie in festem Zustand). Die Oberflächenmembran dient als strukturelle und funktionale Grenze; sie trennt alle einzelnen Subfelder voneinander und alle Subfelder vom kollektiven Feld der Maya.

Im Yoga sind die Gunas Begriffe, die den Charakter qualifizierter Energie beschreiben. Das Sanskritwort »Guna« bedeutet »Qualität« oder »Eigenschaft«. Die Gunas beschreiben die spezifische Eigenschaft (den »Geschmack«) eines qualifizierten Subfeldes im Mikrokosmos und im Makrokosmos. Da die meisten qualifizierten Subfelder nicht »reinrassig« sind, also mehr als eine CEC enthalten, können wir uns die Qualität oder das Guna eines bestimmten Subfeldes als durchschnittliche Frequenz oder Resonanz aller CECs und der gesamten qualifizierten Energie im Subfeld vorstellen.

Es gibt drei Gunas, welche die Qualitäten qualifizierter Energiefelder beschreiben: »Sattva, Rajas und Tamas«. Die

Kaivalya Navaneeta erklärt: »Sattva, Rajas und Tamas sind rein weiß, rot und schwarz oder auch klar, trüb und dunkel. Obwohl alle gleichrangig sind, dominiert immer eines von ihnen.« (Sri Ramanasramam: Kaivalya Navaneeta)

Tamasische Energie

Die tamasische Energie ist die dichteste. Sie entspricht der festen Energie (Materie) in der physischen Welt. Ihre Konsistenz reicht von hart und brüchig bis weich und käsig. Tamasische Energie ist am stabilsten und reagiert eher langsam auf äußere Reize und zwar durch Bewegung oder Veränderung von Größe, Form, Dichte oder Aktivität. Wenn tamasische Energie in Form eines qualifizierten Subfeldes ins menschliche Energiefeld eingedrungen ist, löst sie die schlimmsten Störungen aus und schadet der Gesundheit und dem Wohlbefinden am meisten; ist sie erst einmal eingedrungen und integriert, ist sie am schwersten zu entfernen.

Rajistische Energie

Rajistische Energie ist weniger dicht als tamasische Energie. In der physischen Welt entspricht sie dem flüssigen Zustand (der flüssigen Materie). Ihre Form und Konsistenz schwankt zwischen dicht und zähflüssig bis dünn und wäßrig. Rajistische Energie ist weniger stabil als tamasische Energie und reagiert daher schneller auf äußere Reize: sie bewegt sich oder ändert ihre Form, Größe, Dichte oder Aktivität. Rajistische Energie läßt sich meist leichter entfernen als tamasische und hat einen geringeren Einfluß auf das menschliche Energiesystem, die Gesundheit und das Wohlbefinden.

Sattvische Energie

Sattvische Energie ist weniger dicht als tamasische und rajistische Energie und beeinträchtigt die Gesundheit und das Wohlbefinden geringer. Sie entspricht dem gasförmigen Zustand (Materie) in der physischen Welt. Sie reagiert schnell auf äußere Reize, ist instabil, verändert oft die Position wie auch die Größe, Form, Dichte und Aktivität. Wegen ihrer geringeren Dichte läßt sie sich aus dem menschlichen Energiefeld leichter entfernen als tamasische und rajistische Energie.

In den Werken von Laya Yoga heißt es: »Je größer die Präsenz und Kraft des Sattva-Guna ist, desto näher ist man dem reinen Bewußtsein. Tamas-Guna unterdrückt oder verschleiert dagegen das Bewußtsein. Rajas-Guna macht es aktiv; es veranlaßt Tamas dazu, Sattva zu unterdrücken, oder Sattva dazu, Tamas zu unterdrücken.« (aus: Serpent Power)

Die Anzahl der CECs im Kern eines qualifizierten Subfeldes und ihr energetischer Zustand (Guna) bestimmen die Qualität des Feldes und dessen Zustand. Nachfolgend werden die Qualitäten der qualifizierten Energiefelder im Mikrokosmos und Makrokosmos im Detail beschrieben.

Größe: Sowohl im Mikrokosmos als auch im Makrokosmos hängt die Größe eines qualifizierten Subfeldes von der Zahl der CECs in seinem Kern, der Masse der qualifizierten Energie um den CEC herum und seiner Dichte und Aktivität ab. Die Aktivität wird von der Polarität des Subfeldes (siehe Abb. nächste Seite) und vom Druck bestimmt, den andere Subfelder in unmittelbarer Umgebung ausüben. Die Abbildung zeigt, daß einzelne Subfelder eine sehr unterschiedliche Größe haben können. Die meisten lassen sich in der Mitte der Glockenkurve einordnen und sind ungefähr so groß wie eine große Frucht.

Die größten Subfelder haben einen Durchmesser von dreißig Zentimetern oder mehr, eine geringe Dichte, schwache Polarität und sind wenig aktiv. Mittelgroße Subfelder mit einem Durchmesser von fünfzehn Zentimetern oder mehr sind durchschnittlich dicht, polarisiert und aktiv. Kleine Subfelder mit einem Durchmesser unter fünfzehn Zentimetern sind am dichtesten, am aktiv-

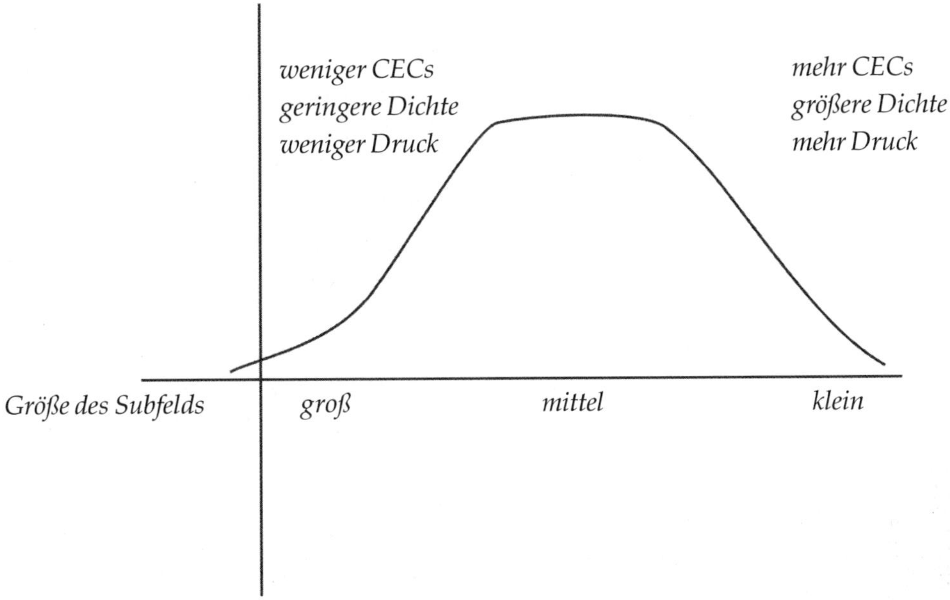

sten und am stärksten polarisiert. In Bezug auf Zustand und Guna sind kleine Subfelder meist fest und tamasisch, mittlere Subfelder meist flüssig und rajistisch und große Subfelder meist gasförmig und sattvisch.

Form: Subfelder aus qualifizierter Energie können viele Formen annehmen. Ihre Form hängt von ihrem Zustand, von der Zahl der CECs darin und von ihrer Größe, Dichte und Aktivität ab. Der Druck, den benachbarte Subfelder ausüben, spielt ebenfalls eine Rolle. Die größten, am wenigsten dichten und am wenigsten aktiven Subfelder, die nicht von außen beeinflußt werden, enthalten die wenigsten CECs; darum sind sie gasförmig, sattvisch und unregelmäßig geformt.

Mittelgroße Subfelder sind dichter und aktiver. Sie enthalten mehr CECs und sind rajistisch. Zudem sind sie eher länglich und können von anderen Subfeldern beeinflußt werden. Die dichtesten und aktivsten Subfelder, die unter dem größten Druck stehen, enthalten die meisten

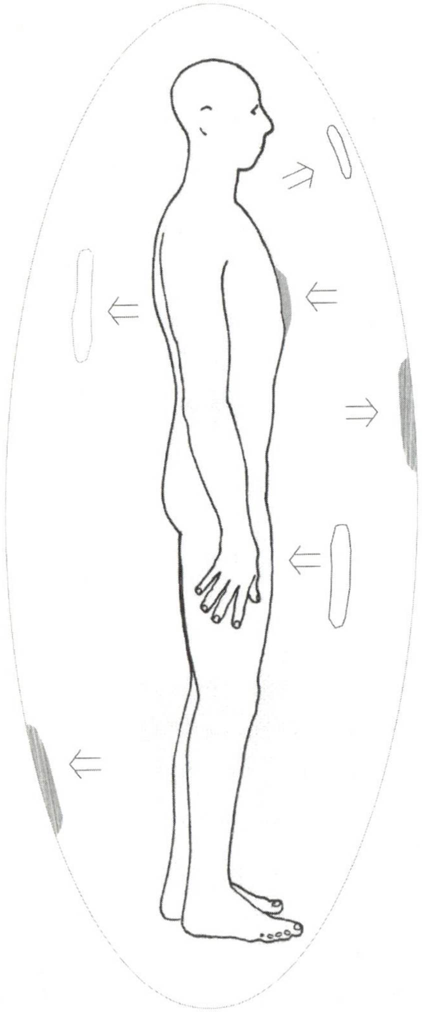

CECs und sind tamasisch. Sie sind stark polarisiert, klein, fest und fast immer vollkommen kugelförmig oder länglich und flach. Im Makrokosmos sind die Subfelder aus qualifizierter Energie in der Regel noch vielfältiger geformt, weil sie nicht denselben Begrenzungen wie die Subfelder innerhalb des Mikrokosmos unterworfen sind.

Innerhalb eines menschlichen Energiefeldes können Subfelder aus qualifizierter Energie aktiver und instabiler (dichter und stärker polarisiert) werden, wenn zusätzliche CECs in die unmittelbare Umgebung eindringen. Diese Instabilität kann bewirken, daß sie zu einer Oberflächengrenze abwandern (der Grenze des persönlichen Körperraumes oder des ihn umgebenden Aura-Feldes) und diese als Stütze benutzen (siehe Abb. links). Wenn die Oberfläche des Subfeldes klebrig ist, was in der Regel von seiner Dichte und von der Zahl seiner CECs abhängt (je mehr CECs ein Subfeld besitzt und je dichter es ist, desto klebriger ist es), haftet das Subfeld entweder an der Oberfläche der Aura (wenn seine Polarität männlich ist) und wird eventuell einen Teil dieser Oberfläche polarisieren, oder es haftet sich an die karmischen Ablagerungen, die den persönlichen Körperraum umgeben (wenn seine Polarität weiblich ist). In beiden Fällen wird das Subfeld schnell flacher und länger.

Wird ein qualifiziertes Subfeld im Mikrokosmos unter Druck gesetzt oder ist es zu einer Oberflächengrenze abgewandert, kann es sich mit anderen Subfeldern vereinigen, wenn diese die gleiche Schwingungsfrequenz aufweisen. Dieser Vorgang, Erweiterung genannt, erzeugt karmische Ablagerungen in Schichten. Diese geschichteten Subfelder werden, wenn sie sich ausgedehnt haben, die CECs durch die einzelnen Schichten neu verteilen. Die Folge ist, daß Form und Größe dieser Subfelder weniger vielfältig sind.

Dichte: Die Dichte eines qualifizierten Subfeldes hängt davon ab, in welchem Verhältnis seine Größe zu seiner Masse steht. Je mehr qualifizierte Energie im gleichen Raum untergebracht ist, desto dichter ist das Subfeld. Die Zahl der CECs in einem Subfeld beeinflußt die Dichte ebenfalls: Je mehr CECs in Beziehung zu seiner Größe vorkommen, desto dichter ist es.
Wenn irgendein Teil des menschlichen Energiefeldes mit qualifizierten Subfeldern gesättigt ist, nimmt der verfügbare Raum ab, während die Dichte aller Subfelder innerhalb dieses begrenzten Raumes zunimmt.
Geschichtete Subfelder werden zunehmend dichter (die Schichtung erfolgt meist unmittelbar um den persönlichen Körperraum herum), weil sich auf ihnen zunehmend mehr karmischer Ballast ablagert, was sie zunehmend unter Druck setzt.

Aktivitätsgrad: Welchen Aktivitätsgrad ein qualifiziertes Subfeld an den Tag legt, hängt direkt davon ab, wie viele CECs es enthält und wie extrem seine Polarität und seine Dichte ist. Je mehr CECs vorhanden sind und je stärker das Subfeld polarisiert ist, desto aktiver wird es sein. In der Außenwelt ist das Verhältnis zwischen Größe und Masse klein und darum sind die Subfelder dort weniger dicht und aktiv als in der Innenwelt. Diese Abweichung läßt sich leicht erklären: Die Größe eines qualifizierten Subfeldes, außerhalb eines umschlossenen Raumes, neigt zum Wachstum und als Folge davon nimmt seine Dichte ab und es wird weniger aktiv.

Im Mikrokosmos, wo qualifizierte Subfelder dichter sind, haben sie weniger Raum zum Ausdehnen. Je mehr qualifizierte Subfelder ein Energiefeld (in einer bestimmten Welt und Dimension) enthält, desto größer wird der (kollektive und individuelle) Aktivitätsgrad der Felder sein. Im Gegensatz dazu nimmt der Aktivitätsgrad eines Subfeldes drastisch ab (auch wenn sein Potential gleich bleibt), sobald es sich als karmischer Ballast abgelagert hat, weil es vom Druck benachbarter Subfelder in Schach gehalten wird.

Es ist wichtig zu verstehen, daß die Anhaftungen am individuellen Verstand und Ego den Aktivitätsgrad aller Subfelder steigern und daß die Projektion qualifizierter Energie, als Schnur oder Kontrollwelle, die Aktivität des Subfeldes erhöht, aus dem sie aufgetaucht ist.

Polarität: Die Polarität eines qualifizierten Subfeldes hängt von der Anzahl seiner CECs darin, seiner Dichte, seiner Aktivität und seiner polaren Beziehung zu benachbarten Subfeldern ab. Daraus folgt, daß alle qualifizierten Subfelder (und ihre CECs) mehr oder weniger stark polarisiert (entweder männlich oder weiblich) sind. Je mehr CECs eines bestimmten Geschlechts ein Subfeld enthält, desto stärker ist es polarisiert.

Subfelder aus qualifizierter Energie mit maskuliner Polarität zeigen einen ausgeprägten persönlichen Willen und eine eindringende Kraft (die Fähigkeit, das menschliche Energiefeld zu durchdringen). Subfelder mit femininer Polarität zwingen ihren Wirt, auf äußere Subfelder reaktiv und/oder empfänglich zu reagieren. Wenn feminine Subfelder in größerer Zahl auftreten, können sie sich als Besessenheit oder als zwanghaftes Bedürfnis äußern, jemand oder etwas unbedingt haben oder besitzen zu wollen.

Manchmal erzeugen feminine Subfelder im Mikrokosmos ein Charisma, das andere Menschen zu dem Subfeld (und zu ihrem menschlichen Wirt) hinzieht, was es dem

Wirt wiederum möglich macht, Menschen zu beeinflussen, die dafür empfänglich sind, kontrolliert oder manipuliert zu werden.

Oberflächentextur: Die Oberflächentextur eines qualifizierten Subfeldes hängt von der Zahl der CECs darin, von seiner Dichte und von seiner Polarisierung ab. Je mehr CECs es enthält und je dichter und stärker polarisiert es ist, desto klebriger ist seine Oberfläche.
Tamasische Subfelder sind am dichtesten und am stärksten polarisiert und haben daher die klebrigste Oberfläche. Rajistische Subfelder sind weniger dicht und nicht so stark polarisiert, weshalb sie weniger klebrig sind. Sattvische Subfelder sind am wenigsten dicht und am wenigsten polarisiert und besitzen daher eine glatte Oberfläche. Die Oberfläche eines intrusiven, qualifizierten Subfeldes entscheidet darüber, ob sich das Subfeld an qualifizierten Subfeldern und/oder karmischem Ballast anhaften wird, der sich (im Energiefeld des Wirtes) bereits abgelagert habt.
Sobald ein qualifiziertes Subfeld sich festgesetzt hat, kann es sich mit anderen Subfeldern verschachteln und verbinden und ein komplexes Subfeld bilden, das noch dichter und stärker polarisiert ist. Das komplexe Subfeld wird dann weitere Subfelder aus dem Makrokosmos anziehen, die dann ihrerseits an qualifizierter Energie im Energiefeld des Wirtes anhaften können.

Farbe: Obwohl qualifizierte Energie Farben zeigen und diese von Hellsichtigen wahrgenommen werden können, sind die meisten Subfelder klar und transparent. Wenn ein qualifiziertes Subfeld eine Farbe zeigt, so ist dies ein Zeichen dafür, daß es außergewöhnlich dicht und polarisiert ist und ein hohes Maß an Eindringungskraft besitzt. Die häufigsten Farben von Subfeldern sind schwarz oder weiß. Schwarze Subfelder sind extrem stumpf und absorbieren das Licht; weiße Subfelder haben einen matten, kalkigen Glanz.

Subfelder in der äußeren Welt

In der äußeren Welt nehmen Subfelder aus qualifizierter Energie meist die Form lockerer Wolken oder »Atmosphären« an, deren Größe und Gestalt ebenso unterschiedlich sein kann wie die Zahl der CECs im Kern des Subfeldes. In der Regel enthalten die Subfelder der äußeren Welt jedoch weniger CECs als die Subfelder, die im Mikrokosmos eingeschlossen sind. Wie ihre Pendants im menschlichen Energiesystem können Subfelder im Makrokosmos Unterschiede aufweisen, was Zustand, Größe, Form, Polarität, Dichte, Aktivität, Oberfläche und Farbe anbelangt. Die Variationen dieser Qualitäten hängen von der Zahl der CECs im Subfeld ab, von der Menge der qualifizierten Energie im Feld und von den begrenzenden Faktoren, die ihm benachbarte Subfelder aufzwingen. Zu den äußeren Faktoren, welche die Qualitäten eines Subfeldes im Makrokosmos beeinflussen, gehören unter anderem die Nähe anderer Subfelder, der Zustand der unmittelbaren Umgebung (ob sie natürlich ist oder von Menschen geschaffen) und die energetische Unterstützung, die das Subfeld durch menschliche Projektionen erhält.

Äußere Subfelder kommen in einer von Menschenhand geschaffenen Umwelt häufiger vor als in einer natürlichen. Die Subfelder in einer Umwelt, die Menschen geschaffen haben, sind meist dichter und stärker polarisiert als jene in einer natürlichen Umwelt; außerdem sind sie in der Regel weniger stabil und aktiver, weil sie häufiger mit menschlichen Energiefeldern interagieren.

Qualifizierte Subfelder in der äußeren Welt können jahrelang in derselben natürlichen oder künstlichen Umgebung verharren und von dort aus jeden besonders sensitiven Menschen in Schwierigkeiten bringen, indem sie sich in seine Beziehungen einmischen oder sich an diese anhaften. Wenn ein äußeres Subfeld stark polarisiert wird, weil es mit einem anderen polarisierten Energiefeld in Kontakt kommt, das die gleiche Frequenz hat, kann es seinen Zustand graduell verändern, also mehr oder weniger fest, flüssig oder gasförmig werden und es kann von einer äußeren Umgebung zur nächsten oder von der äußeren Welt eines lebenden Wesens in die innere schweifen.

Manchmal können Subfelder in der äußeren Welt jahrelang am selben Ort bleiben, sofern sie nicht gestört werden. Ein solches Subfeld kann einen schlummernden Eindruck machen – aber kein Subfeld ist jemals wirklich ruhend. Es kann plötzlich aktiv werden und sofort interagieren, wenn es mit einem Menschen in Berührung kommt, dessen Energiefeld qualifizierte Energie derselben Frequenz enthält.

Von Menschen geschaffene lokale Bereiche, besonders solche, die in sich geschlossen sind, wie Kirchen oder Konzerthallen, können von »Atmosphären« regelrecht verseucht sein, wenn sich dort regelmäßig Menschen versammeln, die ein Übermaß an qualifizierter Energie (in der gleichen oder einer ähnlichen Frequenz) in sich haben und bewußt oder unbewußt qualifizierte Energie in ihr Umfeld projizieren.

Subfelder in der inneren Welt

Im menschlichen Energiefeld findet man Subfelder aus qualifizierter Energie als karmische Ablagerung (Samskaras, Vasanas und knotige Fäden), Energieblockaden, Wellen, Schnüre, Personas und auch als menschliches Ego. Wenn ein Energiekörper oder Energieträger durch einen Schock oder ein Trauma aus dem persönlichen Körperraum herausgestoßen wurde (mehr zu Schock und Trauma siehe Kapitel 17), können Subfelder aus qualifizierter Energie in den persönlichen Körperraum und in den zentralen Hohlraum des ausgestoßenen Energiekörpers eindringen.

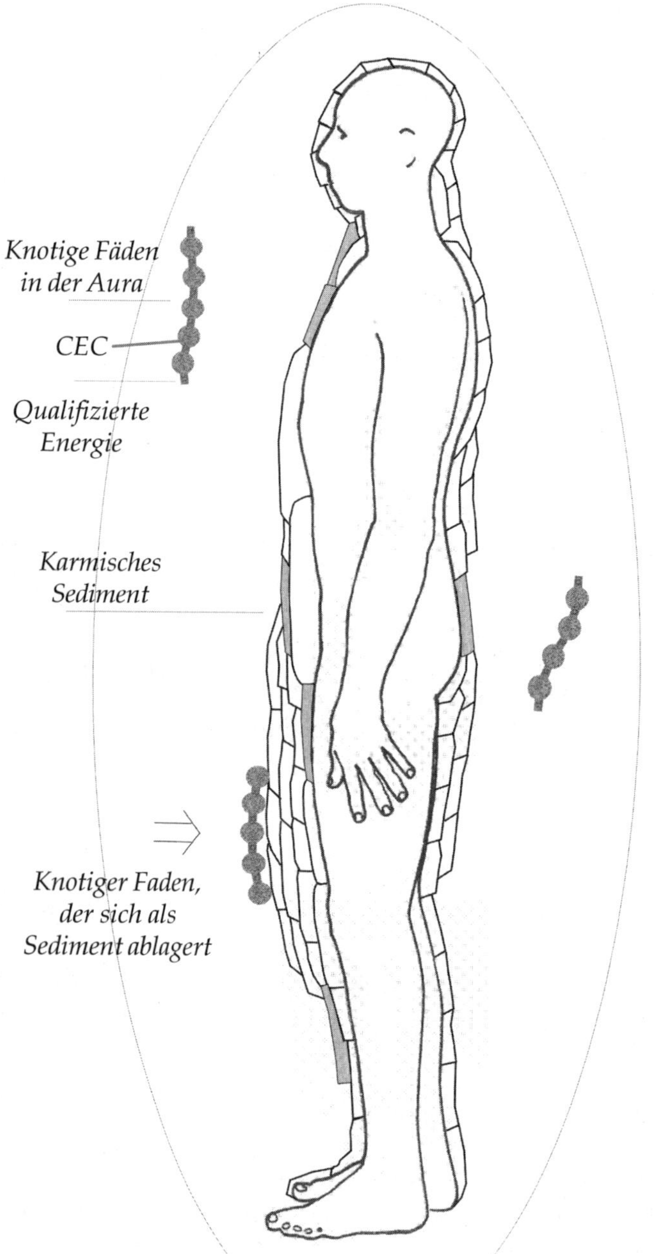

Hat ein Mensch seine Grenzen nicht gestärkt, sein Energiesystem nicht vollständig aktiviert und seine Energiekörper und die entsprechenden Energieträger nicht wiedereingesammelt und reintegriert, werden eingedrungene Subfelder möglicherweise in den Mikrokosmos aufgenommen. Auf diese Weise integriert, verbinden sie ihre Funktionen, um komplexe Subfelder (Samskaras, Vasanas, knotige Fäden und Personas) zu bilden, die dann synchron als »individueller Verstand« und »Ego« agieren. Passende Umständen vorausgesetzt, werden sie dann mit dem höheren und niederen Verstand (sowie deren Funktionen und Aspekten) um die Vorherrschaft ringen.

Obwohl wir die Saat des Karma aus unseren früheren Existenzen (die Samskaras) von einem Leben zum nächsten mitnehmen, dringen die meisten Subfelder aus qualifizierter Energie in Form von Projektionen anderer fühlende Wesen ins menschliche Energiefeld ein: als Schnüre, Wellen, Personas oder Energieblockaden. Dieser invasive Prozeß beginnt schon im Mutterleib und kann sich in allen Lebensabschnitten in Form von Schwingungen, Polaritäten und individuellen Absichten fortsetzen. Schwingungen setzen qualifizierte Energie in Bewegung; wohin oder auf wen, hängt von den polaren Beziehungen zwischen den fühlenden Wesen ab und die Absicht der Beteiligten entscheidet über die Wucht der Projektion.

Sobald der rezeptive Part in einer polaren Beziehung eine Intrusion erleidet, entscheiden die Dichte, Polarität und Oberflächentextur der intrusiven Energie darüber, ob sie am Energiefeld kleben und sich dann mit anderen Subfeldern vereinigen wird, um komplexere Subfelder zu bilden. Diese halten aufgrund gemeinsamer Polarität und gegenseitiger Anziehung zusammenhalten.

Der Prozeß der oben erwähnten »Erweiterung« beginnt, wenn sich Subfelder mit der gleichen oder einer ähnlichen Frequenz vereinigen, um komplexe Subfelder zu bilden, die man »knotige Fäden« nennt (siehe Abb. vorige Seite). Mit der Zeit werden diese Fäden zusammenpreßt und lagern sich, als karmischer Ballast, an der Oberfläche des persönlichen Körperraumes ab. Jetzt sind sie zu Vasanas geworden. Vasanas, die wir von einem Leben zum anderen mitgenommen haben, heißen Samskaras. Vasanas und Samskaras, die in den individuellen Verstand und ins Ego oder den personifizierten Willen integriert worden sind, werden zu Personas; sie tauchen als Funktion des Verlangens, der Angst oder des persönlichen Willens im Bewußtsein auf.

Integriert oder unabhängig

Subfelder aus qualifizierter Energie im Mikrokosmos können entweder integriert oder unabhängig sein. Unabhängige Subfelder treiben im zentralen Hohlraum des Aura-Feldes, das den persönlichen Körperraum umgibt. Obwohl unabhängige Subfelder im Aura-Feld existieren (in jeder Welt und

Dimension, einschließlich der Funktionen und Aspekte des Verstandes), werden sie unweigerlich (als Funktion ihrer Polarität) integriert, sofern sie lang genug im Mikrokosmos verbleiben, weil sie zur nächsten Oberflächengrenze wandern, wo sie an andere Subfelder gepreßt werden, die mit der gleichen Frequenz schwingen.

Ist ein Subfeld integriert, wird es zu einem Teil des karmischen Ballastes, den man von einem Leben zum anderen mitnimmt und es erzeugt spirituelle, mentale, emotionale und/oder körperliche Verhaltensmuster, die einen zu Aktionen oder Reaktionen veranlassen können, zum Beispiel Angst und Verlangen zu projizieren (oder deren Varianten Angst, Schrecken, Neid, Lust, Eifersucht usw.).

Es ist wichtig zu erkennen, daß Reaktivität mindestens genauso auf der Anhaftung an qualifizierter Energie im Feld der Maya beruht, wie auf der innewohnenden Kraft dieser Subfelder selbst. Je mehr man an dem kollektiven Feld der Maya anhaftet und an den qualifizierten Subfeldern in ihr (inklusive dem individuellen Verstand und dem Ego), desto reaktiver wird man sein.

Kapitel 7

»... die einzige Voraussetzung für die Selbstverwirklichung ist ein reiner Verstand. Die einzige Unreinheit des Verstandes ist Denken. Den Verstand vom Denken frei zu halten, heißt ihn rein halten.«

TRIPURA RAHASYA

Das Kali Yuga

Das kollektive Feld der Maya und die Subfelder aus qualifizierter Energie haben zwar schon immer existiert, aber weder in dieser Quantität, noch Qualität, noch Aktivitätsgrad; auch die von den Subfeldern ausgeübte, intrusive Kraft, hat sich geändert. Variationen bezüglich der Qualität und Quantität von qualifizierter Energie, sowie die Kraft (die Eindringungskraft), die diese ausübt, wenn sie in die menschlichen Belange eindringt, ist seit ungezählten Generationen ein Thema religiöser Mythen und der Literatur.

Es ist interessant zu beobachten, daß während des größten Teils der Menschheitsgeschichte, das kollektive Feld der Maya aus dem Gleichgewicht geraten war und weiterhin auch ist, mit einem größeren Anteil an Bösem als Gutem, mehr Schatten als Licht, oder wie Tantriker und Yogis sagen zu pflegen: ein größerer Anteil tamasischer Energie als weniger dichte rajistische und sattvische Energie. Bezüglich dieser Ära (das Kali Yuga), sagt das Neue Testament: »Denn es wird sich erheben Volk gegen Volk und Königreich gegen Königreich, und an verschiedenen Orten wird es Hungersnöte und Erdbeben geben ... Dann werden viele zu Fall kommen und einander verraten und einander hassen ... Und weil die Gesetzlosigkeit zunimmt, wird die Liebe von vielen erkalten« (Matt. 24:7,10,12). In den *Shiva Puranas*, einer alten Hinduschrift, lesen wir: »Wenn das schreckliche Zeitalter der Kali kommt, sind die Menschen leer an Werten geworden. Sie haben sich schlechten Lebensweisen zugewandt. Sie haben ihr Gesicht von wahren Werten abgewandt... In ihrem Wahn setzen sie den physischen Körper mit der Seele gleich; sie sind Atheisten von einer sehr rohen Art; sie hassen ihre Eltern ... und sind Sklaven ihrer Gelüste« (Shiva Puranas, Kapitel 1, Vers 12 u. 14).

Die Quantität und Qualität von qualifizierter Energie (sei sie tamasisch, rajistisch oder sattvisch) kann von einer Epoche zur anderen (von einem Yuga zum anderen) variieren. Aber je dichter und je stärker polarisiert die Subfelder von qualifizierter Energie sind, die in menschliche Belange eindringen, desto dunkler wird das Treiben der Menschheit.

Die Zunahme in der Quantität und der Dichte von qualifizierten Subfeldern, insbesondere jene, die als karmische Ablagerung mitgeführt werden, kann es für einen Menschen extrem schwierig machen, angemessen zu handeln und seinem individuellen Dharma zu folgen. Indem Grenzen geschwächt werden und der Zugang zu Vergnügen, Freude, Intimität und/oder Glückseligkeit gehemmt wird, können dichte, stark polarisierte qualifizierte Energien die menschlichen Belange und Beziehungen beeinträchtigen und ein Umfeld schaffen, das Angst und Leiden begünstigen.

Die hinduistische Mythologie lehrt, daß die Menschheit bereits drei Yugas durchlebt hat: Satya, Treta und Dvapara. Im Satya Yuga, auch »goldenes Zeitalter der Menschheit« genannt, war das kollektive Feld der Maya überwiegend sattvisch und das spiegelte sich im menschlichen Zustand wider. Die Menschen hatten ein langes Leben und waren im höheren und niederen Verstand zentriert und sie erfuhren (geradezu ununterbrochen) das Vergnügen, die Liebe, die Intimität und Freude, die aus dem Selbst hervorgeht. Doch in jedem folgenden Yuga wurde das kollektive Feld der Maya dichter. Vergnügen, Liebe, Intimität und Freude nahmen ab und es fiel den Menschen immer schwerer, im höheren und niederen Verstand zentriert zu bleiben.

Im Tetra Yuga, dem »silbernen Zeitalter«, ging das spirituelle Bewußtsein um 25 Prozent zurück. Im Dvapara Yuga waren es schon 50 Prozent und im aktuellen Kali Yuga sogar um 75 Prozent.

Im derzeitigen Yuga hat die dichte qualifizierte Energie so dramatisch zugenommen, daß selbst erleuchtete Wesen, obwohl völlig losgelöst vom individuellen Verstand und Ego, nicht in der Lage waren, das Ego vollständig abzulegen. Der große indische Meister Ramakrishna erklärte: Im Kali Yuga ist es schwer, das Gefühl zu haben, »Ich bin nicht der Körper, ich bin nicht der Geist ... Ich bin jenseits des Vergnügens und Schmerzes. Ich stehe über den Krankheiten und dem Kummer, dem Alter und dem Tod.« (aus: Gospel of Ramakrishna)

Die Auswirkungen des Kali Yuga sind seit dem 17. Jahrhundert im Westen noch deutlicher erkennbar. Seit damals sind Denken und das Streben nach Wissen vom Kartesischen Denken geprägt. Der Kern von Descartes' Methode wurde »radikaler Zweifel« genannt. Seine Methode war analytisch und basierte ausschließlich auf Konzepten, die ein Ausdruck seines individuellen Verstandes und Ego waren, welche die Phänomene in einer logischen Reihenfolge anordneten, damit sie anschließend analysiert werden konnten. »Die Vorstellung vom Körper enthält nichts, was zum Verstand gehört und die Vorstellung vom Verstand enthält nichts, was zum Körper gehört.«, was in Descartes' »Cogito« zum Ausdruck kommt.

Der Cartesianismus, der die Funktionen des individuellen Verstandes und des Ego über die Funktionen des höheren und niederen Verstandes stellte, war weitgehend für die Entwicklung der wissenschaftlichen Methode verantwortlich, die, wie wir wissen, eine weltweite, technologische Explosion während der letzten beiden Jahrhunderte bewirkte.

Nichtsdestoweniger können wir heute erkennen, daß es diese Art der Wahrnehmung (Sinneswahrnehmung, das Verstehen und das Urteilen des individuellen Verstandes und des Ego) war, deren Verfechter Descartes war, die eine katastrophale Wirkung auf das Leben der Menschen in den technologisierten Kulturen hatte, insofern als sie die Menschen gelehrt hat, sich ihrer selbst als isoliertes Ego bewußt zu sein, in physischen Körpern lebend, aber doch von ihnen getrennt. Als Folge dieser unnatürlichen Nebeneinanderstellung wuchsen ganze Generationen von Menschen auf (vor allem im Westen), die sich ihrer selbst und den Welten und Dimensionen ihres höheren und niederen Verstandes, entfremdet haben.

Karma ist Ihr Wegweiser

Für die Mehrheit der Menschen führt die Identifikation mit dem individuellen Verstand und dem Ego (deren tamasischer Anteil im Kali Yuga zunahm) dazu, daß sie am kollektiven Feld der Maya anhaften und ihnen somit der Zugang zu ihrem höheren und niederen Verstand blockiert wird. Im Prozeß zur Überwindung des Karmas, ist es wesentlich, sich vom individuellen Verstand und Ego zu lösen und sich im höheren und niederen Verstand zu zentrieren, so daß es einem möglich wird, die einzigartige Resonanz jede ihrer Welten und Dimensionen zu erfahren. Es ist außerdem wesentlich, die Qualitäten von qualifizierten Subfeldern zu erfahren, die sich miteinander verbinden, um den individuellen Verstand und das Ego zu bilden, so daß es möglich wird, ein Subfeld vom anderen und qualifizierte Subfelder von den Feldern mit unqualifizierter Energie zu unterscheiden, die den höheren und den niederen Verstand und seine Funktionen und Aspekte bilden.

Wenn Sie die nachfolgend beschriebenen Fertigkeiten beherrschen werden, die unter dem allgemeinen Begriff »Abtasten« bekannt sind, werden Sie Ihre mentale Aufmerksamkeit zu einem nützlichen Werkzeug entwickeln. Und wenn Sie die mentale Aufmerksamkeit mit der Absicht des höheren und niederen Verstandes verbinden und Prana hinzufügen, werden Sie in der Lage sein, die Variationen in der Resonanz zwischen den Feldern der unqualifizierten Energie in den Welten und Dimensionen des höheren und niederen Verstandes sowie die typischen Qualitäten der qualifizierten Subfelder, aus denen der individuelle Verstand und das Ego bestehen, voneinander zu unterscheiden.

Wichtig ist allerdings, wenn Sie Ihre mentale Aufmerksamkeit als Werkzeug zur Wahrnehmung benutzen, den Verstand nicht auf den Gegenstand zu fixieren, während Sie sich allem anderen verschließen (das ist die Konzentrationstechnik). Vielmehr zentrieren Sie sich im höheren und niederen Verstand (indem Sie sich in der Rückseite des Herz-Chakras zentrieren). Nur dann werden Sie in der Lage sein, das Objekt Ihrer Aufmerksamkeit zu »genießen«, während Sie alles andere durch Ihr Bewußtseinsfeld passieren lassen, ohne sich davon ablenken zu lassen oder daran zu haften.

Bevor Sie fortfahren, beachten Sie folgendes: Während Sie ein Abtasten durchführen, ist es unabdingbar, daß Ihre Aufmerksamkeit ungeteilt ist, daß Sie also nicht vom höheren und niederen Verstand aus aufmerksam sind und gleichzeitig mit dem individuellen Verstand und dem Ego beobachten, was Sie tun. Diesen häufigen Fehler, das Ego aufzuspalten, müssen Sie unbedingt vermeiden, während Sie Ihre Fähigkeit perfektionieren, Energiefelder im höheren und niederen Verstand und im kollektiven Feld der Maya abzutasten.

Die mentale Aufmerksamkeit

Die mentale Aufmerksamkeit funktioniert gleichzeitig in allen Welten und Dimensionen des Mikrokosmos und des Makrokosmos. Sie läßt sich von einem Zustand in den anderen umwandeln und kann in so viele Teile wie nötig aufgespaltet werden. Fügt man Prana hinzu, können Sie die mentale Aufmerksamkeit in verschiedene Formen bringen, in jede Richtung bewegen oder an einem Punkt fest halten, mit oder ohne bewußtem Aufwand oder Aufmerksamkeit.

Die mentale Aufmerksamkeit ist mit den Funktionen und Aspekten des Verstandes und mit den Bewußtseinszentren im menschlichen Energiefeld verbunden und ist dadurch in der Lage alles das was in das Bewußtseinsfeld eintritt, zu lokalisieren, zu beobachten und die einzigartige Resonanz und/oder Qualität zu erfahren.

Die Absicht, befähigt die mentale Aufmerksamkeit (wie ein Führer) das Beobachtete von seiner Umwelt zu isolieren, damit es untersucht werden kann. Wenn Sie die mentale Aufmerksamkeit nutzen, um ein Organ des menschlichen Energiesystems (Aura-Grenzen, Aura-Hohlraum, Oberflächen von Energiekörpern usw.) abzutasten, kann sie sowohl den Ort als auch den Zustand des Organs wahrnehmen. Außerdem kann sie Ort, Zustand, Größe, Form, Dichte, Polarität, Aktivitätsgrad, Oberflächentextur und Farbe eines qualifizierten Subfeldes durch Abtasten wahrnehmen.

Die Absicht

Die Absicht erfüllt im höheren und niederen Verstand die gleiche Funktion wie die Software in einem Computer. Software funktioniert, indem Sie einen Computer anweist, eine Aufgabe oder (eine Reihe von Aufgaben) auszuführen. Die Absicht funktioniert in der gleichen Weise, indem Sie den höheren und niederen Verstand programmiert, eine Aufgabe oder (eine Reihe von Aufgaben) auszuführen. Beim Abtasten erteilt die Absicht dem höheren und niederen Verstand den Auftrag, sich einer bestimmten Welt und Dimension bewußt zu werden und ein ganz bestimmtes Energiefeld, ein Organ oder ein Subfeld qualifizierter Energie abzutasten und alles andere während dessen außen vor zu halten.

Die Absicht besteht aus drei Elementen: Kategorie, Art und Ort.

Kategorie: Kategorie bezeichnet die Art der Arbeit, um die es geht, in diesem Fall also das Abtasten. Andere mögliche Kategorien, die durchgeführt werden können, sind u.a. das Entfernen (von qualifizierten Subfeldern), das Zurückholen und Reintegrieren (von Energiekörpern) und das Aktivieren (von Chakras und kleineren Energiezentren).

Art: Die Art bezeichnet die Art der Struktur oder den Gegenstand, der abzutasten, zu entfernen, zu aktivieren, zurückzuholen und/oder zu reintegrieren ist. Darunter fallen qualifizierte Subfelder wie Samskaras, Vasanas, knotige Fäden, Schnüre, Kontrollwellen, Atmosphären, Personas, unabhängige Blockaden und Organe des menschlichen Energiefeldes wie die Oberfläche des persönlichen Körperraumes, die Oberfläche von Energiekörpern, die Aura-Oberfläche, der innere Hohlraum einer Aura, eines Energiekörpers oder eines entsprechenden Energieträgers usw.

Ort: bestimmt den spezifischen Ort (Welt, Dimension oder Aktivitätsfeld) und/oder das Organ des menschlichen Energiesystems, den Energiekörper oder den entsprechenden Energieträger an dem gearbeitet werden soll (persönlicher Körperraum, Aura, Energiekörper usw.).

Wenn Ihre Kategorie lautet »Abtasten«, die Art: »knotiger Faden« und der Ort dieses knotigen Fadens ist: »Welt der Seele, Ebene des vierten Chakras«, dann lautet Ihre Absicht: »Es ist meine Absicht, im Aura-Feld, in der Welt der Seele, auf der Ebene des vierten Chakras nach knotigen Fäden zu suchen.«

Die Absicht zu erklären ist ein zweiteiliger Vorgang. Bevor Sie eine Übung beginnen oder fortsetzen, müssen Sie zunächst Ihre Absicht erklären. Nachdem Sie sich in der Rückseite des Herz-Chakras zentriert haben, erklären Sie ihre Absicht. Manche Menschen finden es hilfreich, die Formulierung der Absicht aufzuschreiben, um sie dann zum entsprechenden Zeitpunkt laut abzulesen.

Absicht und mentale Aufmerksamkeit verbinden

In den folgenden Übungen verbinden Sie Ihre Absicht mit der mentalen Aufmerksamkeit, indem Sie Ihre Absicht zunächst erklären und Sie dann bekräftigen. Bei jeder Übung setzen Sie sich aufrecht und bequem hin, erklären Sie Ihre Absicht und verwenden die Standardmethode, um sich zu entspannen. Dann aktivieren Sie die Rückseite Ihres Herz-Chakras, zentrieren sich dort, teilen Ihre Aufmerksamkeit, aktivieren die Vorderseite des Herz-Chakras und erklären Ihre Absicht. Danach bleiben Sie zehn Minuten in der Rückseite des Herz-Chakras zentriert. Nach zehn Minuten zählen Sie von eins bis fünf und beenden die Meditation.

Übung 1

Mit dieser Übung bereiten Sie sich darauf vor, die Oberfläche des persönlichen Körperraumes in der Welt des niederen Verstandes, auf der Ebene des Herz-Chakras abzutasten. Erklären Sie Ihre Absicht, entspannen Sie sich und zentrieren Sie sich im höheren Verstand. Erklären Sie dann Ihre Absicht und bleiben Sie zehn Minuten in der Rückseite Ihres Herz-Chakras zentriert. Nach zehn Minuten zählen Sie von eins bis fünf und beenden die Meditation.

Übung 2

Diese Übung bereitet Sie darauf vor, die Oberfläche des persönlichen Körperraumes in der Welt des Geistes auf der Ebene des ersten Chakras abzutasten.

Übung 3

Diese Übung bereitet Sie darauf vor, nach innen zu schauen (in den persönlichen Körperraum hinein) in der Welt der Seele, auf der Ebene des sechsten Chakras.

Übung 4

Diese Übung bereitet Sie darauf vor, nach innen zu schauen (in den persönlichen Körperraum hinein) in der Welt des Intellekts, auf der Ebene des siebten Chakras.

ÜBUNG 5

Diese Übung bereitet Sie darauf vor, das Aura-Feld in der Welt des niederen Verstandes auf der Ebene des zweiten Chakras abzutasten.

Schwerpunkt auf der zweiten Aufmerksamkeit

Ein weiterer wichtiger Schritt im Prozeß des Abtastens ist das »Verlagern des Schwerpunkts« auf die zweite Aufmerksamkeit. Nachdem Sie Ihre Absicht bestimmt, die Rückseite des Herz-Chakras aktiviert und sich dort zentriert haben, ist es notwendig Ihre Aufmerksamkeit zu teilen, damit das Abtasten (oder eine andere Art von Arbeit) ausgeführt werden kann. Sie haben bereits bei der Aktivierung der sieben traditionellen Chakras im persönlichen Körperraum gelernt, Ihre Aufmerksamkeit zu teilen (siehe Kapitel 5). In diesem Kapitel bauen Sie diese Fertigkeit aus, indem Sie Ihren Schwerpunkt von der ersten Aufmerksamkeit (der Rückseite Ihres des Herz-Chakras) zur zweiten Aufmerksamkeit verlagern, die Sie auf jede sinnvolle Arbeit wie z.B. Abtasten richten können.

Solange Ihre Aufmerksamkeit ungeteilt und allein auf die Rückseite des Herz-Chakras gerichtet ist, ist der Schwerpunkt kein Problem, da die Aufmerksamkeit und der Schwerpunkt denselben Fokus haben. Sobald Sie jedoch Ihre Aufmerksamkeit teilen, wird der Schwerpunkt zu einem wichtigen Aspekt, denn nur vom »Punkt des Schwerpunkts« aus kann sinnvoll gearbeitet werden. Das bedeutet, wenn Ihr Schwerpunkt von der Rückseite des Herz-Chakras ausgeht, können Sie von dort aus Prana ausströmen lassen und die mentale Aufmerksamkeit in der Rückseite des Herz-Chakras konzentrieren. Aber solange der Schwerpunkt in der Rückseite des Herz-Chakras zentriert bleibt, kann so etwas wie Abtasten an keiner anderen Stelle durchgeführt werden.

Wenn Sie Ihre Aufmerksamkeit geteilt haben und Ihr Schwerpunkt von der zweiten Aufmerksamkeit ausgeht, können Sie überall dort arbeiten, wohin Sie Ihre zweite Aufmerksamkeit ausrichten. Immer wenn der Schwerpunkt von der zweiten Aufmerksamkeit ausgeht, wird diese zu einer Verlängerung des höheren und niederen Verstandes, ähnlich wie die Kamera und die Operationswerkzeuge bei der Mikrochirurgie die Augen und Hände des Chirurgen verlängern.

Sobald der Schwerpunkt von der zweiten Aufmerksamkeit ausgeht, kann ein qualifizierter Fachmann (in Verbindung mit anderen Fertigkeiten), die Organe des menschlichen Energiesystems, die Energiekörper und Energieträger des höheren und niederen Verstandes abtasten, um ihren Ort und ihren Zustand festzustellen. Ebenso können Subfelder aus qualifizierter Energie abgetastet werden, um ihre Qualitäten zu bestimmen; indem man die Resonanz zu ihrem Ursprung zurückverfolgt, ermittelt man Ihren Ursprungspunkt.

Den Schwerpunkt verlagern

Um Ihren Schwerpunkt zu verlagern, werden Sie in der folgenden Übung zuerst die Rückseite des Herz-Chakras aktivieren und sich in der Rückseite Ihres Herz-Chakras zentrieren. Dann werden Sie Ihre Aufmerksamkeit teilen und die zweite Aufmerksamkeit in die Welt der Seele, auf der Ebene des vierten Chakra, auf einen Punkt auf der Oberfläche Ihres persönlichen Körperraumes, der dem Solar Plexus entspricht, ausrichten. Nachdem Sie Ihre Aufmerksamkeit geteilt haben verlagern Sie Ihren Schwerpunkt von der ersten Aufmerksamkeit (in der Rückseite des Herz-Chakras) zu Ihrer zweiten Aufmerksamkeit. Nach fünf Minuten verlagern Sie Ihren Schwerpunkt zurück zur Rückseite Ihres Herz-Chakras und bleiben dort zentriert. Dann ziehen Sie die zweite Aufmerksamkeit zurück, zählen von eins bis fünf und beenden die Meditation.

Da Sie hierbei keine Energiearbeit ausführen, brauchen Sie Ihre Absicht nicht zu erklären. Statt dessen bekräftigen Sie die angemessene Absicht, wenn Sie von einem Teil der Übung zum anderen übergehen.

Übung 1

Beginnen Sie, indem Sie eine bequeme Position einnehmen und setzen Sie sich aufrecht hin. Verwenden Sie die Standardmethode, um sich zu entspannen und bringen Sie Ihre bewußte und unbewußte mentale Aktivität ins Gleichgewicht. Fahren Sie fort, indem Sie bekräftigen: »Es ist meine Absicht, die Rückseite meines Herz-Chakras zu aktivieren.« Danach bekräftigen Sie: »Es ist meine Absicht, mich in der Rückseite meines Herz-Chakras zu zentrieren«. Nachdem Sie in der Rückseite Ihres Herz-Chakras zentriert sind, bekräftigen Sie: »Es ist meine Absicht, meine Aufmerksamkeit zu teilen und meine zweite Aufmerksamkeit in die Welt der Seele, auf die Ebene des vierten Chakras auszurichten, auf einen Punkt auf der Oberfläche meines persönlichen Körperraumes, der dem Sonnengeflecht entspricht.« Dann bekräftigen Sie: »Es ist meine Absicht, meinen Schwerpunkt auf die zweite Aufmerksamkeit zu verlagern.« Nehmen Sie sich fünf Minuten Zeit, um die Verlagerung Ihres Schwerpunkts zu erfahren. Dann verlagern Sie Ihren Schwerpunkt wieder zur Rückseite Ihres Herz-Chakras und ziehen die zweite Aufmerksamkeit zurück, indem Sie bekräftigen: »Es ist meine Absicht, meinen Schwerpunkt zurück zur Rückseite des Herz-Chakras zu verlagern und meine zweite Aufmerksamkeit zurückzuziehen.« Zählen Sie dann von eins bis fünf. Bei fünf öffnen Sie die Augen. Jetzt fühlen sich hellwach, völlig entspannt und wohler als zuvor.

Mit den beiden folgenden Übungen können Sie Ihre Fertigkeiten weiter verbessern.

Übung 2

Zentrieren Sie sich in der Rückseite Ihres Herz-Chakras, teilen Sie Ihre Aufmerksamkeit und richten Sie die zweite Aufmerksamkeit auf die Oberfläche des persönli-

chen Körperraumes, in der Welt des Intellekts, auf der Ebene des vierten Chakras, auf einen Punkt, der dem Kinn entspricht. Verlagern Sie nun Ihren Schwerpunkt von der ersten auf die zweite Aufmerksamkeit. Nehmen Sie sich fünf Minuten Zeit, um die Verlagerung des Schwerpunkts zu erfahren. Verlagern Sie dann den Schwerpunkt zurück zur Rückseite Ihres Herz-Chakras, ziehen Sie dann Ihre zweite Aufmerksamkeit zurück und zählen Sie von eins bis fünf. Bei fünf öffnen Sie Ihre Augen. Sie fühlen sich hellwach, völlig entspannt und wohler als zuvor.

ÜBUNG 3

Zentrieren Sie sich in der Rückseite Ihres Herz-Chakras. Teilen Sie Ihre Aufmerksamkeit und richten Sie Ihre zweite Aufmerksamkeit auf die Oberfläche des Aura-Feldes, in der Welt des Geistes, der Ebene des fünften Chakras an die Stelle, die dem Bauch entspricht. Verlagern Sie dann Ihren Schwerpunkt von der ersten zur zweiten Aufmerksamkeit. Nehmen Sie sich fünf Minuten Zeit, um die Verlagerung des Schwerpunkts zu erfahren. Verlagern Sie dann den Schwerpunkt wieder zurück zur Rückseite des Herz-Chakras, ziehen Sie die zweite Aufmerksamkeit zurück und zählen Sie von eins bis fünf, um die Meditation zu beenden.

Die Macht von Prana

Beim Vorgang des Abtastens ist es notwendig, die mentale Aufmerksamkeit und die Absicht mit Prana zu verbinden. Andernfalls bleibt die mentale Aufmerksamkeit dort, wo sie ist (das Bewußtsein ist von Natur aus statisch). Es gibt zwar mehrere Prana-Quellen (einströmende und ausströmende Pranas, die Kundalini-Shakti, die Apana und die Chakras), aber um ein Energiefeld abzutasten (vor allem qualifizierte Subfelder), ist es am effektivsten, das Prana zu nutzen, das mit jedem Einatmen in das menschliche Energiefeld eintritt.

Mit Hilfe der Absicht und der mentalen Aufmerksamkeit kann man das mit jedem Atemzug einströmende Prana an jene Orte lenken, wohin die zweite Aufmerksamkeit gerichtet wurde. Gerade aufgrund seiner natürlichen Beweglichkeit, kann das eingeatmete Prana dazu verwendet werden, die mentale Aufmerksamkeit ruhig und präzise von einer Position zur anderen zu verlagern.

Die Kraft, die Ihnen Prana zur Verfügung stellt, ermöglicht es Ihnen, während des Abtastens mehrere wichtige Aufgaben durchzuführen: Sie ermöglicht Ihnen, die mentale Aufmerksamkeit ruhig in jede Richtung zu verlagern; die mentale Aufmerksamkeit zu einem Instrument zu formen, das Sie einsetzen können, um die Qualitäten (oder die besondere Frequenz), die aus dem abgetasteten Energiefeld oder dem Organ auftauchen, wahrzunehmen. Sie versieht Sie mit der Kraft Ihre mentale Aufmerksamkeit (und jedes Instrument, das Sie konstruieren) durch dichte Atmosphären zu führen und/oder falls notwendig, Hindernisse (aus qualifizierter Energie) beiseite zu schieben. Und schließlich bildet Prana einen Pool von unqualifizierter Energie, welche die mentale Aufmerksamkeit umgibt, was qualifizierte Energie daran hindert, das Abtasten zu stören.

Die Mentale Aufmerksamkeit mit Prana verbinden

Die mentale Aufmerksamkeit kann zwar von einer Stelle zur anderen verlagert werden, indem sie sie immer wieder zurückziehen und sie auf eine anderen Stelle erneut ausrichten, doch eignen sich diese sprunghaften Bewegungen nicht für das Abtasten, da keine flüssigen Bewegungen möglich sind. Erst Prana macht die mentale Aufmerksamkeit so beweglich, daß sie ruhig und fließend von einer zur anderen Stelle bewegt werden kann. Wie eine Lokomotive einen Zug schieben oder ziehen kann, kann Prana verwendet werden, um die mentale Aufmerksamkeit ruhig und präzise von einer Stelle zur anderen zu schieben oder zu ziehen.

Sobald die mentale Aufmerksamkeit geteilt wurde, »atmet« der Fachmann ganz einfach in den Punkt hinein, auf den die zweite Aufmerksamkeit gerichtet wurde. Das mit jedem Atemzug einströmende Prana schiebt oder zieht die mentale Aufmerksamkeit durch das menschliche Energiefeld oder durch das gewünschte äußere Energiefeld, auf und ab, hinein und heraus oder von der einen auf die andere Seite. Tatsächlich kann man mit zunehmender Fertigkeit das einströmende Prana nutzen, die mentale Aufmerksamkeit in jede gewünschte Richtung zu lenken.

➡ Die mentale Aufmerksamkeit bewegen

In der folgenden Übung verbinden Sie die mentale Aufmerksamkeit (und die Absicht) mit Prana und bewegen sie von einer Stelle zur anderen und zwar in der Welt des Intellekts, auf der Ebene des dritten Chakras. Sie beginnen an dem Punkt auf der Oberfläche des persönlichen Körperraumes, der dem rechten Ellbogen entspricht. In dieser Übung wird keine Absicht zuvor erklärt. Statt dessen werden Sie Ihre Absicht bekräftigen während Sie von einem Teil der Übung zum nächsten übergehen.

Beginnen Sie, indem Sie eine bequeme Position einnehmen und setzen Sie sich aufrecht hin. Verwenden Sie die Standardmethode, um sich zu entspannen und bringen Sie Ihre bewußte und unbewußte mentale Aktivität ins Gleichgewicht. Wenn Sie bereit sind, dann aktivieren und zentrieren Sie sich in der Rückseite ihres Herz-Chakras. Teilen Sie dann Ihre Aufmerksamkeit und aktivieren Sie die Vorderseite Ihres Herz-Chakras. Sobald sie aktiviert ist, schauen Sie nach innen in die Welt des Intellekts, auf der Ebene des Herz-Chakras.

Fahren Sie fort, indem Sie Ihre Aufmerksamkeit teilen und Ihre zweite Aufmerksamkeit auf einen Punkt des persön-

lichen Körperraumes ausrichten, der dem Ellbogen entspricht, in der Welt des Intellekts, auf der Ebene des dritten Chakras. Wenn Sie diese Schritte durchgeführt haben, »atmen« Sie einfach in Ihre zweite Aufmerksamkeit hinein, und bei jedem Atemzug wird Prana zu Ihrer zweiten Aufmerksamkeit gelenkt.
Sobald Sie Prana mit Ihrer mentalen Aufmerksamkeit verbunden haben, beginnt der Bereich, der dem rechten Ellbogen entspricht, zu vibrieren und warm zu werden. Nehmen Sie sich einen Moment Zeit, um die Verlagerung zu genießen und verlagern Sie dann Ihren Schwerpunkt zu Ihrer zweiten Aufmerksamkeit in Ihrem rechten Ellenbogen indem Sie bekräftigen: »Es ist meine Absicht, meinen Schwerpunkt auf die zweite Aufmerksamkeit zu verlagern.« Und danach: »Es ist meine Absicht, meine zweite Aufmerksamkeit hinauf zur rechten Schulter zu verlagern.« Sie können die Geschwindigkeit Ihrer zweiten Aufmerksamkeit steuern, indem Sie den Atem schneller oder langsamer aufwärts ziehen.
Sobald Ihre zweite Aufmerksamkeit Ihre rechte Schulter erreicht hat, nutzen Sie das Prana, das während des Ausatmens hervortritt, um Ihre mentale Aufmerksamkeit wieder zurück in den rechten Ellbogen zu schieben. Wenn Sie damit fertig sind, wechseln Sie zum linken Arm und wiederholen den Vorgang.
Nach Abschluß dieses Vorgangs, verlagern Sie Ihren Schwerpunkt auf die Rückseite Ihres Herz-Chakras und ziehen Sie Ihre zweite Aufmerksamkeit zurück. Genießen Sie die Meditation zehn Minuten lang. Nach zehn Minuten zählen Sie von eins bis fünf. Bei »fünf« öffnen Sie Ihre Augen. Sie fühlen sich hellwach, völlig entspannt und wohler als zuvor.

Sie können Ihre Fertigkeit weiter verbessern, indem Sie dieselbe Technik in den unten aufgeführten Welten und Dimensionen anwenden:

1. *Richten Sie Ihre zweite Aufmerksamkeit auf die Welt des niederen Verstandes, auf die Ebene des zweiten Chakras und schieben Sie die mentale Aufmerksamkeit von Ihrer rechten Handfläche zu Ihrem rechten Ellbogen.*
2. *Richten Sie Ihre zweite Aufmerksamkeit auf die Welt des Geistes, auf die Ebene des fünften Chakras und ziehen Sie die mentale Aufmerksamkeit von Ihrer linken Handfläche zu Ihrem linken Ellbogen.*
3. *Richten Sie Ihre zweite Aufmerksamkeit auf die Welt des Intellekts, auf die Ebene des siebten Chakras und ziehen Sie die mentale Aufmerksamkeit von Ihrer rechten Fußsohle zu Ihrem rechten Knie.*
4. *Richten Sie Ihre zweite Aufmerksamkeit auf die Welt der Seele, auf die Ebene des dritten Chakras und schieben Sie die mentale Aufmerksamkeit von Ihrem Kinn zum oberen Rand Ihrer Stirn.*
5. *Richten Sie Ihre zweite Aufmerksamkeit auf die Welt des niederen Verstandes, auf die Ebene des ersten Chakras und schieben Sie die mentale Aufmerksamkeit von der linken Seite Ihrer Taille quer über den Rücken zur rechten Seite Ihrer Taille.*

Ein Abtastinstrument erschaffen

Um im Mikrokosmos oder Makrokosmos erfolgreich abtasten zu können, ist es notwendig ein Instrument zu erschaffen, das Sie über und/oder durch die Oberfläche oder den Hohlraum, der abgetastet werden soll, bewegen können. Sie können ein solches Instrument herstellen, indem Sie Ihre Absicht mit der mentalen Aufmerksamkeit verbinden.

Ein Abtastinstrument muß einfach, flexibel, gut beweglich und einfach zu konstruieren sein. Das effektivste Instrument ist dünn, schmal und weniger breit als lang. Es sollte eine glatte Oberfläche mit einer schmalen, stumpfen Kante besitzen, die an jedem Ende spitz zuläuft (siehe Abb.

rechts). Sobald Sie sich diese Merkmale eingeprägt und den Einsatzort festgelegt haben, bekräftigen Sie: »Es ist meine Absicht, ein Instrument zum Abtasten zu erschaffen.« Diese Absicht erschafft zusammen mit dem höheren und niederen Verstand sofort ein Abtastinstrument am gewünschten Ort und mit exakt den Merkmalen, die Sie brauchen, um das Abtasten erfolgreich durchzuführen.

Nachdem Sie das Abtasten abgeschlossen haben, ziehen Sie das Abtastinstrument zurück, indem Sie bekräftigen: »Es ist meine Absicht, mein Instrument zurückzuziehen.«

Bei jeder Übung (in der es ums Abtasten geht), wird ein Abtastinstrument erschaffen oder erscheint, nachdem die zweite Aufmerksamkeit auf den gewünschten Ort gerichtet wurde. Nachdem Sie ein Abtastinstrument erschaffen haben, tritt es an die Stelle der zweiten Aufmerksamkeit und wird mit dem angemessenen Prana und Ihrem Schwerpunkt verbunden, um das Abtasten durchzuführen.

Wenn Sie einmal ein Abtastinstrument erschaffen haben, muß es nicht ständig neu hergestellt werden, außer Sie möchten seine Merkmale ändern. Das heißt, jedes Mal wenn Sie ein Abtasten durchführen möchten, müssen Sie lediglich bekräftigen: »Es ist meine Absicht, ein Abtasten durchzuführen«, (in einer bestimmten Welt und Dimension) und Ihr Abtastinstrument erscheint sofort an der richtigen Stelle.

Abtasten in der Welt des Geistes

In der folgenden Übung tasten Sie die Oberfläche des persönlichen Körperraumes ab in der Welt des Geistes, auf der Ebene des vierten Chakras. Das Abtasten wird auf der Vorderseite des persönlichen Körperraumes zwischen dem ersten und fünften Chakra durchgeführt. Sie formen aus

Ihrer mentalen Aufmerksamkeit ein breites, dünnes Abtastinstrument und beginnend bei Ihrer linken Schulter; führen Sie einander überlappende Bewegungen von oben nach unten aus. Während Sie Ihr Abtastinstrument von links nach rechts bewegen, spüren Sie jede Unebenheit und allgemeine Schwächen, welche die Oberfläche Ihrer Energiekörper im persönlichen Körperraum auf dieser Ebene verformt hat. Zudem, entdecken Sie (obwohl das nicht in ihrer Absicht eingeschlossen war) alle qualifizierten Energien, wie Intrusionen, Schnüre und/oder Kontrollwellen, die durch die Oberfläche des persönlichen Körperraumes eingedrungen sind oder die Funktion Ihrer Energiekörper beeinträchtigt haben.

Zu Beginn setzen Sie sich bequem und aufrecht hin. Dann beginnen Sie mit der Yoga-Atmung. Ihre erklärte Absicht für diese Übung lautet: »Es ist meine Absicht, die Oberfläche meines mir zugewandten persönlichen Körperraumes in der Welt des Geistes, auf der Ebene des vierten Chakras abzutasten.« Wenn Sie bereit sind entspannen Sie sich mit der Standardmethode und bringen Sie die bewußte und unbewußte mentale Aktivität ins Gleichgewicht. Dann aktivieren und zentrieren Sie sich in der Rückseite Ihres Herz-Chakras. Nehmen Sie sich einen Moment Zeit um den Wechsel in Ihrer Wahrnehmung zu genießen. Teilen Sie nun Ihre Aufmerksamkeit und aktivieren Sie die Vorderseite Ihres Herz-Chakras. Sobald die Vorderseite Ihres Herz-Chakras aktiviert ist, bekräftigen Sie Ihre Absicht: »Es ist meine Absicht, nach innen zu schauen in die Welt des Geistes, auf der Ebene des vierten Chakras.« Und danach: »Es ist meine Absicht, meine Aufmerksamkeit zu teilen und meine zweite Aufmerksamkeit in die Welt des Geistes, auf die Ebene des vierten Chakras zu richten, an den Punkt, der meiner linken Schulter entspricht.« Verlagern Sie Ihren Schwerpunkt auf Ihre zweiten Aufmerksamkeit, indem Sie bekräftigen: »Es ist meine Absicht, meinen Schwerpunkt auf meine zweite Aufmerksamkeit zu richten.« Dann stellen Sie ein Abtastinstrument her, indem Sie bekräftigen: »Es ist meine Absicht, ein Abtastinstrument herzustellen.« Sobald das Abtastinstrument erscheint, beginnen Sie mit einander überlappenden Auf- und Ab-Bewegungen entlang der Oberfläche des persönlichen Körperraumes von der Schulter zur Taille. Sobald Sie Ihr Abtasten beendet haben, merken Sie sich Ihre Entdeckungen und ziehen Sie Ihr Abtastinstrument zurück. Verlagern Sie Ihren Schwerpunkt wieder zur Rückseite Ihres Herz-Chakras und ziehen Sie Ihre zweite Aufmerksamkeit zurück.

Zählen Sie dann von eins bis fünf. Bei fünf öffnen Sie die Augen. Sie fühlen sich hellwach, völlig entspannt und wohler als zuvor.

Abtasten des Aura-Felds

In der folgenden Übung tasten Sie einen Teil des Aura-Felds ab in der Welt der Seele, auf der Ebene des vierten Chakras. Das Aura-Feld auf dieser Ebene dehnt sich achtundvierzig Zentimeter von der Oberfläche des persönlichen Körperraumes aus. In einem gesunden Zustand hat es eine eiförmige, glatte und straffe Oberfläche. Hat sich dort allerdings eine übermäßige Menge an karmischem Ballast und/oder Intrusionen in Form von Schnüren, Kontrollwellen und/oder fremde Energiekörper angesammelt, dann werden Sie feststellen, daß die Oberfläche der Aura uneben und ihr Umriß verformt ist.

Während Ihres Abtastens suchen Sie nach jeder Verformung der Oberfläche, einschließlich Unebenheiten und Veränderungen in der Textur. Veränderungen in der Textur schließen Unebenheiten, Klebrigkeit und/oder Mangel an Elastizität mit ein. Sie werden außerdem nach karmischen Ablagerungen und/oder Schnüren suchen, die vom Innern des Feldes in die Aura-Oberfläche eindringen oder sich gegen sie lehnen können.

Wenn Sie bereits sind zu beginnen, nehmen Sie eine beque-

me und aufrechte Position ein. Ihre erklärte Absicht für diese Übung lautet: »Es ist meine Absicht, die äußere Oberfläche des Aura-Felds abzutasten in der Welt der Seele, auf der Ebene des vierten Chakras.«
Verwenden Sie die Standardmethode, um sich zu entspannen und bringen Sie Ihre bewußte und unbewußte mentale Aktivität ins Gleichgewicht. Dann aktivieren Sie die Rückseite Ihres Herz-Chakras und zentrieren sich dort. Nehmen Sie sich einen Moment Zeit, die Bewußtseinsverlagerung zu genießen. Dann teilen Sie Ihre Aufmerksamkeit, aktivieren die Vorderseite Ihres Herz-Chakras und erklären Ihre Absicht. Nachdem Sie Ihre Absicht erklärt haben, schauen Sie nach innen in der Welt der Seele, auf der Ebene des vierten Chakras. Dann teilen Sie Ihre Aufmerksamkeit erneut und richten Sie Ihre zweite Aufmerksamkeit auf die Welt der Seele, auf der Ebene des vierten Chakras, auf einen Punkt auf der Außenseite des Aura-Feldes bei Ihrer linken Schulter. Verlagern Sie Ihren Schwerpunkt auf Ihre zweite Aufmerksamkeit und erschaffen (oder aktivieren) Sie Ihr Abtastinstrument. Dann beginnen Sie mit einander überlappenden, streichenden Auf- und Ab-Bewegungen von links nach rechts, entlang der äußeren Oberfläche des Aura-Felds von der Schulter abwärts zur Taille. Während Sie fortfahren, merken Sie sich Ihre Entdeckungen.
Wenn Sie Ihr Abtasten abgeschlossen haben, ziehen Sie Ihr Abtastinstrument zurück. Verlagern Sie Ihren Schwerpunkt zurück zur Rückseite Ihres Herz-Chakras und ziehen Sie Ihre zweite Aufmerksamkeit zurück. Zählen Sie dann von eins bis fünf. Bei fünf öffnen Sie die Augen. Sie fühlen sich hellwach, völlig entspannt und wohler als zuvor.

Suchen nach qualifizierten Subfeldern

In der nächsten Übung suchen Sie nach unabhängigen Energieblockaden in der Welt des niederen Verstandes, auf der Ebene des dritten Chakras.

Beachten Sie: Wenn Sie nach qualifizierten Subfeldern (Samskaras, Vasanas, knotige Fäden, unabhängige Blokkaden, Schnüre und Kontrollwellen) abtasten, vor allem solche, die Sie entfernen wollen, sollten Sie die Gunas in Ihre Absicht miteinschließen. Indem Sie die Gunas in Ihre Absicht miteinschließen, isolieren Sie Subfelder mit bestimmten Qualitäten von anderen, benachbarten Subfeldern.

Für dieses Abtasten wird Ihre erklärte Absicht lauten: »Es ist meine Absicht, nach tamasischen, unabhängigen Blokkaden in der Welt des niederen Verstandes, auf der Ebene des dritten Chakras, in dem mir zugewandten Aura-Feld zu suchen.«

Verwenden Sie die Standardmethode, um sich zu entspannen und bringen Sie Ihre bewußte und unbewußte mentale Aktivität ins Gleichgewicht. Dann aktivieren Sie die Rückseite Ihres Herz-Chakras und zentrieren sich dort. Nehmen Sie sich einen Moment Zeit, um die Bewußtseinsverlagerung zu genießen. Dann teilen Sie Ihre Aufmerksamkeit, aktivieren die Vorderseite Ihres Herz-Chakras und erklären Sie Ihre Absicht. Fahren Sie fort, indem Sie Ihre Absicht bekräftigen: »Es ist meine Absicht, nach innen zu schauen in der Welt des niederen Verstandes, auf der Ebene des dritten Chakras, tamasisch.« Dann bekräftigen Sie: »Es ist meine Absicht, meine Aufmerksamkeit zu teilen und meine zweite Aufmerksamkeit auf die Welt des niederen Verstandes zu richten, auf der Ebene des dritten Chakras, tamasisch, in das Aura-Feld bei meiner linken Schulter.« Verlagern Sie Ihren Schwerpunkt auf Ihre zweite Aufmerksamkeit und erschaffen (oder aktivieren) Sie Ihr Abtastinstrument. Dann beginnen Sie mit einander überlappenden, streichenden Auf- und Ab-Bewegungen von links nach rechts, innerhalb Ihres Aura-Felds von der Schulter abwärts zur Taille.

Unabhängige Energieblockaden sind einfach zu lokalisieren, da sie in allen Welten und Dimensionen frei im Aura-

Feld treiben, in allen Welten und Dimensionen. Wenn Sie eine unabhängige Energieblockade lokalisiert haben, tasten Sie sie ab in Bezug auf Zustand, Größe, Form, Dichte, Polarität, Aktivitätsgrad, Oberflächenstruktur und Farbe. Wenn Sie Ihr Abtasten abgeschlossen haben und sich Entdeckungen eingeprägt haben, ziehen Sie Ihr Abtastinstrument zurück. Verlagern Sie Ihren Schwerpunkt zurück zur Rückseite Ihres Herz-Chakras und ziehen Sie Ihre zweite Aufmerksamkeit zurück. Zählen Sie dann von eins bis fünf. Bei fünf öffnen Sie die Augen. Sie fühlen sich hellwach, völlig entspannt und wohler als zuvor.

Sie können Ihre Fertigkeiten weiter verbessern, wenn Sie dieselbe Technik auch in folgenden Welten und Dimensionen anwenden:

1. *Suchen Sie nach unabhängigen Blockaden in der Welt der Seele, auf der Ebene des dritten Chakras, tamasisch.*
2. *Tasten Sie die Oberfläche Ihrer Aura ab in der Welt des Geistes, auf der Ebene des sechsten Chakras.*
3. *Tasten Sie die Oberfläche des persönlichen Körperraumes ab in der Welt der Seele, auf der Ebene des ersten Chakras.*
4. *Tasten Sie nach unabhängigen Blockaden ab in der Welt des Intellekts, auf der Ebene des siebten Chakras, tamasisch.*
5. *Tasten Sie die Oberfläche Ihrer Aura in der Welt des niederen Verstandes ab, auf der Ebene des ersten Chakras.*

Kapitel 8

»Dein Selbst ist dein Meister – wer sonst könnte es sein? Wenn deine Selbstbeherrschung gut ist, gewinnst du einen Meister, wie er schwer zu finden ist.«
DHAMMAPADA (Kapitel 12, Vers 160)

Bewußte Energiekonzentrationen

Im Kern aller qualifizierten Subfelder, sowohl im Makrokosmos als auch im Mikrokosmos, befinden sich bewußte Energiekonzentrationen, CECs [Conscious Energy Concentration]. CECs sind nicht-physische Wesenheiten (Entitäten), die im kollektiven Feld der Maya und in allen Subfeldern aus qualifizierter Energie leben. In der äußeren Welt findet man sie in Atmosphären, Pools und Wellen; im menschlichen Energiefeld können sie in karmischen Ablagerungen (Samskaras und Vasanas), knotigen Fäden, Personas, Energieblockaden, Schnüren, Kontrollwellen und unabhängigen Blockaden vorkommen. Zudem ist eine große Zahl von CECs im Ego und innerhalb von Intrusionen anzutreffen, (Intrusionen sind qualifizierte Subfelder, die in den persönlichen Körperraum eindringen, nachdem ein Energieträger herausgestoßen wurde). In Extremfällen können CECs in Energiekörpern und Energieträgern gefunden werden, die aus dem persönlichen Körperraum herausgestoßen wurden und von Subfeldern aus qualifizierter Energie verunreinigt wurden.

CECs erschienen im Universum der Erscheinungen vor Äonen durch die Tattwas, zusammen mit dem kollektiven Feld der Maya. Sie sind in allen Welten und Dimensionen zu finden, einschließlich der Welt des Geistes, des Intellekts, der Seele, des niederen Verstandes, der Welt der Chakras, den Milz-Ebenen und den Funktionen und Aspekten des Verstandes.

Heute, im Zeitalter des Kali-Yuga, gibt es weitaus mehr CECs als Lebewesen im physisch-materiellen Universum.

Schamanen in den traditionellen Kulturen, die sich bewußt waren, daß das Universum belebt ist und deren Wahrnehmung geschulter war im Vergleich zur Wahrnehmung der Menschen in fortgeschrittenen, technologischen Kulturen, nannten die CECs Geister, Elementargeister, Nymphen, Feen, Wesenheiten, Geistführer, Engel, Dämonen etc. und klassifizierten sie basierend auf ihrer Gesinnung zum Menschen.

Für Schamanen und Eingeborene in traditionellen Kulturen gab es Berggeister, Flußgeister, Geister der Liebe, Dämonen des Hasses und viele andere, und sie alle waren lebendig und interagierten sowohl untereinander als auch mit den Menschen durch das menschliche Energiefeld und die Funktionen und Aspekte des Verstandes. Auf die eine oder andere Weise nahmen die traditionellen Menschen in der Vergangenheit diese Geister (CECs) in ihre Religion auf, und sie versuchten, sie durch Opfer, Riten und Bittgebete gnädig zu stimmen.

In christlichen Kreisen, vor allem in den patriarchalischen Kulturen Europas und des Nahen Ostens, wurden CECs ganz anders gesehen. Wie traditionelle Menschen erkannten auch die Frühchristen, daß CECs in das Energiefeld der Menschen eindringen und dann den Charakter der Menschen und ihr Verhalten beeinflussen konnten. In Antwort darauf, hielten die Christen (wie die Juden vor ihnen) an ihrer dualistischen Kosmologie von zwei Hierarchien von nicht-physischen Wesenheiten fest, die miteinander um die Vorherrschaft kämpften. Die erste Hierarchie war einem persönlichen Gott namens Jehova untergeordnet (Ishvara im Sanskrit), die zweite einer oppressiven, männlichen Gottheit namens Satan, der Jehova gegenüber stand und danach trachtete, die Menschheit zu beherrschen. Obwohl die jüdischen und christlichen Kleriker anerkannten, daß CECs Menschen im Universum der Erscheinungen gefangen halten können, erkannten sie nicht, daß Gut und Böse zwei Seiten derselben Medaille sind und daß die CECs beider Hierarchien einen Menschen daran hindern können, das Vergnügen, die Intimität, die Freude und die Glückseligkeit zu erlangen, die vom Selbst (der ersten »Ursache«) ausgeht, und die, im Gegensatz zu Jehova und Satan, außerhalb der dualistischen Welt existierte.

Hingegen, betrachteten die östlichen Religionen, wie der Hinduismus, Jainismus, Buddhismus und Tantra, alle CECs (unabhängig Ihrer Gesinnung zu Menschen), als Manifestationen desselben weiblichen Prinzips. Diese Religionen wußten (aus direkter Erfahrung), daß CECs aus dem kollektiven Feld der Maya stammen und ein wesentlicher Bestandteil der Ökologie des Universums der Erscheinungen waren. Sie erkannten auch die Tatsache an, daß CECs, wie alle Lebensformen (außer Avataren, Bodhisattvas und erleuchteten Meistern) einen individuellen Verstand und ein Ego besaßen und den Willen zur Befriedigung ihrer individuellen Bedürfnisse.

Yoga (welches mehr ein System der persönlichen Entwicklung als eine Religion ist) hielt CECs nie für grundsätzlich gut oder böse. Statt dessen, betrachteten die Meister des Yoga CECs vielmehr als Vittri oder Chitti, Modifikationen eines Feldes oder Produkte des Verstandes, die ein Produkt der Maya sowie des individuellen Verstandes und des Ego waren. Anders als für Schamanen und Geistliche, waren CECs für sie keine lebenden Wesen, sondern Energiekonzentrationen mit bestimmten Qualitäten, die entweder von tamasischer, rajistischer oder sattvischer Natur waren.

Ob Sie nun CECs verteufeln, sie für heilig halten, oder sie wie die Yogis für Vittri oder Chitti halten, bleibt die Tatsache bestehen, daß sich ein oder mehrere CECs im Kern jedes qualifizierten Subfeldes befinden. Und obwohl die kognitive Fähigkeit dieser CECs wie auch ihre Fähigkeiten zu handeln und sich auszudrücken, im Vergleich zum Menschen, stark eingeschränkt sind, besitzen CECs dennoch einen individuellen Willen, eine Form von begrenztem Bewußtsein, rudimentäre Emotionen und Gefühle und die Fähigkeit, diese Qualitäten durch Zeit und Raum in der Welt und in der Dimension auszudrücken, in der sie existieren.

Obwohl CECs aus dem kollektiven Feld der Maya entstehen, stimmen verschiedene spirituelle Traditionen darin überein, daß sie die Wurzel eines der unlösbaren Probleme der Menschheit sind. An allererster Stelle auf der langen Liste der Vergehen, deren die CECs angeklagt werden, ist der ursprüngliche und fortgesetzte Akt, den Menschen vom universellen Bewußtsein zu trennen. CECs können einen Menschen nicht aus eigener Kraft vom Selbst trennen; damit dies geschehen kann, muß man sich zunächst mit den CECs im eigenen Energiefeld identifizieren. CECs können in das menschliche Energiefeld eindringen, den Prana-Fluß hemmen und wirkungsvoll das Ausströmen des Selbst verschleiern.

CECs dringen in das menschliche Energiefeld nicht aus Bosheit ein, sie versuchen das Strahlen (Prana) zu erfahren, dessen Quelle das Selbst ist, ohne sich dem Selbst durch Selbstaufopferung und Hingabe zu unterwerfen. Wie Motten werden sie vom »Licht« angezogen, welches das Selbst ausstrahlt, weigern sich jedoch, ihren individuellen Willen der Quelle des Lichts unterzuordnen.

Trotz ihrer offensichtlichen »Vergehen« gegen die Menschheit, ist es wichtig anzuerkennen, daß CECs ein wesentlicher Bestandteil der Ökologie des Universums der Erscheinungen sind. So wie jede Welt und Dimension sind auch die zahllosen nicht-physischen Wesenheiten im kollektiven Feld der Maya durch die Tattwas entstanden.

CECs und feinstoffliche Lebensformen

Alle lebenden Wesen, die im kollektiven Feld der Maya existieren, bestehen aus den drei lebenswichtigen Elementen: Bewußtsein, Energie und feinstofflicher Materie. Tatsächlich war es nie eine Voraussetzung für das Leben, einen physisch-materiellen Körper anzunehmen (zu existieren und die Qualitäten eines Lebewesens zu manifestieren).

In allen Welten und Dimensionen (innerhalb des kollektiven

Feldes der Maya) existieren nicht-physische Wesenheiten im Überfluß. Auf diesen Ebenen unterliegt das Leben denselben Gesetzen wie das Leben auf der physisch-materiellen Ebene. Da das Leben auf den höheren und tieferen Ebenen aus qualifizierter Energie in unterschiedlichen Kombinationen besteht, müssen CECs wie ihre physisch-materiellen Gegenparts (überwiegend) sattvisch, rajistisch oder tamasisch geprägt sein.

Nicht-physische Wesenheiten (CECs), die hauptsächlich sattvisch sind, sehr durchlässig und kaum aktiv und haben daher den geringsten negativen Einfluß auf die menschliche Gesundheit, die Persönlichkeit und das Verhalten. Wenn sie ins menschliche Energiefeld (und im individuellen Verstand und Ego) integriert sind, können sie kaum das Ausströmen des Selbst verschleiern, sobald dieses durch den höheren und niederen Verstand und deren Funktionen und Aspekte in Erscheinung tritt.

Nicht-physische Wesenheiten, die rajistisch sind, sind dichter, aktiver und können die menschliche Gesundheit, Persönlichkeit und das Verhalten stärker beeinflussen. Wenn sie im individuellen Verstand und Ego integriert sind, verschleiern sie das Ausströmen des Selbst und stören den Prana-Fluß, der durch das menschliche Energiesystem hindurchstrahlt und zwar, indem sie ein Ziehen und Drücken mit Objekten, qualifizierten Subfeldern und Geschöpfen in ihrer Umgebung verursachen. Die Folge ist, daß sich die Wahrnehmung ihres Wirtes nach außen orientiert und ihren Wirt stärker auf äußere Reize reagieren läßt.

Nicht-physische Wesenheiten, die überwiegend tamasisch sind, sind am dichtesten und am stärksten polarisiert. Sie haben den größten Einfluß auf die menschliche Gesundheit, Persönlichkeit und das Verhalten. Da sie einen festen Zustand haben, sind sie am stärksten polarisiert, haben die höchste Eindringungskraft und blockieren das Ausströmen des Selbst am radikalsten. Wenn tamasische CECs projiziert werden (von einem empfindenden Wesen zu einem anderen), können sie tief und gewaltsam in das menschliche Energiefeld eindringen und den Prana-Fluß sowie die Funktionen des höheren und niederen Verstandes erheblich stören. Tatsächlich sind tamasische CECs für die schwerwiegendsten Formen von spirituellen, mentalen, emotionalen und körperlichen Funktionsstörungen und Krankheiten verantwortlich.

Wie alle Lebewesen besitzen CECs ein begrenztes Bewußtsein und ein begrenztes Spektrum emotionaler und ätherischer Energie (Gefühlen), die sie projizieren und/oder verwenden können, um die Aktivitäten und Funktionen des höheren und niederen Verstandes zu verfälschen. Sie können individuell agieren oder Gemeinschaften bilden und in Übereinstimmung mit anderen CECs handeln. Obwohl die meisten ihrer Aktivitäten einen negativen Effekt auf Menschen haben können, handeln sie wie alle Geschöpfe auf der physisch-materiellen Ebene im Einklang mit ihrer Natur, die eine Funktion ihres spezifischen Bewußtseinsgrades und ihres Energiespektrums ist, die sie übertragen und umwandeln können.

Struktur und Funktion der CECs

CECs in allen Dimensionen haben eine konsistente Struktur: Sie bestehen aus einem Kern, einem zentralen Hohlraum und einer Oberfläche, die sie umgibt. Der Kern ist normalerweise ziemlich klein. Um den Kern herum, befindet sich ein Pool von qualifizierter Energie, der je nach Masse und Dichte von unterschiedlicher Größe und Form sein kann. Der umgebende Pool von qualifizierter Energie besteht aus einer dünnen Membran aus leuchtenden Fasern, die einander in jeder erdenklichen Richtung überkreuzen, ähnlich wie Filz. Die Oberflächenmembran ist ein sehr lichtes Gewebe, was sie extrem flexibel und stark macht. Aufgrund ihrer Porosität bietet sie der Oberflächengrenze Raum, durch die sich sowohl die qualifizierte wie auch die unqualifizierte Energie verbreiten kann. Diese letztgenannte Eigenschaft macht es möglich, CECs aus dem menschlichen Energiefeld zu entfernen, indem man Techniken anwendet, die sie in den folgenden Kapiteln erlernen werden.

In Bezug auf die Struktur, sind die tamasischen CECs am kleinsten, am stärksten polarisiert und am aktivsten und haben die klebrigste Oberflächenstruktur. Rajistische CECs sind größer, weniger stark polarisiert und weniger aktiv und ihre Oberflächenstruktur ist glatter. Sattvische CECs sind am größten, am wenigsten polarisiert und kaum aktiv und haben die glatteste Oberflächenstruktur (diese allgemeine Regel mag nicht in allen Fällen zutreffen).

Der Druck bzw. die Eindringungskraft einer CEC, (in das menschliche Energiefeld) hängt von ihrer Dichte, Polarität und ihrem Aktivitätsgrad ab. Je dichter, je stärker polarisiert und je aktiver eine CEC ist, desto mehr Kraft hat sie um einzudringen.

CECs in den verschiedenen Welten und Dimensionen (innerhalb des kollektiven Feldes der Maya) schwingen mit verschiedenen Frequenzen und legen daher auch verschiedene Qualitäten an den Tag. CECs im Feld der Maya, das die Welt des niederen Verstandes umgibt, zeigen unzählige Verlangen, Bedürfnisse, Begierden und Besessenheiten, welche die vier authentischen Arten des Verlangens überwältigen können. CECs im Feld der Maya, das die Welt der Seele umgibt, zeigen eine große Vielfalt an Gefühlen, Emotionen und Empfindungen, die für gewöhnlich authentische, menschliche Empfindungen, Gefühle und Emotionen verfälschen. CECs im Feld der Maya, das die Welt des Intellekts umgibt, zeigen Bewußtheit, Vorstellungskraft, Glauben, Urteilsvermögen, Vorurteile und sie geben vor zu verstehen, was nur durch Intuition, Eingebung und unmittelbare Erfahrung verstanden werden kann. CECs im Feld der Maya, das die Welt des Geistes umgibt, zeigen glühende, brennende Empfindungen, verfolgen heftige Absichten und eine Litanei von (falschen) Enthüllungen, die einen sich selbst als etwas besonderes oder einzigartiges empfinden läßt.

Da CECs im Kern von qualifizierten Subfeldern ein gewisses Maß an persönlichem Willen besitzen, verlassen Subfelder von qualifizierter Energie das menschliche Energiesystem nur selten von selbst, es sei denn sie werden von einem sachkundigen Experten entfernt. Der Grund ihrer Zurückhaltung ist einfach zu verstehen: Ohne eine innere Quelle unqualifizierter Energie oder Zugang zu göttlichem Bewußtsein, haben CECs eine starke Motivation, so nahe wie nur möglich an der äußeren Quelle des Pranas zu verweilen. Das menschliche Energiesystem ist eine nie versiegende Quelle von Prana, welche die CECs nutzen können, um sich selbst zu erhalten. Ihr Mangel an Ressourcen erklärt auch, warum CECs dazu neigen, tiefer ins Energiefeld ihres Wirtes einzudringen (näher an die Chakras, an die kleinen Energiezentren und an das dritte Herz, Atman) und warum ihr Wirt so viele innere Konflikte erfährt, wenn in seinem Energiefeld übermäßig viel karmischer Ballast abgeladen wurde.

Komplexe Subfelder

Nach einer gewissen Zeit können sich unabhängige, qualifizierte Subfelder mit anderen qualifizierten Subfeldern verbinden, die über eine ähnliche Resonanz verfügen und »komplexe Subfelder« bilden, wie knotige Fäden, Vasanas, Samskaras, Schnüre, Kontrollwellen und Personas.

Komplexe Subfelder können in Größe und Form variieren, das hängt von der Anzahl der CECs im Subfeld und der Menge, der sie umgebenden qualifizierten Energie ab. Samskaras und Vasanas sind dünn und geschichtet, weil sie unter Druck stehen und wie Sedimente aufeinander gestapelt sind. Im allgemeinen brauchen sie sehr wenig Raum. Knotige Fäden stehen nicht so stark unter Druck und benötigen im allgemeinen mehr Raum. Druckveränderungen können einem Wechsel im Zustand der knotigen Fäden verursachen und zwar abhängig davon, ob sie frei dahin treiben oder ob sie bereits begonnen haben abzuflachen und zu karmischen Ablagerungen zu werden. Schnüre und Kontrollwellen können sich über lange Distanzen ausdehnen und erstaunlich lange stabil bleiben. Personas können wiederholt in und aus dem Bewußtsein ihres Wirtes treten.

Wenn komplexe Subfelder und die CECs innerhalb von ihnen integriert sind, werden sie ein Teil der karmischen Ablagerungen des Wirtes und manifestieren eventuell ihre Qualitäten durch seinen individuellen Verstand und Ego. Dieser Prozeß ist im Leben der meisten Menschen etabliert und wird in den meisten Kulturen als ziemlich normal betrachtet.

Was ist dann eigentlich »normal«?

Komplexe Subfelder lösen Verhaltensmuster aus, die universell als »normal« und gesund gelten, obwohl sie aus dem individuellen Verstand und dem Ego, sowie den in ihnen enthaltenen CECs hervorgehen. Glaube ist einer von ihnen. Obwohl Glaube als ein normales menschliches Attribut erscheint, geht er ausschließlich aus dem individuellen Verstand und Ego hervor. Der höhere und niedere Verstand sind nicht in der Lage zu glauben. Der erleuchtete Meister bleibt losgelöst vom individuellen Verstand und vom Ego und glaubt an nichts. Indem der Meister im Selbst zentriert bleibt und durch den höheren und niederen Verstand und ihre Funktionen und Aspekte hervortritt, beobachtet er/sie, bis er/sie weiß und wenn er/sie nicht weiß, fährt er/sie fort zu beobachten.

Das Verstehen ist ebenfalls eine Funktion des individuellen Verstandes und des Ego und der komplexen Subfelder (also der in ihr enthaltenen CECs). Ein Meister erkennt, daß Verstehen eine Illusion ist, weil nichts lange genug gleich bleibt, um verstanden zu werden. Das Verstehen ist nichts weiter als eine raffinierte Strategie, mit welcher der individuelle Verstand und das Ego den höheren und niederen Verstand daran hindern, die inneren Qualitäten, die es beobachtet, unmittelbar zu erfahren, (dies ist die einzige Möglichkeit, wahres Wissen zu erlangen).

Die Hoffnung ist ein weiteres Mittel, die der individuelle Verstand und das Ego und die komplexen Subfelder und CECs in ihr nutzen, um ihre überragende Position aufrechtzuerhalten. Die Hauptmotivation des individuellen Verstandes und des Ego ist das Überleben. Und diese Motivation erzeugt die Hoffnung für die Zukunft. Sobald wir jedoch unsere innere Göttlichkeit unmittelbar erfahren haben, wird die Hoffnung überflüssig. Was bleibt noch zu hoffen, wenn wir erkennen, daß ewiges Leben (Sat), Allwissenheit (Chit) und Glückseligkeit (Ananda) unser natürlicher Zustand sind.

Die Macht der CECs

CECs (besonders jene, die ihre Funktionen mit komplexen Subfeldern verbinden) haben scheinbar außergewöhnliche Kräfte, um unachtsame Menschen zu manipulieren, zu nötigen, ihnen zu drohen, sie zu verlocken und zu verführen. Doch wer sie genau beobachtet hat, weiß, daß ihre Macht mehr Schein ist als Realität. Gewiß, CECs haben die Macht das Ausströmen des Selbst zu verschleiern, indem sie die Funktion des menschlichen Energiesystems stören, aber nur, weil wir es zulassen. Im Brief an die Römer schreibt Paulus: »Weder Tod noch Leben, weder Engel noch Fürstentümer, noch Gewalten, weder Gegenwärtiges noch Zukünftiges, weder Hohes noch Tiefes, noch keine andere Kreatur kann uns trennen von der Liebe Gottes« (Römer 8:38–39).

Von der Aussage des Apostels lernen wir, daß CECs nur so lange die Macht haben, das menschliche Energiefeld zu stören, wie ein Mensch sich der Natur des höheren und niederen Verstandes nicht bewußt ist und der damit ihm zur

Verfügung stehenden unqualifizierten Energie. Solange man unwissend bleibt und sich dafür entscheidet, sich mit dem individuellen Verstand und dem Ego zu identifizieren, haben Subfelder (vor allem komplexe) und die in ihnen enthaltenen CECs die Macht, unser Handeln zu steuern. Und so kommen wir zum entscheidenden Punkt. In Feldern aus qualifizierter Energie (besonders im individuellen Verstand und Ego) können CECs eine gewaltige Macht ausüben. Hingegen, ist die Macht der CECs in den Feldern aus unqualifizierter Energie erheblich eingeschränkt. Und wo unqualifizierte Energie mit der mentalen Aufmerksamkeit und der Absicht verbunden wird, müssen CECs früher oder später der Vorherrschaft des höheren und niederen Verstandes weichen.

Kapitel 9

»Sobald alles Unreine durch die Praxis spiritueller Disziplinen beseitigt wurde ...öffnet sich das spirituelle Auge des Menschen dem lichtspendenden Wissen Atmans.«
PATANJALI (*Vers 28)*

Komplexe Subfelder

Im Zeitalter des Kali Yuga sind die Menschen so sehr mit ihrem karmischen Ballast identifiziert, daß sie den Willen des Selbst, der sich durch den höheren und niederen Verstand ausdrückt, unwillentlich den CECs in ihrem individuellen Verstand und Ego geopfert haben. Das Ergebnis davon ist, wann immer sie einen Gedanken, ein Gefühl oder eine Emotion ausdrücken, die aus karmischem Ballast auftaucht, projizieren sie qualifizierte Energie und CECs als Welle, Schnur oder Energieblockade auf den Gegenstand oder die Person, die sie im Kopf haben. Diese (bewußten oder unbewußten) Projektionen stören das Energiefeld sowohl des Projizierenden als auch das des Opfers.

Menschen projizieren aus einer Vielzahl von Gründen. Alle Projektionen werden durch die Verbindung der CECs mit den Anhaftungen (an den individuellen Verstand und das Ego) verursacht. Der individuelle Verstand und das Ego bestehen nämlich aus komplexen qualifizierten Subfeldern, die eine wichtige Funktion und/oder einen Aspekt des höheren und niederen Verstandes an sich gerissen haben.

Die häufigsten komplexen Subfelder im menschlichen Energiefeld werden wir in diesem Kapitel untersuchen. Dazu gehören knotige Fäden, Vasanas, Samskaras, Energieblockaden, Schnüre und Kontrollwellen. Es gibt zwar auch komplexe Subfelder im Makrokosmos – besonders in von

Menschen geschaffenen Umgebungen - aber im Mikrokosmos kommen sie viel häufiger vor, weil sie sich dort besser entwickeln können.

Kontrollwellen

Hierbei handelt es sich um komplexe qualifizierte Subfelder, die polarisiert und sehr aktiv sind. Sie enthalten mindestens zwei CECs und werden von den Funktionen des Verstandes projiziert, die Bewußtsein manifestieren und mit (qualifizierten und unqualifizierten) Energiefeldern in der äußeren Welt interagieren. Wenn Kontrollwellen vom Energiefeld eines Menschen ausgehen, sind sie keilförmig, und das schmale Ende ist dem Ziel zugewandt, wobei sich die meisten CECs am führenden Ende befinden. Sobald die Welle in das Energiefeld des Zieles eindringt, wird sie sich schnell ausbreiten, um in der Welt und in der Dimension, in der sie aktiv ist, einen großen Teil dieser Welt auszufüllen.

Obwohl man eine Kontrollwelle bewußt aussenden kann, kommt es jedoch häufiger vor, daß sich der Täter, der qualifizierten Energie und der CECs, die er projiziert, nur teilweise bewußt ist.

Dabei sind die Motive für die Projektion meist vielschichtig: vielleicht soll das Ziel beeinflußt werden, ohne daß der Täter weiß, daß schon der Wunsch, jemanden zu verändern, zu steuern, zu manipulieren, zu besitzen oder zu schädigen, eine Projektion auslösen kann. Vielleicht ahnt er nicht, daß die Übertragung qualifizierter Energie (die für ihn oder sie »nur« ein Gedanke, eine Emotion oder ein Gefühl ist) das Energiesystem der Zielperson ernsthaft stören und es daran hindern kann, sich in der Erscheinungswelt frei zu entfalten und auszudrücken.

Durch eine Kontrollwelle werden die Funktionen und Aspekte des höheren und niederen Verstandes beeinflußt, die für die Absicht und die Identität des Opfers zuständig sind. Wenn der Täter unerfüllte Erwartungen hegt, wird die Welle auf die Vorderseite des fremden Energiefeldes projiziert; bei

Enttäuschung oder Verlust oder wenn die Zielperson den Täter abgewiesen hat, wird die Welle auf die hintere Seite des Energiefeldes projiziert.

Kontrollwellen, die auf die Vorderseite des Energiefelds projiziert wurden, bleiben dort, bis der Täter die Erwartung aufgibt, daß seine Sehnsüchte und Bedürfnisse erfüllt werden. Kontrollwellen, die auf die Rückseite eines fremden Energiefeldes projiziert werden, bleiben so lange dort, bis der Täter die Hoffnung aufgibt, das Verlorene zurück zu bekommen.

Meist üben die Kontrollwellen auf die knotigen Fäden, Vasanas, Samskaras und Personas Druck aus, die sich bereits im Energiefeld des Opfers, auf der Ebene auf der die Projektion stattfindet, befinden. Dieser erhöhte Druck ist die Hauptursache für Streß und streßbedingte Symptome.

Tatsächlich sind Kontrollwellen, zumindest teilweise, für eine ganze Reihe von psychosomatischen Symptomen verantwortlich, zum Beispiel Migräne, Angst, Depressionen, Kolitis, Kreuzschmerzen, Nebenhöhlenentzündung und Schuppenflechte. Wenn Kontrollwellen Druck auf besonders dichte karmische Ablagerungen ausüben, können akute Schmerzen (deren Ursprung scheinbar im physisch-materiellen Körper liegt) auftreten. Daraus können sich chronische Schmerzen entwickeln, wenn z.B. die Kontrollwelle auf den karmischen Ballast, der in den persönlichen Körperraum gedrängt wurde, ständig Druck ausübt.

Kontrollwellen können das Opfer jahrelang an den Projizierenden binden oder plötzlich verschwinden, sobald dieser das Interesse an seinem Projektionsziel verliert. Meist bleibt die Welle jedoch so lange erhalten, wie sie dem Projizierenden nützlich erscheint. Es kann zum Beispiel sein, daß dieser am Ziel einfach nur festhalten will, obwohl seine Gefühle nicht erwidert werden. Es muß nicht einmal eine bewußte Absicht dahinter stecken; die unbewußte Absicht reicht aus. Das bedeutet, daß eine Kontrollwelle im Energiefeld der Zielperson verbleiben kann, ohne die bewußte Unterstützung des Projizierenden.

Schnüre

Schnüre sind komplexe Subfelder, die mindestens zwei CECs enthalten und die ein empfindendes Wesen zu einem anderen projiziert. Sie sind meist stark polarisiert und extrem aktiv. Was ihre Struktur und Funktion anbelangt, unterscheiden sie sich in mehrfacher Hinsicht von Kontrollwellen.

Schnüre sind in der Regel dichter als Kontrollwellen, und ihre Struktur ändert sich nach der Projektion nicht. Sie ähneln dünnen Röhren, mit gleich bleibendem Durchmesser und sind innen hohl. Projiziert werden sie nicht von den Funktionen und Aspekten des Verstandes, sondern unmittelbar vom karmischen Ballast, der die Welten und Dimensionen des höheren und niederen Verstandes umgibt.

Schnüre können aktiv oder passiv sein. Wenn sie projiziert werden, sind sie aktiv; der Projizierende kann also qualifizierte Energie durch ihren Hohlraum senden. Dabei wird das Energiefeld der Zielperson meist erheblich gestört.

Schnüre sind Manifestationen einer Abhängigkeit, eines Bedürfnisses oder eines Verlangens, das an Besessenheit grenzen kann. Während eine Kontrollwelle projiziert wird, um einen Teil der Persönlichkeit der Zielperson zu beherrschen, beweist eine Schnur, daß der Projizierende an der Zielperson festhalten oder mit ihr Kontakt aufnehmen will.

Schnüre bleiben aktiv, solange der Projizierende an dem falschen Eindruck festhält, daß er von der Zielperson etwas braucht oder begehrt (und wenn es nur der Kontakt ist). Sobald er diese Vorstellung aufgibt, wird die Schnur passiv und leitet keine qualifizierte Energie mehr. Dennoch bleibt sie strukturell intakt und verbindet den Projizierenden mit dem Ziel, manchmal noch Jahre nach Beginn der Projektion.

Es ist wichtig zu wissen, daß in allen Fällen von offenem und verstecktem sexuellen Mißbrauch Schnüre im Spiel sind. In beiden Fällen liegt ein doppeltes Eindringen vor: das physische Eindringen und das damit einhergehende gewaltsame Eindringen qualifizierter Energie in Form einer Schnur – des wichtigsten Machtinstruments. Das Vorhandensein einer Schnur erklärt auch, warum das Opfer eines sexuellen Mißbrauchs vor dem Täter eine so durchdringende Angst hat, selbst wenn der Mißbrauch schon Jahre zurückliegt.

Knotige Fäden

Knotige Fäden sind komplexe Subfelder, die aus unabhängigen Subfeldern (vor allem aus unabhängigen Energieblockaden) mit ähnlicher Frequenz bestehen. Sie enthalten mindestens zwei CECs und kommen in allen Welten und Dimensionen des höheren und des niederen Verstandes sowie deren Aspekten und Funktionen vor, und zwar meist in den Aura-Feldern, gelegentlich auch in Energiekörpern oder Energieträgern, die aus dem persönlichen Körperraum verschoben, bzw. herausgeschleudert worden sind.

Knotige Fäden bleiben nicht lange stabil. Sie existieren nur für eine gewisse Zeit und werden in Vasanas umgewandelt, sobald sie sich als karmischer Ballast abgelagert haben. Da knotige Fäden kurzlebig sind, variieren sie stärker als Vasanas oder Samskaras, was Dichte, Polarität und Aktivität anbelangt.

Die Struktur knotiger Fäden variiert, je nach Qualitäten und Anzahl der CECs in ihnen, dem Zustand der qualifizierten Energie, welche die CECs umgibt und je nach dem Druck, der auf die CECs durch andere qualifizierte Subfelder in der unmittelbaren Umgebung ausgeübt wird. Wie der Name andeutet, sieht ein knotiger Faden wie ein flacher Zwirn mit einer Reihe von Knoten aus. Die »Knoten« sind die CECs, deren Erscheinungsbild sich bei den einzelnen Fäden kaum unterscheidet, da CECs mit sehr unterschiedlichen Qualitäten sich normalerweise nicht zu einem knotigen Faden verbinden.

Die meisten knotigen Fäden sind lang und dünn, aber sie können auch sehr aktive Spiralen bilden. Wenn sich im Mikrokosmos eine große Anzahl knotiger Fäden nah beieinander befinden, verwickeln sie sich mitunter ineinander und gleichen dann langen Strängen oder Spiralen, die sich chaotisch bewegen, wenn ihr Wirt (oder ein Wesen in ihrer feinstofflichen Umgebung) sie bewußt oder unbewußt durch mentale Aufmerksamkeit aktiviert.

Vasanas

Diese komplexen Subfelder umgeben den persönlichen Körperraum. Sie enthalten mindestens zwei CECs und bilden, neben den Samskaras, den größten Teil des karmischen Ballastes in jeder Welt und allen Dimensionen des höheren und niederen Verstandes, der Ebenen der Milz-Chakras sowie den Funktionen und Aspekten des Verstandes.

Die Saat des Karma wird in Form von Samskaras von einem Leben zum anderen mitgenommen, während Vasanas jüngeren Datums sind, die sich erst in diesem Leben oder in den neun Monaten zwischen Empfängnis und Geburt angesammelt haben.

Je mehr karmische Ablagerungen man in Form von Samskaras und Vasanas mit sich herumschleppt, desto weiter dehnen sich die Vasanas von der Oberfläche des persönlichen Körperraumes aus. Wenn sich in einer bestimmten Dimension sehr viel karmische Ablagerung angesammelt hat, fließen die Vasanas ins Ego ein, was die Auswirkungen des Ego stärkt.

Mehrere Arten von komplexen Subfeldern können in Vasanas umgewandelt werden. Dazu gehören knotige Fäden, unabhängige Blockaden, ruhende Schnüre und Kontrollwellen.

Wenn sich ein komplexes Subfeld als karmischer Ballast abgelagert hat, muß sein Wirt, manchmal unter Zwang oder weitgehend unbewußt, eine Entscheidung treffen. Früher oder später muß er das Subfeld und dessen Qualitäten entweder in seine Persönlichkeit integrieren oder es abweisen. Bei Integration wird das Subfeld zum Vasana und die Qualitäten, die daraus auftauchen, werden zu einem wesentlichen Teil des individuellen Verstandes und des Ego. Wird das Feld abgewiesen, bleibt es im Mikrokosmos, bis es entfernt wird oder der Integrationsprozeß erneut beginnt.

Vasanas können sich überall an der Oberfläche des persönlichen Körperraumes als karmischer Ballast ablagern. Die meisten werden dabei durch Druck von oben flach gepreßt. Auch wenn sie aufgeschichtet oder durch Druck beeinträchtigt werden, bewahren sie sich folgende Qualitäten: Zustand, Polarität, Dichte, Aktivitätsgrad, Oberflächenbeschaffenheit und Farbe. Auch wenn sie spontan als Personas auftauchen oder im Begriff sind, entfernt zu werden, behalten sie diese Qualitäten bei. Obwohl Vasanas weniger intrusiv und störend sind als Samskaras, beeinflussen sie den individuellen Verstand und das Ego entsprechend ihrer Dichte, Polarität und Aktivität.

Vasanas zusammen mit Samskaras

Sie sind die Hauptquelle der Eindrücke, die aus dem individuellen Verstand und dem Ego aufsteigen. Vasanas unterstützen meist die Samskaras, besonders jene, aus denen die dominante Persona besteht. Es kommt aber auch vor, daß Vasanas untergeordnete Personas erschaffen, die in Opposition zur dominanten Persona gehen. Das kann Konflikte auslösen. Als kulturelle Wegweiser fördern die Vasanas entweder die vorherrschenden kulturellen Normen, oder sie veranlassen uns, die üblichen Regeln abzulehnen und neue Werte und Ziele zu verfolgen.

Samskaras

Samskaras sind komplexe Subfelder, die von einem Leben zum anderen mitgenommen werden. Swami Shivananda erklärt: »Jeder Mensch wird mit seinen Samskaras geboren. Der Geist ist also kein leeres Blatt Papier, sondern enthält die Eindrücke der Gedanken und Taten aus früheren Inkarnationen.« (Swami Shivananda: Practice of Yoga)

Samskaras enthalten mindestens zwei CECs und sind dünn und länglich, weil sie ständig unter dem Druck anderer Samskaras, Vasanas und knotiger Fäden stehen. Die Qualität und Quantität der Samskaras, die ein Mensch in seinem

Energiefeld beherbergt, hängt davon ab, wie viele Leben er gelebt hat, wie er gelebt hat und wie sehr er sich an den individuellen Verstand und das Ego angehaftet hat.

Da die Samskaras aus den ältesten Schichten karmischer Ablagerungen bestehen, bilden sie die Grundlage des individuellen Verstandes und des Ego. Die Qualität und Quantität der Samskaras, die jemand in seinem Energiefeld mit sich trägt und seine Beziehung zu ihnen, entscheidet über den Persönlichkeitstyp, dient als Schablone für die spirituelle Orientierung, den Glauben, die Vorstellung, den emotionalen Ausdruck, Präferenzen, den Geschmack und das Verhalten. Da diese Eindrücke einen wesentlichen Teil der persönlichen Identität bilden, identifizieren sich die meisten Menschen nicht nur mit ihren Samskaras sondern verteidigen sie sogar, wenn diese bedroht sind.

Channeln oder jegliche Kommunikation mit himmlischen oder dämonischen Wesenheiten während eines früheren Lebens machen sich in diesem Leben als dichte Samskara-Schichten bemerkbar, die den persönlichen Körperraum umgeben. Wegen dieser Schichten wird es immer schwerer, nach innen zu gehen, und die Gefahr von Konflikten zwischen den dominanten und den untergeordneten (von Samskaras oder Vasanas geschaffenen) Personas steigt.

Mit Hilfe der folgenden Übungen können Sie knotige Fäden, Vasanas und Samskaras aufspüren und abtasten, um ihre Größe, Form, Zustand, Dichte, Polarität, Aktivitätsgrad, Oberflächentextur und Farbe zu ermitteln. Dadurch erwerben Sie die Fähigkeit, komplexe Subfelder untereinander und von Feldern aus unqualifizierter Energie zu unterscheiden.

➡ Die Suche nach knotigen Fäden

In dieser Übung suchen Sie Ihr Energiefeld nach knotigen Fäden ab. Ihre erklärte Absicht lautet: »Es ist meine Absicht, in der Welt der Seele, auf der Ebene des vier-

ten Chakras nach knotigen Fäden zu suchen und zwar im Aura-Feld, das mir zugewandt ist.«

Setzen Sie sich aufrecht und bequem hin, entspannen Sie sich mit der Standardmethode, und bringen Sie die bewußte und unbewußte mentale Aktivität ins Gleichgewicht. Fahren Sie fort, indem Sie die Rückseite des Herz-Chakras aktivieren und zentrieren Sie sich dort. Erklären Sie dann Ihre Absicht, teilen Sie Ihre Aufmerksamkeit, und aktivieren Sie die Vorderseite des Herz-Chakras. Wenn es aktiv ist, schauen Sie nach innen in die Welt der Seele, auf der Ebene des vierten Chakras. Teilen Sie Ihre Aufmerksamkeit erneut, und verlagern Sie Ihre zweite Aufmerksamkeit in die Welt der Seele, auf die Ebene des vierten Chakras an eine Stelle, die etwa zwanzig Zentimeter vor dem Herz-Chakra liegt. Verlagern Sie dann Ihren Schwerpunkt zur zweiten Aufmerksamkeit und benutzen Sie Ihre Absicht, um Ihr Abtastinstrument zu aktivieren. Tasten Sie damit den Bereich zwischen der Oberfläche des persönlichen Körperraumes und der apanischen Grenze von fünften bis zum ersten Chakra ab (die apanische Grenze dehnt sich 20 cm weit aus). Da knotige Fäden häufig vorkommen, finden Sie wahrscheinlich schnell einen. Wenn nicht, suchen Sie den restlichen Bereich zwischen der Oberfläche des persönlichen Körperraumes und der apanischen Grenze ab.

Sobald Sie einen knotigen Faden aufgespürt haben, tasten Sie ihn vom Anfang bis zum Ende ab und prägen sich seine Größe, Form, Dichte, Polarität, Aktivität, Oberflächentextur und seinen Zustand ein. Falls Sie etwas über sein Bewußtsein, seine Einstellung und seine »Persönlichkeit« herausfinden, registrieren Sie es ebenfalls. Wenn Sie zufrieden sind mit dem Ergebnis Ihrer Suche, verlagern Sie Ihren Schwerpunkt wieder zur Rückseite des Herz-Chakras und lösen Sie Ihre zweite Aufmerksamkeit.

Zählen Sie dann von eins bis fünf, und öffnen Sie die

Augen. Jetzt fühlen Sie sich hellwach, völlig entspannt und wohler als zuvor.

➠ Die Suche nach Vasanas

In dieser Übung suchen Sie die Welt des Intellekts auf der Ebene des dritten Chakras nach Vasanas ab. Ihre erklärte Absicht lautet also: »Es ist meine Absicht, die Welt des Intellekts auf der Ebene des dritten Chakras nach Vasanas abzusuchen, und zwar im Aura-Feld, das mir zugewandt ist.«

Setzen Sie sich aufrecht und bequem hin, entspannen Sie sich mit der Standardmethode, und bringen Sie die bewußte und unbewußte mentale Aktivität ins Gleichgewicht. Wenn Sie bereit sind fortzufahren, aktivieren Sie die Rückseite des Herz-Chakras, und zentrieren Sie sich dort. Erklären Sie dann Ihre Absicht, teilen Sie Ihre Aufmerksamkeit und aktivieren Sie die Vorderseite des Herz-Chakras. Schauen Sie nun nach innen in die Welt des Intellekts auf der Ebene des dritten Chakras. Teilen Sie Ihre Aufmerksamkeit erneut, und richten Sie Ihre zweite Aufmerksamkeit auf die Welt des Intellekts und auf die Ebene des dritten Chakras an eine Stelle, die etwa 20 Zentimeter vor dem Herz-Chakra liegt.

Verlagern Sie dann Ihren Schwerpunkt zu Ihrer zweiten Aufmerksamkeit, aktivieren Sie Ihr Abtastinstrument und suchen Sie nach Vasanas, indem Sie dieselbe Methode wie für die Suche nach knotigen Fäden benutzen.

Wenn Sie mit Ihrer Suche und den Informationen, die Sie gefunden haben, zufrieden sind, verlagern Sie Ihren Schwerpunkt wieder zurück zur Rückseite des Herz-Chakras und ziehen Sie Ihre zweite Aufmerksamkeit zurück. Zählen Sie dann von eins bis fünf, und öffnen Sie die Augen. Jetzt fühlen Sie sich hellwach, völlig entspannt und besser als zuvor.

➠ Die Suche nach Samskaras

In dieser Übung tasten Sie die Welt des niederen Verstandes auf der Ebene des zweiten Chakras nach Samskaras ab. Ihre erklärte Absicht lautet: »Es ist meine Absicht, die Welt des niederen Verstandes, auf der Ebene des zweiten Chakras nach Samskaras abzusuchen und zwar im Aura-Feld, das mir zugewandt ist.«

Da die Grenze zwischen Vasanas und Samskaras oft unklar ist, sollten Sie nach Samskaras knapp außerhalb der Oberfläche des persönlichen Körperraumes suchen. Setzen Sie sich aufrecht und bequem hin, entspannen Sie sich mit der Standardmethode, und bringen Sie die bewußte und unbewußte mentale Aktivität ins Gleichgewicht. Aktivieren Sie die Rückseite des Herz-Chakras, und zentrieren Sie sich dort. Fahren Sie fort, indem Sie dieselbe Methode benutzen, wie bei der Suche nach Vasanas und knotigen Fäden.

Wenn Sie mit Ihrer Suche und den Informationen die Sie gefunden haben zufrieden sind, verlagern Sie Ihren Schwerpunkt wieder zur zurück Rückseite des Herz-Chakras und ziehen Sie Ihre zweite Aufmerksamkeit zurück. Zählen Sie dann von eins bis fünf, und öffnen Sie die Augen. Jetzt fühlen Sie sich hellwach, völlig entspannt und wohler als zuvor.

Kapitel 10

»Das Vergängliche als ewig, das Unreine als rein, das Schmerzliche als angenehm und Nicht-Atman als Atman zu betrachten, das ist Unwissenheit. Bewußtsein mit dem gleichzusetzen, was Bewußtsein lediglich reflektiert, das ist Egoismus«
PATANJALI *(Yoga Sutras)*

Der individuelle Verstand und das Ego

Jeder Mensch wird mit Schichten aus qualifizierter Energie in seinem Energiefeld geboren. Diese Schichten stammen aus vergangenen Existenzen und von Erlebnissen im Mutterleib. Die Saat der früheren Existenzen in Form von Samskaras bildet das Fundament des individuellen Verstandes und des Ego. Die Schichten, die in diesem Leben (oben auf den Samskaras) abgelagert werden, heißen Vasanas. Andere qualifizierte Subfelder, – zum Beispiel knotige Fäden, unabhängige Energieblockaden, Personas, Kontrollwellen und Schnüre – die ins Energiefeld eingedrungen sind oder hinein projiziert wurden, unterstützen den individuellen Verstand und das Ego, manchmal widersetzen sie sich auch. Dieser karmische Ballast, der die dominierende Persona, das Ego und die untergeordneten Personas einschließt, ist in der Lage, Energie in Form von Gedanken, Gefühlen, Emotionen und Empfindungen hervorzubringen. Als kollektives Feld der Aktivität kann er sogar den individuellen Verstand und das Ego ersetzen, die dann ihrerseits die Aktivitäten des höheren und niederen Verstandes vortäuschen und sich deren Funktionen und Aspekte aneignen, um ihre Ziele zu erreichen.

Wenn sie nicht real sind, was sind sie dann?

Der individuelle Verstand und das Ego, die viele Menschen für das Selbst halten, sind kein struktureller Teil des menschlichen Energiefeldes und kein funktionaler Teil des höheren oder niederen Verstandes. Sie besitzen nicht einmal eine klare Struktur, die sie definieren könnte, sondern sie bestehen aus sich entwickelnden CEC-Gemeinschaften, qualifizierten Subfeldern und qualifizierter Energie.

Yoga lehrt, daß der höhere und der niedere Verstand dem individuellen Verstand und Ego schon fast völlig untergeordnet sind, wenn ein Kind sieben Jahre alt ist. Wenn Dichte, Polarität und Aktivität des individuellen Verstandes und des Ego stark genug geworden sind (und man an den Personas haftet, die aus ihnen entstanden sind), kann der individuelle Verstand und das Ego den Willen des Selbst überwinden, der sich durch den höheren und niederen Verstand manifestiert und die Funktionen und Aspekte des Verstandes daran hindern, Absichten auszudrücken und eine Identität anzunehmen. Sobald der individuelle Verstand und das Ego die Aktivitäten des höheren und niederen Verstandes an sich gerissen haben, werden sie unabhängig und setzen den kollektiven Willen und die Identität der in ihnen enthaltenen CECs durch.

Die Entwicklung des individuellen Verstandes

Der individuelle Verstand und das Ego entwickeln sich in jeder Welt und Dimension unabhängig. Im Gegensatz zum höheren und niederen Verstand und dessen Funktionen und Aspekten sind jedoch weder der individuelle Verstand noch das Ego stabile Entitäten, da sie sich kontinuierlich ausweiten und/oder zusammenziehen, sobald qualifizierte Subfelder zugefügt oder entfernt werden, und die Anhaftung an diese Felder zu- oder abnimmt.

Obwohl zwischen den Existenzen kein Karma gebildet wird, kann schon ein ungeborenes Kind in der Zeit zwischen Empfängnis und Geburt karmischen Ballast in Form von Vasanas, knotigen Fäden und Personas ansammeln. Da dieser Prozeß nie aufhört, gibt es keinen bestimmten Augenblick, in dem der individuelle Verstand und das Ego entstehen oder erschaffen werden; sie entwickeln sich vielmehr von einem Leben zum anderen, je mehr der Mensch sich personifiziert und zum Individuum macht.

Obwohl sich schon kurz nach der Empfängnis zusätzliches Karma ansammeln kann, entwickeln sich der individuelle Verstand und das Ego nach einer latenten Phase [einer Art Dämmerschlaf] erst nach der Geburt weiter, weil das Kind dann beginnt, sich körperlich und seelisch zu entwikkeln. Man kann vier Entwicklungsphasen unterscheiden, die mit der körperlichen und sexuellen Entwicklung des Kindes einhergehen.

In der ersten Phase, die mit der Geburt beginnt und etwa sechs Jahre dauert, ist das Kind weitgehend vor dem Eindringen qualifizierter Energie geschützt, weil sei ICH (Ego-Identität) und die Externalisation des Bewußtseins noch nicht voll entwickelt sind.

In der zweiten Phase, wenn das Kind heranwächst, wendet es seine Aufmerksamkeit mehr und mehr der äußeren Welt zu. Dadurch entwickelt sich auch das ICH und das Kind identifiziert sich stärker mit dem individuellen Verstand und Ego. Jetzt wird klar definiert, was »innen« und was »außen« ist und die Fähigkeit, zu analysieren, zu konzeptualisieren und die Welt abstrakt zu sehen, nimmt zu. In dieser Phase werden sich viele Kinder der Folgen ihres früheren Handelns stärker bewußt und verstehen, daß ihrem (inneren und äußeren) Handeln Grenzen gesetzt sind und zwar durch Karma (vor allem Samskaras). Gleichzeitig beginnt sich die Persönlichkeit zu festigen und die Kinder beginnen exakt zwischen sich selbst und der äußeren Welt zu unterscheiden.

In diesem Stadium kann dichte qualifizierte Energie

leichter in ein Kind eindringen, vor allem die Energie von Autoritätspersonen; denn das Ego ist schon entwickelt, und daher haftet das Kind an Menschen, Dingen und Energiefeldern.

Die dritte Phase beginnt mit der Pubertät und reicht bis ins junge Erwachsenenalter. Jetzt werden die Hormone aktiver und das Wachstum und die Entwicklung des physischen Körpers stehen im Mittelpunkt. Die sekundären Geschlechtsmerkmale bilden sich heraus; der junge Mensch wird sich seiner Geschlechtsorgane bewußt und seine sexuelle Empfindsamkeit nimmt zu.

In diesem Stadium verschleiern der individuelle Verstand und das Ego bei den meisten Kindern die Funktionen des höheren und niederen Verstandes und das ICH (der Brennpunkt des individuellen Verstand und Ego) wird dominant. Wird die Identifikation mit dem ICH stärker, nimmt auch die geschlechtliche Identifikation zu. Die Energiemuster, die Männer von Frauen unterscheiden, sind jetzt deutlicher ausgeprägt: Jungen strahlen Energie durch das zweite Chakra aus und empfangen sie durch das Herz-Chakra; Mädchen strahlen Energie durch das Herz-Chakra aus und empfangen sie durch das zweite Chakra. Diese polaren Muster prägen bei den meisten Kindern die Blaupause für künftige intime Beziehungen. Manchmal ist diese Phase jedoch durch eine unklare geschlechtliche Identifikation gekennzeichnet. Die Ursache dafür ist hauptsächlich karmischer Ballast, der sich im Energiesystem angesammelt hat.

Die vierte Phase beginnt normalerweise zwischen dem fünfzehnten und sechzehnten Lebensjahr. In diesem Stadium ist die Identifikation mit dem ICH meist abgeschlossen. Die bewußte Wahrnehmung ist hauptsächlich nach außen verlagert und die Persönlichkeit hat sich verfestigt. Der Strom feinstofflicher Energie ist mehr oder weniger eingeschränkt, weil der Heranwachsende zunehmend äußeren Zwängen unterliegt.

Die Entwicklung eines gefestigten Ego und einer Persönlichkeit bedeutet das Aus des undifferenzierten Sinnes für das Selbst, denn dies ist ein Wahrzeichen der Kindheit. Dieser Verlust hat weitreichende Folgen, weil der Zugang zum Selbst und somit zu Intimität, Freude und Glückseligkeit, die normalerweise kontinuierlich aus ihm hervorgehen, darüber entscheidet, ob sexuelle Energie ungehindert durch das menschliche Energiesystem fließen kann und wieviel Freude ein Mensch im späteren Leben erfahren wird. In diesem Stadium können der individuelle Verstand und das Ego die Intuition unterdrücken, die in den ersten Entwicklungsphasen noch eine wichtige Rolle spielte. So kann es passieren, daß die Autorität, die aus dem höheren und niederen Verstand auftaucht, abgegeben und nach außen auf irgendeine Institution, eine Gesellschaft oder ein Individuum übertragen wird. Diese Störung der Selbst-Wahrnehmung und des Selbst-Vertrauens in der vierten Phase der Entwicklung führt dazu, daß der junge Mensch seines Körpers und seiner Lustzentren zunehmend entfremdet wird. Das führt unweigerlich zu einer Einengung des Bewußtseins und zum teilweisen Verlust der Fähigkeit, sich spirituell, intellektuell, seelisch und durch echte Wünsche auszudrücken.

Die Struktur des individuellen Verstandes

Der individuelle Verstand besteht aus mehreren Arten von komplexen Subfeldern und ist seiner Natur nach dezentral. Seine Elemente umgeben alle Welten und Dimensionen des höheren und niederen Verstandes sowie ihre Funktionen und Aspekte. Samskaras, die als Fundament dienen, werden von einem Leben zum anderen mitgenommen, während Vasanas, knotige Fäden, Schnüre, Kontrollwellen, unabhängige Blockaden und manchmal sogar fremde Energiekörper während jeder Inkarnation neu hinzukommen.

Das strukturelle und funktionale Zentrum des individuellen Verstandes in jeder Welt und Dimension ist der Bereich zwischen der Oberfläche des persönlichen Körperraumes und der apanischen Grenze. Wenn eingedrungene karmische Energie jedoch in einer bestimmten Dimension Energiekörper oder Energieträger verdrängt hat, verlagert sich das Zentrum ins Innere des persönlichen Körperraumes.

Obwohl Felder aus qualifizierter Energie im individuellen Verstand in jeder Welt und Dimension als individuelle Aktivitätszentren dienen können, kommt es häufiger vor, daß sie ein lockeres Bündnis eingehen und ihre Aktivitäten koordinieren. Dieses Bündnis entwickelt sich sprunghaft, wenn qualifizierte Subfelder zeitweilig zu Partnern oder Gegnern werden oder wenn der Wirt mehr oder weniger an ihnen haftet. Was Größe und Einfluß anbelangt, sind die Samskaras der dominierende Teil des Bündnisses, dann folgen fremde Energiekörper, Vasanas, knotige Fäden, haftende komplexe Blockaden (Schnüre und Kontrollwellen) und unabhängige Blockaden. Obwohl qualifizierte Subfelder zur Gesamtdichte, -polarität und -aktivität des individuellen Verstandes beitragen, sind die CECs im Zentrum dieser Felder die wichtigsten funktionalen Einheiten.

Anhaftende, komplexe Subfelder (Schnüre, Kontrollwellen und fremde Energiekörper oder Energieträger) vergrößern die Probleme des Wirtes und des Projizierenden, weil sie beide auf der feinstofflichen Ebene verbinden und die synchrone Funktion ihrer Energiefelder stören.

Fremde Energiekörper (oder Energieträger) stellen die größte Bedrohung dar, weil sie dem individuellen Verstand und dem Ego des Wirtes den Willen, das begrenzte Bewußtsein, die Emotionen und die Gefühle des Projizierenden aufdrängen. Die Wirkung eines eingedrungenen Energiekörpers (oder Energieträger) auf das Energiefeld des Wirtes ist noch ausgeprägter, wenn der Eindringling in den persönlichen Körperraum gelangt. Dann wehrt er sich nämlich gegen die Reintegration des verdrängten Energiekörpers (oder Energieträgers) des Wirtes. Außerdem reißt er die Funktionen und Aspekte des Verstandes an sich und erzeugt (in der betroffenen Dimension) einen gefälschten Verstand, der die dominierende Persona des Wirtes überwältigt.

Die Funktion des individuellen Verstandes

Der individuelle Verstand ist ein Teil des kollektiven Feldes der Maya und steht in keiner funktionalen Beziehung zum menschlichen Energiesystem und zum höheren und niederen Verstand. Er gehorcht vielmehr dem kollektiven Willen der in ihm enthaltenen CECs.

Da die Keim des individuellen Verstandes von einem Leben zum anderen mitgenommen wird und die Neigungen des individuellen Verstandes (und Ego) bereits bei der Geburt präsent sind, ist das, was sich bei jeder Inkarnation aufs neue entwickelt, das ›Ich-Gefühl‹ bzw. die Individualität, die sich bewußt als Persönlichkeit bzw. als dominante Persona manifestiert.

Qualifizierte Subfelder, die während einer Inkarnation eindringen, unterstützen entweder die dominante Persona und das Ich-Gefühl, oder sie stehen in Opposition zu ihnen.

In einigen Fällen, wenn ein qualifiziertes Subfeld besonders widerwärtig ist, (weil seine Schwingung und die damit verbundenen Aktivitäten nicht der dominanten Persona entsprechen) kann dies dadurch kompensiert werden, daß das Subfeld, durch Leugnung aus der bewußten Wahrnehmung herausgedrückt wird.

Ein verdrängtes Subfeld läßt sich jedoch niemals völlig verdrängen. Früher oder später taucht es wieder im Bewußtsein auf und wird aktiv. Diese »Wiederbelebung« verdrängter Subfelder mit all ihren zwanghaften Eigenschaften erklärt viele Verhaltensweisen, die plötzlich und ohne erkennbare Ursache auftreten und sich gegen das Selbst und die Gesellschaft richten.

Das Ego

Das menschliche Ego ist eine Multiwelt, ein multidimensionales Feld qualifizierter Energie, das den individuellen Verstand ergänzt. Seine Hauptaufgabe besteht darin, die Erfahrungen in der Welt der Erscheinungen zu filtern und den Willen des individuellen Verstandes zu bündeln, sobald er aus dem menschlichen Energiefeld auftaucht. Das Ego bündelt den Willen des individuellen Verstandes, in dem es gemeinsam mit den Funktionen und Aspekten des Verstandes hervortritt und sie, sobald sie im Makrokosmos auftauchen, einschleust.

Elemente des Ego existieren im menschlichen Energiefeld in allen Welten und Dimensionen des höheren und niederen Verstandes in der Welt der Chakras, auf den Milz-Ebenen sowie in ihren Funktionen und Aspekten und zwar in einer Entfernung von etwa acht Zentimetern vor und hinter dem Herz-Chakra. Schon bei der Geburt ist das Ego in einer embryonalen Form vorhanden; aber es hat wenig Einfluß auf das Bewußtsein eines Neugeborenen, weil es ungefähr sieben Jahre dauert, bis das Ego gereift ist und noch länger, bis die Anhaftung vollständig geworden ist.

Wichtig ist, daß das Ego kein struktureller oder funktionaler Teil des menschlichen Energiesystems und des höheren und niederen Verstandes ist. Es kann also keine unqualifizierte Energie verarbeiten und eignet sich daher nicht als Vehikel, um echtes Bewußtsein oder echte Gefühle, Emotionen und Empfindungen auszudrücken; denn deren Quelle ist das Energiesystem und der höhere und niedere Verstand sowie deren Funktionen und Aspekte. Das Ego kann qualifizierte Energie nur bündeln und filtern, die in den Mikrokosmos eingedrungen ist oder vom individuellen Verstand und vom Ego in die äußere Welt projiziert wurde. Deshalb ist der Wert des Ego in therapeutischer Hinsicht ebenfalls sehr begrenzt: der höhere und der niedere Verstand können es nicht als Instrument zur Diagnose verwenden, um die Eigenschaften qualifizierter Subfelder zu lokalisieren und unterscheiden zu können oder karmischen Ballast zu entfernen.

Da das Ego die Aktivitäten des menschlichen Energiesystems und des höheren und niederen Verstandes sowie deren Funktionen und Aspekte stören kann, ist es sehr wichtig, vollständig bewußt zu werden. Nur dann kann das Ego dem Willen des Selbst unterworfen werden, das sich durch den höheren und niederen Verstand ausdrückt. Aber man sollte sich im Klaren sein: Es ist nicht das Ziel von Energiearbeit, das Ego zu vernichten. Vielmehr sollten seine Funktionen studiert werden und man sollte lernen, wie man es reinigt und sich davon loslöst, so daß das Selbst durch den höheren und den niederen Verstand, sowie deren Funktionen und Aspekte, wieder in die bewußte Wahrnehmung Einzug halten kann.

Die Struktur des Ego

Das strukturelle und funktionale Zentrum des Ego in jeder Welt und Dimension liegt etwa acht Zentimeter hinter und vor dem Herz-Chakra. Qualifizierte Subfelder, die das Ego in jeder Dimension zusammensetzen und bilden, werden durch ihre gegenseitige Anziehung und ihre gemeinsame Polarität aneinander gepreßt. Das Ego sieht daher aus wie ein verformter Ball. Jedes Subfeld innerhalb des Ego (in einer bestimmten Dimension) enthält einen oder mehrere CECs und jede CEC enthält und projiziert (durch Erweiterungen) eine unterschiedliche Serie von Qualitäten in den Mikrokosmos und in den Makrokosmos.

Diese Erweiterungen sind Strukturen, die das Ego mit Subfeldern, Dingen und Wesenheiten im Mikrokosmos und im Makrokosmos verbinden. Sie gleichen Schnüren und verändern sich ständig. Manchmal werden sie stärker, ein andermal schwächer, sie verändern ihre Größe, Polarität und ihren Zustand, je nach den herrschenden Bedingungen in der Umwelt des Ego. Die Struktur des Ego und seine Erweiterungen (in jeder Dimension) ähneln einer Nervenzelle, die einen Zellkörper besitzt, von dem Dendriten ausstrahlen. Dendriten verbinden die Nervenzellen (Neuronen) mit anderen (Zellen), ähnlich wie die Erweiterungen des Ego selbiges mit anderen Wesenheiten, Subfeldern und Objekten verbindet.

Die strukturellen Elemente, die zusammen das Ego (in einer bestimmten Dimension) bilden, haben keine einheitliche Form, Struktur und Schwingung. Sie erfahren qualitative Veränderungen, wenn sich das Ego ent- oder verwickelt und/oder auf äußere Reize reagiert. Das Ego kann durchaus auch kleiner oder größer, mehr oder weniger dicht, aktiver oder passiver werden, sowie auch stärker oder schwächer polarisiert, je nachdem, ob die Entwicklung eines Menschen in das Selbst zurückführt oder nicht.

Die Funktionen des Ego

Das Ego steht in keiner funktionalen Beziehung zum menschlichen Energiesystem, zum höheren und niederen Verstand und/oder zu deren Funktionen und Aspekten. Es gehorcht vielmehr dem Willen des individuellen Verstandes und filtert Informationen aus der äußeren Welt, die von den Funktionen und Aspekten des Verstandes und von den Bewußtseinszentren im Energiesystem empfangen werden.

Die Macht und der Einfluß des Ego hängen von mehreren Faktoren ab, unter anderem von der Qualität und Quantität der CECs, die es enthält, aber auch davon, wie sehr ein Mensch an ihm und an den äußeren Subfeldern (die das Ego zur Erweiterung hinzugezogen hat) verhaftet ist. Wenn die qualifizierte Energie innerhalb des Ego überwiegend sattvisch ist, ist die Macht des Ego eher schwach. Wenn die qualifizierte Energie hauptsächlich rajistisch ist, ist das Ego stärker. Am stärksten ist die qualifizierte Energie innerhalb des Ego, wenn sie vor allem tamasisch ist.

In einem Menschen, der die Einheit mit dem Selbst erlangt hat, ist das Ego überwiegend sattvisch geprägt. Man darf jedoch nicht vergessen, daß es selbst für erleuchtete Meister und jene, die in Einheit mit dem Selbst geboren wurden, im Kali Yuga unmöglich ist, ohne Ego zu leben. Der entscheidende Unterschied zwischen einem Meister und einem Durchschnittsmenschen besteht darin, daß der/die Erleuchtete sein/ihr Ego ›kultiviert‹ und sich, im Gegensatz zur Durchschnittsperson, von ihm gelöst hat.

➠ Das Abtasten des Ego

In der folgenden Übung tasten oder suchen Sie das Ego (vor Ihnen) in der Welt der Seele, auf der Ebene des vierten Chakras ab. Ihre erklärte Absicht lautet: »Es ist meine Absicht, mein Ego – vor mir – in der Welt der Seele, auf der Ebene des vierten Chakras abzutasten.«
Setzen Sie sich bequem und aufrecht hin, entspannen Sie sich mit der Standardmethode und bringen Sie die bewußten und unbewußten mentalen Aktivitäten ins Gleichgewicht. Aktivieren Sie dann die Rückseite Ihres Herz-Chakras und zentrieren Sie sich dort. Erklären Sie Ihre Absicht, teilen Sie Ihre Aufmerksamkeit und aktivieren Sie die Vorderseite Ihres Herz-Chakras. Wenn die Vorderseite aktiviert ist, schauen Sie nach innen in die Welt der Seele, auf der Ebene des Herz-Chakras. Teilen Sie Ihre Aufmerksamkeit erneut und verlagern Sie Ihre zweite Aufmerksamkeit an eine Stelle, die sich zehn Zentimeter vor Ihrem Herz-Chakra befindet. Verlagern Sie Ihren Schwerpunkt auf die zweite Aufmerksamkeit, aktivieren Sie Ihr Abtastinstrument und beginnen Sie mit dem Abtasten. Sobald Sie Ihr Ego entdeckt haben, tasten Sie dessen Körper ab, folgen dann seinen Erweiterungen und merken sich, was Sie festgestellt haben. Wenn Sie mit den Ergebnissen Ihrer Suche und den Informationen, die sie über Größe, Form, Zustand, Dichte, Aktivität, Oberflächentextur und Erweiterungen des Ego gesam-

melt haben, zufrieden sind, entlassen Sie Ihr Abtastinstrument, verlagern Ihren Schwerpunkt wieder zur Rückseite Ihres Herz-Chakras und lösen Ihre zweite Aufmerksamkeit.
Zählen Sie dann von eins bis fünf. Bei »fünf« öffnen Sie die Augen. Sie fühlen sich hellwach, völlig entspannt und wohler als zuvor.

Um noch geschickter zu werden und mehr über den Zustand Ihres Ego zu erfahren, sollten Sie auch die folgenden Übungen machen:

1. *Tasten Sie die Vorderseite Ihres Ego in der Welt des niederen Verstandes, auf der Ebene des zweiten Chakras ab.*
2. *Tasten Sie die Rückseite Ihres Ego in der Welt des Geistes, auf der Ebene des siebten Chakras ab.*
3. *Tasten Sie die Vorderseite Ihres Ego auf der Milz-Ebene ab.*
4. *Tasten Sie die Rückseite Ihres Ego auf der oberen Milz-Ebene ab.*
5. *Tasten Sie die Vorder- und Rückseite Ihres Ego in der Welt des Intellekts, auf der Ebene des dritten Chakras ab.*

Teil 3

Wachsen Sie über sich hinaus

Kapitel 11

»Die höchste Wirklichkeit ist im Bewußtsein derjenigen entschleiert, die sich selbst besiegt haben. Sie leben in Frieden bei Hitze und Kälte, in Freude und Schmerz, im Lob und im Tadel.«
BHAGAVADGITA *(Kapitel 6, Vers 7)*

Die Struktur des menschlichen Energiesystems

Um die Auswirkung von karmischem Ballast erfolgreich zu überwinden, ist es notwendig, praktische Kenntnisse der Struktur und der Funktionen des menschlichen Energiesystems zu haben. Mit diesem Wissen und mit den Fertigkeiten, die Sie durch die folgenden Übungen erwerben, können Sie die Milz-Chakras (das achte und neunte Chakra im persönlichen Körperraum) sowie die Chakras oberhalb und unterhalb des persönlichen Körperraumes aktivieren. Außerdem werden Sie in der Lage sein, den Strom des Prana durch das System der Meridiane (Nadis) zu steigern und die Energie der kleinen Energiezentren in Ihren Händen und Füßen zusammen mit den anderen Organen des menschlichen Energiesystems zu aktivieren und zu integrieren.

Das menschliche Energiesystem besteht aus fünf Organgruppen, die synergetisch miteinander und mit den Gemeinschaften von Energiekörpern im höheren und niederen Verstand zusammenarbeiten (siehe Abb. nächste Seite). Diese fünf Gruppen sind die Chakras, Auras, Meridiane, die kleinen Energiezentren in den Händen und Füßen und die Kandas. Das menschliche Energiesystem (als strukturelle

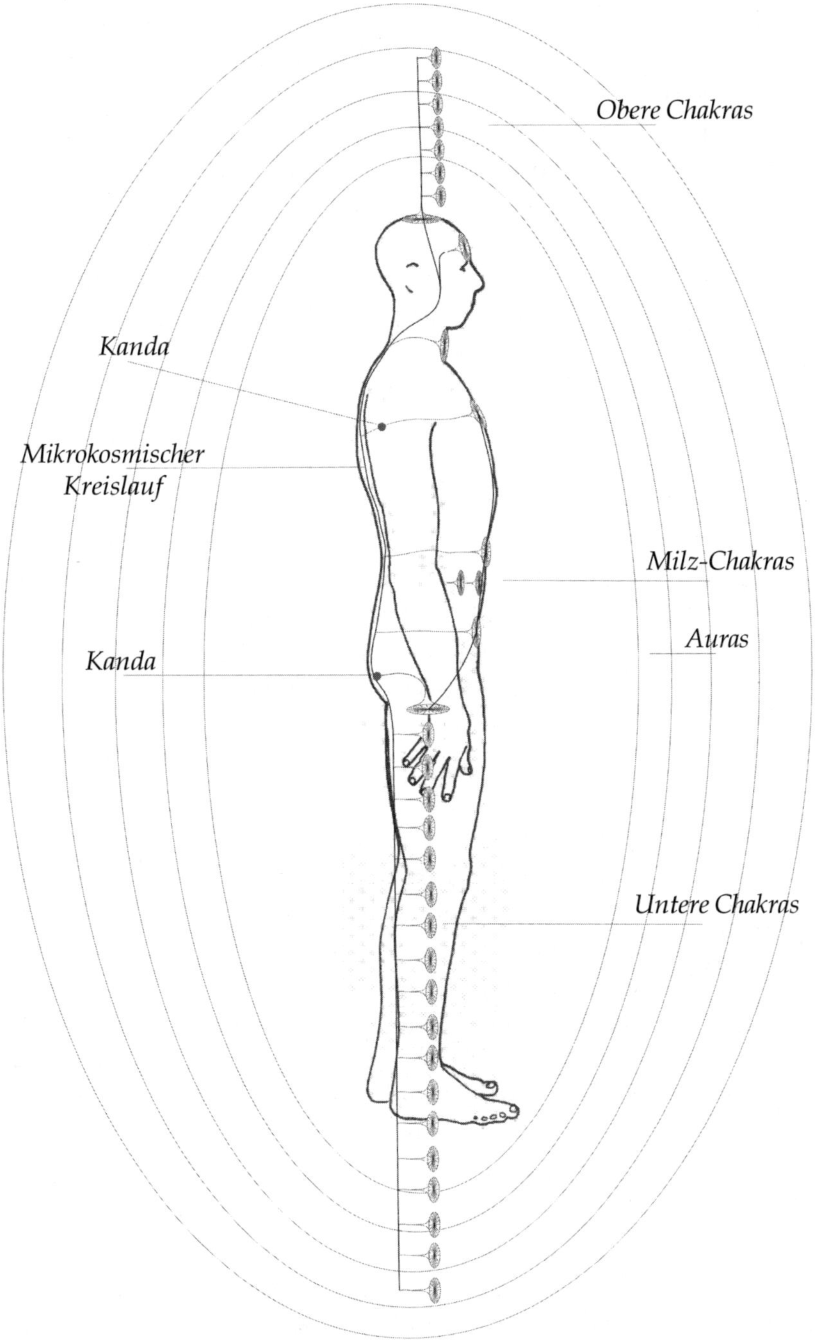
Obere Chakras
Kanda
Mikrokosmischer
Kreislauf
Milz-Chakras
Auras
Kanda
Untere Chakras

und funktionale Einheit) ist mit einem Kraftwerk und einem Stromnetz mit Umspannstationen und Stromleitungen vergleichbar, welche das Bewußtsein des Selbst (Atman) in unqualifizierte Energie (Prana), unqualifizierte Energie von einer Frequenz in die andere und unqualifizierte Energie in feinstoffliche Materie umwandelt.

Das bedeutet, während manche Organe nur in einer oder mehreren Welten und Dimensionen arbeiten, arbeiten andere gleichzeitig in allen. Das menschliche Energiesystem verbindet die Welten und Dimensionen im Mikrokosmos miteinander, so daß ein Mensch als funktionales und strukturelles Ganzes leben kann, während er in Einheit mit dem Selbst bleibt, der Singularität im Zentrum seines Seins.

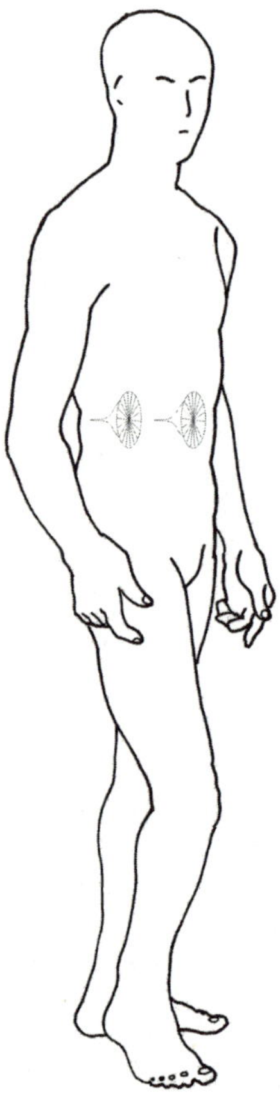

Im menschlichen Energiesystem gibt es 142 Chakras, die wir untersuchen werden: 70 höhere Chakras, 70 tiefere Chakras und zwei Milz-Chakras, die im physisch-materiellen Körper und seinem ätherischen Doppel unqualifizierte Energie regulieren (das ätherische Doppel ist ein funktionaler Teil des physisch-materiellen Körpers).

Die ersten sieben (höheren) Chakras befinden sich im persönlichen Körperraum, die restlichen 63 oberhalb des persönlichen Körperraumes, direkt über dem Kronen-Chakra. Den höheren Chakras liegen siebzig tiefere Chakras unterhalb des persönlichen Körperraumes gegenüber, unmittelbar unter dem Muladhara-Chakra, an einem Punkt, welcher der Wirbelsäulenbasis entspricht. Die Milz-Chakras befinden sich an beiden Seiten des persönlichen Körperraumes zwischen dem zweiten und dritten Chakra (siehe Abb. links).

Leitbahnen (Kanäle), die man Meridiane oder Nadis nennt, verbinden die Chakras miteinander. Die Meridiane sind sehr zahlreich und man ist sich nicht einig, wie viele es tatsächlich gibt. Ein alter Yoga-Text behauptet, es gebe 72.000 Nadis (Meridiane), die aus den Kandas aufsteigen. Andere Texte sprechen von über 350.000 Meridianen.

Um diese Unstimmigkeiten in den alten Texten sollten wir uns nicht zu sehr sorgen, denn unter den Tausenden von Meridianen, die Prana durch das menschliche Energiesystem leiten, gibt es zehn Hauptmeridiane, die von besonderem Interesse sind. Dazu gehören der Shushumna-Gouverneur und der Konzeptual-Meridian, sowie Nebenmeridiane, welche die höheren und tieferen Chakras mit den Gemeinschaften von Energiekörpern und Energieträgern im höheren und niederen Verstand verbinden.

Die Kandas sind Zentren, in denen die Hauptmeridiane ihren Ursprung haben. Ein Kanda befindet sich an der Basis der Wirbelsäule, das andere etwa fünf Zentimeter vor der Rückseite des Herz-Chakras (vgl. Abb. S. 179). Obwohl die Kandas (die im Grunde mathematische Punkte sind) keinen Raum einnehmen, erfüllen sie eine wichtige organisatorische Aufgabe, weil sie die Übertragung und Umwandlung von Prana im gesamten menschlichen Energiesystem fördern.

Die Aura-Felder sind Speicher von unqualifizierter Energie, die den persönlichen Körperraum in jeder Welt und Dimension umgeben. Sie erweitern das Energiefeld etwa acht Meter über den persönlichen Körperraum hinaus und bilden eine Grenze zwischen dem menschlichen Energiefeld (dem Mikrokosmos) und der Umwelt (dem Makrokosmos).

Die letzte Einheit des Energiesystems, die wir hier untersuchen, ist das System der kleinen Energiezentren. Sie befinden sich an den Stellen des persönlichen Körperraumes, die den Händen und Füßen entsprechen. Die kleinen Energiezentren sind Punkte in denen die Hauptmeridiane zusammenlaufen. Sie haben hauptsächlich zwei Aufgaben. Sie unterstützen den Strom des Prana durch die Chakras und Meridiane und halten den Druck im Energiesystem auf einem gesunden Niveau.

Die Chakras

Das Wort »Chakra« stammt aus dem Sanskrit und bedeutet »Rad«. Wenn man Chakras mit dem geistigen Auge betrachtet, sehen sie wie leuchtende bunte Scheiben aus, die sich schnell am Ende von etwas drehen, das aussieht wie ein langer Stiel oder eine Achse (vgl. Kapitel 5, Abb. S. 90). Das Rad hat einen Durchmesser von etwa acht Zentimetern und dreht sich unaufhörlich um eine zentrale Achse. Von der Mitte des Rades ausgehend sind so etwas ähnliches wie Speichen erkennbar.

Prana, das im wichtigsten männlichen Meridian (dem Shushumna-Gouverneur) an der Rückseite des persönlichen Körperraumes nach oben fließt, strömt durch den männlichen Pol jedes Chakras. Prana, das im wichtigsten weiblichen Meridian (dem Konzeptual-Meridian) nach unten fließt, strömt durch den weiblichen Pol jedes Chakras.

Die Chakras werden auch als winzige Sonnen beschrieben, die sich drehen und in unterschiedlichen Farben des sichtbaren Spektrums des Lichts strahlen. Prana ist zwar farblos, aber wenn das Licht gebrochen wird, erhalten die Räder ihre typische Färbung, die hell und klar ist, sofern die Chakras gesund sind.

Die Räder der Chakras, die eine weibliche Polarität haben, leuchten mit einem zarten Licht. Leuchtkraft und Durchmesser des Rades nehmen zu, je aktiver das Chakra wird und je mehr unqualifizierte Energie es ausstrahlt.

Nur die ersten sieben traditionellen Chakras und die Milz-Chakras liegen innerhalb des persönlichen Körperraumes. 63 Chakras reihen sich oberhalb desselben auf, unmittelbar über dem Kronen-Chakra und sind jeweils rund acht Zentimeter voneinander entfernt. Die verbleibenden siebzig Chakras, die als tiefere Chakras bezeichnet werden, sind in denselben Abständen zueinander direkt unterhalb des ersten Chakras aufgereiht. Während die Entfernung zwischen dem männlichen und dem weiblichen Pol der Chakras im persönlichen Körperraum etwa 24 Zentimeter beträgt, beläuft sich der Abstand zwischen dem männlichen und weiblichen Pol bei den Chakras oberhalb und unterhalb des Körperraumes auf ungefähr sieben Zentimeter.

Das Chakra-System ist dafür angelegt, Prana weiterzuleiten und umzuwandeln. Wenn die Energiekörper und Energieträger im höheren und niederen Verstand vertikal integriert sind und wenig oder gar kein störender karmischer Ballast vorhanden ist, arbeitet das System reibungslos und unqualifizierte Energie wird ohne Störung durch das menschliche Energiesystem fließen.

Es ist wichtig zu beachten, daß die Chakras nicht dazu bestimmt sind, qualifizierte Energie, in welcher Form auch immer, zu übertragen oder umzuwandeln. Darum sollte niemals qualifizierte Energie in die Chakras oder in das System der Meridiane, welche die Chakras miteinander verbinden, gebracht werden.

Gemeinsame Aufgaben der Chakras

Chakras sind vor allem energetische Tore oder Wirbel, die das Selbst mit den Welten und Dimensionen des höheren und niederen Verstandes und deren Funktionen und Aspekten sowie mit den Milz-Ebenen verbinden. Außerdem wandeln die Chakras das Bewußtsein des Selbst in Prana um und leiten es in Verbindung mit den Meridianen durch die Gemeinschaften der Energiekörper und deren entsprechenden Energieträgern.

In ihrer dritten Funktion dienen die Chakras als Umwandler, indem sie die Stufe (oder Frequenz) unqualifizierter Energie verändern. Diese Veränderungen geschehen von selbst, wann immer ein Energiekörper (Energieträger) und/ oder ein Aura-Feld einen Mangel an Energie hat. In diesem Fall fließt Prana in das zuständige Chakra und das Chakra wandelt diese Energie in die angemessene Frequenz um.

In ihrer vierten Funktion regulieren und harmonisieren die Chakras die Kräfte der Polarität und des Geschlechts, indem sie es ermöglichen, daß unqualifizierte Energie in vier Hauptrichtungen durch das menschliche Energiesystem bewegt wird: am Rücken nach oben, an der Vorderseite nach unten, vom Rücken zur Vorderseite nach vorn und von der Vorderseite zum Rücken nach hinten. Ein gesundes Gleichgewicht zwischen den Kräften der Polarität und des Geschlechts wird aufrechterhalten, indem Prana von einem Teil des Energiesystems zum anderen geleitet wird und so ein ausgeglichener Druck innerhalb des Energiesystems geschaffen wird; was wiederum den vollständigen Ausdruck von Gefühlen, Emotionen und des begrenzten menschlichen Bewußtseins steigert.

Als letztes dienen die Chakras auch als Sensoren oder Wahrnehmungsorgane. Zusammen mit der Oberfläche der Auras (und bisweilen mit den Funktionen und Aspekten des Verstandes) sowie mit der unqualifizierten Energie, die in den Aura-Feldern enthalten ist, ermöglichen es die Chakras, daß man zwischen verschiedenen Frequenzen von unqualifizierter und/oder qualifizierter Energie unterscheiden kann, die das menschliche Energiefeld beeinflussen.

Im Folgenden können Sie nachlesen wie Chakras Energie aus der äußeren Welt wahrnehmen. Unqualifizierte Energie oder qualifizierte Energie in Form von Wellen, Pools und Subfeldern schwingen auf einer besonderen Resonanz oder Frequenz. Wenn diese qualifizierte (oder unqualifizierte) Energie mit der Oberfläche der Aura (und/oder mit Funktionen und Aspekten des Verstandes, die sich über das Aura-Feld hinaus erstrecken können) in Berührung kommt, versetzt sie die Energie innerhalb dieses Feldes in Schwingung. Diese Schwingung wird nach innen zu dem Chakra transportiert, das auf die jeweilige Frequenz gestimmt ist. Das Chakra registriert diese Schwingung und leitet die gewonnene Information an die Bewußtseinszentren im höheren und niederen Verstand weiter, wo sie verarbeitet wird.

Die Chakras im persönlichen Körperraum

Yoga lehrt, daß sich die ersten sieben (höheren) und die beiden Milz-Chakras innerhalb des persönlichen Körperraumes befinden und daß der männliche Pol der ersten sieben Chakras in den Shushumna-Gouverneur-Meridian und der weibliche Pol in den Konzeptual-Meridian eintaucht. Die beiden Milz-Chakras liegen außerhalb des Systems der höheren und tieferen Chakras sowie der sie verbindenden Meridiane. Sie sind unmittelbar mit dem Selbst verbunden und befinden sich zwischen dem zweiten und dritten Chakra.

Die ersten sieben Chakras steuern das Leben in den Dimensionen der Gefühle, der Emotionen, des begrenzten menschlichen Bewußtseins, der Beziehungen und des seelischen Wohlbefindens. Die Milz-Chakras (das achte und das neunte Chakra im persönlichen Körperraum) regulieren das körperliche Wohlbefinden und integrieren den physisch-materiellen Körper und dessen ätherisches Doppel in das Energiesystem und in die Gemeinschaft der Energiekörper auf den Dimensionen des höheren und niederen Verstandes.

Im Folgenden finden Sie eine Beschreibung der Strukturen und Funktionen der Chakras im persönlichen Körperraum, beginnend mit dem ersten Chakra.

Das Muladhara-Chakra

Das erste Chakra im persönlichen Körperraum heißt Muladhara. Im Sanskrit bedeutet »Mula« »die Wurzel«, und »adhara« bedeutet »(unter)stützen« oder »versorgen«.

Das Muladhara-Chakra entspringt im Shushumna-Gouverneur-Meridian an der Basis der Wirbelsäule und zwar gleich hinter den Geschlechtsorganen an einem Punkt, der im physisch-materiellen Körper dem Damm entspricht. Von diesem Punkt aus windet sich der »Stiel« in einem Halbkreis nach unten und das Rad entspringt dem Konzeptual-Meridian, vierzehn Zentimeter unterhalb des Damms an einem Punkt mitten zwischen den Oberschenkeln.

Das Muladhara-Chakra steuert die Übertragung und Umwandlung unqualifizierter Energie im unteren Teil des persönlichen Körperraumes, einschließlich der Beine und Füße, sowie des unteren Rumpfes vom Damm bis zu einem Punkt zehn Zentimeter über ihm.

Wenn das erste Chakra richtig funktioniert, fühlt man sich in der physisch-materiellen Welt sicher und geborgen. Freude entsteht spontan und man fühlt sich nicht genötigt, die eigene Existenz, oder zu sein wer man ist, zu rechtfertigen. Darüber hinaus erkennt man, daß man selbst für sein Wohlbefinden verantwortlich ist und spürt kein Bedürfnis, andere um Beistand zu bitten.

Wird daß erste Chakra dagegen von karmischem Ballast gestört, wird das Leben auf Erden zur Prüfung, weil das Prana, das durch dieses Chakra strahlen sollte, blockiert ist. Das nimmt uns die Freude. Wenn der karmische Ballast, der die Funktion des ersten Chakras stört, außergewöhnlich groß ist, entsteht eine Todesangst, die sich als innerer Kampf ums ständige Überleben manifestiert.

Im Muladhara-Chakra entspringt auch die Kundalini-Shakti, die kraftvollste Prana-Quelle im menschlichen Energiesystem. Wenn die Kundalini-Shakti blockiert ist, leidet das gesamte Energiesystem darunter: Die Übertragung und Umwandlung von Prana ist gestört, Freude, die vom Prana-Fluß abhängig ist, wird eingeschränkt, Grenzen werden geschwächt und die synchronistische Funktion der Energiekörper und Organe des menschlichen Energiesystems arbeitet nicht mehr reibungslos.

Das Svadhistana-Chakra

Das zweite Chakra entspringt im Shushumna-Gouverneur-Meridian etwa neun Zentimeter über dem ersten Chakra. »Svad« bedeutet im Sanskrit »das, was sich selbst gehört« und »Dhisthana« meint »sein tatsächlicher Ort«. Vom männlichen Pol, der in den Shushumna-Gouverneur-Meridian eintaucht, erstreckt sich dieses Chakra nach vorn bis zu einem Punkt im Konzeptual-Meridian, der sechs Zentimeter unter dem Nabel liegt. Das zweite Chakra reguliert die Energie im horizontalen Teil des persönlichen Körperraumes vom Nabel bis zu einer Stelle, die sich zehn Zentimeter unter dem Chakra befindet.

Das zweite Chakra ist unter anderem für die Sexualität und die geschlechtliche Identität sowie für Kreativität und Vitalität verantwortlich. Wenn das Chakra aktiv ist, kann man seine Kreativität in der physisch-materiellen Welt durch den höheren und niederen Verstand ausdrücken. Vergnügen wird spontan als natürliche Reaktion auf menschliche Interaktionen und angemessenes Handeln entstehen.

Wut - die echte menschliche Emotion mit der niedrigsten mittleren Frequenz - wird vom zweiten Chakra reguliert. Wenn Angst oder körperliche (und energetische) Verspannungen den Energiestrom durch das Chakra einschränken, entsteht Wut.

Sind die Funktionen des zweiten Chakras gestört, läßt unsere Vitalität nach. Die Folge sind manchmal Depressionen, die chronisch werden können, wenn das Chakra mit zu vielen karmischen Ablagerungen belastet ist. Eine weitere mögliche Folge sind sexuelle Störungen bei Männern wie bei Frauen. Das wiederum kann zu Wutausbrüchen oder zu passiv-aggressiven Verhaltensmustern führen.

Das Manipura-Chakra

Das dritte Chakra entspringt im Shushumna-Gouverneur-Meridian, unmittelbar hinter dem Sonnengeflecht. »Manipura« bedeutet »Juwelenstadt«. Von seinem Ursprung im persönlichen Körperraum erstreckt dieses Chakra sich nach vorn bis zu einem Punkt, der dem unteren Ende des Brustbeines entspricht; dort mündet es direkt in den Konzeptual-Meridian.

Das Manipura-Chakra befaßt sich hauptsächlich mit Menschen, Orten und Dingen sowie mit unserer Beziehung zu Idealen, Institutionen, der Gemeinschaft und der Familie.

Das Gefühl der Zugehörigkeit, Freundschaft, Vertrauen, Zufriedenheit, Hingabe, sowie die Fähigkeit, in schweren Zeiten ruhig zu bleiben, werden vom dritten Chakra gesteuert. Das gleiche gilt für Status, emotionale Intimität und Wohlbefinden.

Wenn das Chakra gesund ist, sind wir zufrieden und nicht gezwungen, unsere Identität zu verleugnen, um Teil einer Gemeinschaft zu sein. Die Teilnahme wird auf Angemessenheit und nicht auf Abhängigkeit, Bedürfnissen, Kontrolle oder Manipulation gründen. Wenn eine Beziehung angemessen ist, wird sie eine natürliche Reaktion auf Umweltbedingungen sein, sie wird daher locker und verspielt sein. Diejenigen, die einen höheren Status haben, werden nicht auf Menschen herabsehen, die einen geringeren Status haben. Autorität wird respektiert, wenn sie es verdient hat und verweigert, wenn sie mißbraucht wird.

Das dritte Chakra steuert die Emotion der Furcht. Wenn es blockiert ist, reagieren wir mit Furcht, die chronisch werden kann, wenn das dritte Chakra längere Zeit zu wenig unqualifizierte Energie erhält.

Das Anahata-Chakra

Das vierte Chakra ist das Herz-Chakra. Es entspringt im Shushumna-Gouverneur-Meridian an einem Punkt, der dem achten Halswirbel entspricht. Anahata bedeutet im Sanskrit »nicht geschlagen«. Dieses Chakra erstreckt sich von seinem Ursprung nach vorn zur Mitte des Brustbeins bis hin zur Oberfläche des persönlichen Körperraumes. Es steuert den horizontalen Teil des persönlichen Körperraumes von einem Punkt, der fünf Zentimeter über dem Sonnengeflecht liegt, bis zu einem Punkt, der sich zweieinhalb Zentimeter unter dem oberen Ende des Brustbeines befindet.

Da das Herz-Chakra das Zentrum des intuitiven Bewußtseins ist, erfaßt man mit ihm den wahren Sinn der Dinge.

Auch werden die persönlichen Rechte eines Menschen durch das Herz-Chakra gewahrt. In der Welt des Geistes besteht es auf dem Recht, spirituell zu arbeiten und spirituelle Erfahrungen zu teilen, sofern dies angemessen ist, selbst wenn es dagegen innere (vom individuellen Verstand und Ego ausgehende) und äußere (von Menschen, Institutionen oder der Kultur ausgehende) Widerstände gibt. Außerdem bestärkt uns das vierte Chakra in dem Recht, den spirituellen Pfad selbst auszuwählen und öffentlich zu bekunden (sofern es angemessen ist), daß das Selbst die höchste Autorität ist, wenn es um Spiritualität geht, nicht etwa die Tradition, die Meinung der Mehrheit oder deren kulturelle und religiöse Einrichtungen.

In der Welt des Intellekts bekräftigt das Herz-Chakra das Recht, der Intuition, der Einsicht und den Funktionen des begrenzten menschlichen Bewußtseins zu vertrauen, einerlei, wie diese Funktionen sich intellektuell, kreativ, verbal, durch Metaphern, durch das geschriebene Wort oder durch die Künste ausdrücken.

In der Welt der Seele bewahrt das Herz-Chakra das Recht zu fühlen, Emotionen auszudrücken und zu verarbeiten und/oder deren Ausdruck zurückzuhalten, wenn die Umstände es erfordern. Wir haben das Recht, alle vier authentischen Emotionen - Wut, Furcht, Schmerz und Freude (deren Quelle die Chakras sind) - auszudrücken und zu verarbeiten. Keine äußere Autorität hat das Recht, jemandem Scham oder Schuldgefühle einzureden, wenn Emotionen spontan und/oder angemessen ausgedrückt werden.

In der Welt des niederen Verstandes begründet das Herz-Chakra das Recht, auf der Basis authentischer Verlangen, einschließlich Artha, Kama, Dharma und Moksha zu erfahren, zu fühlen und zu handeln (mehr über authentisches Verlangen in Kapitel 17).

Wichtig ist auch, daß sich das Fundament des »Zentrums« auf der Ebene des Herzens befindet. Bei Menschen, die sich noch entwickeln, ist das Zentrum das physische Herz; bei hoch entwickelten Menschen ist es das Herz-Chakra, und bei transzendenten Wesen ist es Atman (das Selbst), das rechts vom Herz-Chakras entspringt.

Das Herz-Chakra steuert die Emotion, die wir Schmerz nennen. Wenn das Chakra blockiert und seine Funktion gestört ist, entsteht Schmerz. Wenn das Chakra blockiert bleibt und man am individuellen Verstand und Ego anhaftet, können Hoffnungslosigkeit und Verzweiflung die Folge sein.

Das Visuddha-Chakra

Das fünfte Chakra entspringt an einem Punkt im Shushumna-Gouverneur-Meridian, der dem dritten Halswirbel entspricht, knapp unterhalb der Medulla oblongata [verlängertes Rückenmark]. Von dort aus setzt es sich nach vorn bis zu einem Punkt fort, welcher der Kehle entspricht. »Visuddha« bedeutet im Sanskrit »rein«. Das fünfte Chakra steuert den horizontalen Bereich des persönlichen Körperraumes, der sich von der Nasenwurzel bis zum unteren Ende der Kehle erstreckt.

Das Visuddha-Chakra kann als rein beschrieben werden, weil es Prana in bedingungslose Freude umwandelt, während das Prana durch den Shushumna-Gouverneur-Meridian nach oben fließt. Auf diese Weise reinigt das Chakra Emotionen, die entstehen, wenn die Energie aus dem zweiten, dritten und vierten Chakra blockiert oder behindert wurde.

Darüber hinaus steuert das fünfte Chakra den Selbstausdruck. Dazu gehören dessen verbale Form und die Art und Weise, wie wir Gefühle, Emotionen, Intellekt und Spiritualität äußern. Die gesunde Funktion dieses Chakras entscheidet darüber, wie viel Raum eine Person beanspruchen und wie leicht sie durch ihr Energiefeld und die Funktionen und Aspekte des Verstandes ausstrahlen und sich ausdrücken kann.

Wenn die Funktionen des Chakras gestört sind, kompensiert man möglicherweise die Unfähigkeit, sich selbst mit Hilfe des menschlichen Energiesystems und der Funktionen und Aspekte des Verstandes auszudrücken, indem man sich an qualifizierte Subfelder anhaftet und durch den individuellen Verstand und das Ego in Erscheinung tritt.

Die Emotion, die vom fünften Chakra gesteuert wird, ist Freude. Sie entsteht, wenn Prana nicht frei durch den Shushumna-Gouverneur-Meridian nach oben fließen kann, sondern durch das fünfte Chakra nach vorn fließt, anstatt nach oben durch den Meridian zu den höheren Chakras, wo es in Bewußtsein umgewandelt würde.

Das Ajna-Chakra

Das sechste Chakra entspringt an einem Punkt im Gouverneur-Shushumna-Meridian, der knapp über dem oberen Gaumen liegt. Von dort erstreckt es sich nach vorn und nach oben bis zu dem Punkt, der auf der Stirn genau zwischen den Augenbrauen liegt. »Ajna« bedeutet im Sanskrit »Befehl«.

Das Ajna-Chakra steuert den Teil des persönlichen Körperraumes, der an der Nasenwurzel beginnt und zweieinhalb Zentimeter über den Brauen endet. Eine wichtige Funktion dieses Chakras ist der Wille (die menschliche Absicht). Auch die Fähigkeit, zu visualisieren, sich etwas vorzustellen und Ideen zu entwickeln, hat ihren Ursprung im sechsten Chakra. Das gleiche gilt für deduktives Denken, das vernünftige Lösen von Problemen, Intuition und außersinnliche Fähigkeiten wie Wahrnehmung (die Fähigkeit Energiefelder zu spüren), Vorauswissen, Hellsehen, Hellhören und Hellfühlen.

Das sechste Chakra hat großen Einfluß auf das Gedächtnis. Wenn es gesund ist, erinnert man sich an Ereignisse, indem man die damit verbundenen Energiefelder wieder erfährt, auch jene, die sich als Gefühle, Emotionen und Empfindungen zeigen. Bei Erwachsenen kann die Erinnerung an Energiefelder, die mit vergangenen Ereignissen zusammenhängen, die dringend benötigte Verbindung zur Kindheit herstellen. Leider kann die Anhäufung von karmischem Ballast in den Welten und Dimensionen, die das sechste Chakra versorgt, diese Erinnerung von energetischen Feldern stören.

Das Ajna-Chakra steuert keine Emotion, aber wenn seine

Funktion gestört ist, kann die Fähigkeit Absichten auszudrücken, mit geistiger Klarheit nach außen zu treten und Probleme mehr durch Einsicht und Vernunft zu lösen, gestört werden.

Das Sahasrara-Chakra

Das siebte Chakra entspringt im Gouverneur-Shushumna-Meridian an einem Punkt, der drei Zentimeter über dem sechsten Chakra liegt. Von diesem Punkt innerhalb des persönlichen Körperraumes aus erstreckt es sich direkt nach oben bis zum Scheitel. »Sahasrara« bedeutet im Sanskrit »tausendblättriger Lotus«.

Einige alte Yoga-Schriften sind der Meinung, dieses Chakra befinde sich oberhalb des persönlichen Körperraumes und seine Frequenz transzendiere begrenztes, menschliches Bewußtsein. Andere Texte behaupten das Gegenteil. Sicher ist jedoch, daß das siebte Chakra als Brücke zwischen den Chakras im persönlichen Körperraum und den darüber liegenden dient. Tatsächlich kann man sich der höheren Dimensionen (derjenigen über dem persönlichen Körperraum) erst bewußt werden, wenn das siebte Chakra aktiviert ist und wenn man die Kundalini bis in das Kronen-Chakra hat aufsteigen lassen. Dann kann man erkennen, daß das Bewußtsein die Grenzen transzendiert, die der physisch-materielle Körper und die Organe des menschlichen Energiesystems einem setzen.

Das siebte Chakra spielt zudem eine zentrale Rolle bei der Regulierung des Drucks im persönlichen Körperraum. Dabei arbeitet es mit dem ersten Chakra und den kleinen Energiezentren in den Händen und Füßen zusammen.

Das siebte Chakra regelt keine Emotion; aber wenn es aktiv ist, stellt sich ein Gefühl der Ganzheit und/oder Erfüllung ein, das mit der Erkenntnis verbunden ist, daß die Beschränkungen, die der individuelle Verstand und das Ego sowie das kollektive Feld von Maya uns setzen, überwunden und nicht resignierend akzeptiert werden müssen.

Die Milz-Chakras

Über Lage und Funktion des zweiten Chakras herrscht seit über tausend Jahren Verwirrung. Einige Schriften des Yoga und des Tantra erklären das zweite Chakra zum Milz-Chakra, andere meinen, das zweite Chakra liege knapp unterhalb des Nabels (das ist die traditionelle Lage des zweiten Chakras), wieder andere behaupten sogar, das Milz-Chakra sei daß dritte Chakra und es gebe kein Chakra im Sonnengeflecht. Glücklicherweise wissen wir, daß die traditionellen sieben Chakras im persönlichen Körperraum sich an den zuvor beschriebenen Stellen befinden und daß es zwei zusätzliche Chakras gibt: das Milz-Chakra und das obere Milz-Chakra.

Das Milz-Chakra liegt an der Milz auf der linken Seite des persönlichen Körperraumes und das obere Milz-Chakra liegt ihm genau gegenüber (vgl. Kapitel 11, Abb. S. 180). Das zweite Chakra, das die sexuelle Energie steuert und das dritte Chakra, das alle Formen von Zugehörigkeit regelt, arbeiten mit den fünf anderen (traditionellen) Chakras im persönlichen Körperraum zusammen. Die Milz-Chakras dagegen funktionieren unabhängig. Beide haben die gleiche Struktur wie die traditionellen Chakras, doch sie sind unmittelbar mit dem Selbst verbunden und bleiben außerhalb des Systems der 140 Chakras, die den höheren und niederen Verstand mit Energie versorgen.

Das Prana, das die Milz-Chakras ausstrahlen, versorgt die Aktivitäten der Milz-Körper, den physisch-materiellen Körper (der im Yoga ein Energiekörper ist) und das ätherische Doppel. Nur wenn die beiden Milz-Chakras gesund sind, ist die Spiritualität im physisch-materiellen Körper und seinem ätherischen Doppel verwurzelt, und nur dann können die täglichen Anforderungen und Verantwortlichkeiten des Lebens auf der physisch-materiellen Ebene mit den Funktionen des höheren und niederen Verstandes verbunden werden. Das Prana, dessen Quelle die Milz-Chakras sind, verbindet mit der Erde und mit den Geschöpfen, mit denen man die Erde bewohnt.

Damit die Milz-Chakras auf gesunde Weise funktionieren und mit den Energiekörpern und Energieträgern des höheren und niederen Verstandes synchron zusammenarbeiten, müssen die ›Milz-Körper‹, die von den Milz-Chakras versorgt werden, fest im persönlichen Körperraum verankert sein. Wenn die Milz-Körper vertikal integriert sind und die Milz-Chakras einwandfrei arbeiten, ist man gegen die Nötigungen und Verführungen des individuellen Verstandes und des Ego gewappnet, die normale Aktivitäten in der physisch-materiellen Welt wie Essen, Arbeiten, intime Beziehungen verdammen und versuchen, sie durch eine falsche Spiritualität zu ersetzen, die sich in diese Aktivitäten einmischt und/ oder sie zurückweist.

➡ Aktivieren der Milz-Chakras

In den vorangegangenen Kapiteln haben Sie gelernt, die sieben traditionellen Chakras im persönlichen Körperraum zu aktivieren. In den beiden folgenden Übungen aktivieren Sie das achte und daß neunte Chakra (das Milz-Chakra und das obere Milz-Chakra) und erfahren ihre einzigartige Resonanz. Ihre erklärte Absicht in der ersten Übung wird sein: »Es ist meine Absicht, mein Milz-Chakra zu aktivieren und nach innen zu schauen, auf der Milz-Ebene.«

Setzen Sie sich aufrecht und bequem hin, entspannen Sie sich mit der Standardmethode und bringen Sie die bewußte und unbewußte mentale Aktivität ins Gleichgewicht. Aktivieren Sie die Rückseite des Herz-Chakras und zentrieren Sie sich dort. Dann teilen Sie Ihre Aufmerksamkeit und aktivieren die Vorderseite des Herz-Chakras. Nachdem die Vorderseite des Herz-Chakras aktiviert ist erklären Sie ihre Absicht. Erklären Sie: »Es ist meine Absicht, meine Aufmerksamkeit zu teilen und die Rückseite meines Milz-Chakras zu aktivieren.« Nehmen Sie sich einige Augenblicke Zeit, um die Veränderung zu erfahren und erklären Sie dann: »Es ist meine

Absicht, meine Aufmerksamkeit zu teilen und die Vorderseite meines Milz-Chakras zu aktivieren.« Wenn die Vorderseite aktiviert ist, erklären Sie: »Es ist meine Absicht, nach innen zu schauen auf die Ebene meines Milz-Chakras.«
Genießen Sie die Meditation fünfzehn Minuten. Ziehen Sie dann Ihre zweite Aufmerksamkeit zurück, und zählen Sie von eins bis fünf. Bei »fünf« öffnen Sie die Augen. Jetzt fühlen Sie sich hellwach, völlig entspannt und wohler als zuvor.
Als nächstes aktivieren Sie das obere Milz-Chakra und schauen nach innen auf die Ebene ihres oberen Milz-Chakras. Ihre erklärte Absicht für diese Übung lautet: »Es ist meine Absicht, mein oberes Milz-Chakra zu aktivieren und nach innen zu schauen auf die Ebene meines oberen Milz-Chakras.« Fahren Sie fort, indem Sie den Anweisungen der vorangegangen Übung folgen.
Obwohl Menschen verschiedenste Techniken anwenden, um sich zu zentrieren, ist es wichtig zu wissen, daß es keine wirkliche Zentrierung und keine (notwendige) Basis für fortgeschrittene Energiearbeit geben wird, solange das Milz- und das obere Milz-Chakra nicht richtig aktiviert sind.

Chakra-Paare

Im persönlichen Körperraum bestehen Chakra-Paare aus zwei Chakras mit komplementären Funktionen, die ihre Aktivitäten koordinieren. Ihre Beziehung beeinflußt beider Wohlbefinden und das der Energiekörper und Energieträger, die sie versorgen.

Wenn bei einem der Partner die Funktion gestört ist, entstehen Symptome in beiden Chakras. Wenn die Störung stark genug ist und das betroffene Chakra empfindungslos wird, entwickelt dessen Partner akute Symptome, die wesentlich leichter zu bemerken und zu diagnostizieren sind. Diese akuten Symptome können sich als Schmerz, Druck und/oder der Einschränkung physischer Funktionen (z.B. Atmung, Verdauung, Sexualfunktion und Ausscheidung) manifestieren.

Es ist wichtig, sich der komplementären Funktionen beider Chakras bewußt zu werden, denn die Symptome in einem Chakra (Muskelverspannungen, Unbehagen, Schmerzen usw.) können ein tieferes Problem in seinem Partner verschleiern.

Wenn die Funktion eines Chakras durch Streß, Schock oder Trauma gestört sind, kann das Chakra taub (empfindungslos) werden. Dieser Zustand kann unbemerkt bleiben, wenn der Betroffene nicht in der Lage ist, feinstoffliche Veränderungen in der nicht-physischen Umgebung wahrzunehmen. Auch wenn der Partner nicht vom selben Trauma betroffen ist, wird er, aufgrund der Beziehung zum betroffenen Chakra, Symptome entwickeln. Solche Symptome sind zwar unangenehm, aber für die Diagnose sehr nützlich.

Chakra-Paare bilden das erste und das dritte Chakra, das zweite und das fünfte Chakra sowie das vierte und das sechste Chakra. Außerdem gibt es noch eine besondere dreifache Partnerschaft zwischen dem ersten und siebten Chakra und den kleinen Energiezentren in den Händen und Füßen.

Das erste Chakra-Paar: Das erste und das dritte Chakra bilden das erste Paar, da ihre Aufgaben einander ergänzen: Sie sorgen für Stabilität, Sicherheit und Lebensfreude. Das erste Chakra reguliert Energiefrequenzen, die mit dem Gefühl verbunden sind, sich in seinem persönlichen Körperraum sicher zu fühlen. Dies kann man sich als das ›unveräußerliche Recht zu existieren‹ vorstellen. Außerdem steuert dieses Chakra die Frequenz der Energie, die uns Lebensfreude vermittelt (die alle Kreaturen genießen) – ein Zeichen für eine gesunde Beziehung zur physisch-materiellen Welt und zu den Welten des höheren und niederen Verstandes.

Das dritte Chakra reguliert die Frequenzen der Energie, die unseren Gemeinschaftsgeist, unseren Status und unsere Sicherheit innerhalb einer Beziehung beeinflussen. Wenn dieses Chakra gesund ist, wird man sich in Beziehungen stabil und sicher fühlen und die Früchte beidseitiger Empathie und Intimität sowie gegenseitigen Vertrauens genießen können.

In der Welt des niederen Verstandes manifestiert sich Sicherheit als das Recht zu leben, ohne sich dafür rechtfertigen zu müssen. In der Welt der Seele manifestiert sie sich als Verlangen den seelischen Bedürfnissen in allen angemessenen Umständen nachzugehen. In der Welt des Intellekts bedeutet sie das Recht auf ein menschliches Bewußtsein und diesem schöpferisch Ausdruck zu verleihen. In der Welt des Geistes manifestiert sich diese Sicherheit als das Recht, die Einheit zu erfahren, Wissen zu nutzen und ohne Bindung an das kollektive Feld der Maya zu leben.

Das zweite Chakra-Paar: Das zweite und das fünfte Chakra sind das nächste Paar. Auch ihre Partnerschaft beruht auf komplementären Funktionen: Sie regulieren zusammen Selbstausdruck und Freude. Das umfaßt bedingte und bedingungslose Freude. Bedingte Freude basiert darauf, ein multidimensionales Wohlgefühl zu erreichen, während der Ausdruck von bedingungsloser Freude keinen externen Katalysator benötigt.

Das zweite Chakra reguliert die Frequenzen der Energie, die für den Selbstausdruck auf den fundamentalsten Ebenen verantwortlich ist: Ausdruck der Sexualität, der Vitalität und der Kreativität, was wir mit allen empfindenden Wesen gemeinsam haben. Außerdem reguliert es die Frequenz der Energie, die das Vergnügen mit einem klaren Ziel auslöst (sexuelle Lust, Befriedigung durch gute Arbeit oder Anerkennung durch Gleichgestellte usw.).

Das fünfte Chakra steuert den verbalen und nonverbalen

Ausdruck durch die Körpersprache sowie die Frequenzen der Energie, die für bedingungslose Freude verantwortlich ist. Bedingungslose Freude gibt es a priori in allen Menschen und tritt in die bewußte Wahrnehmung, sobald das fünfte Chakra aktiv wird. Das menschliche Energiesystem und die Organe des physisch-materiellen Körpers können bedingungslose Freude ausdrücken. In den Dimensionen des höheren und niederen Verstandes äußern wir diese Freude durch Intimität und/oder Einfühlungsvermögen, die durch die Funktionen und Aspekte des Verstandes in der äußeren Welt erscheinen.

Das dritte Chakra-Paar: Das dritte Chakra-Paar besteht aus dem vierten und sechsten Chakra. Die grundlegenden menschlichen Rechte zu erkennen und zu sichern, ist die gemeinsame Rolle dieser Partnerschaft. In der Welt des niederen Verstandes sichert das vierte Chakra das Recht seine authentischen Verlangen zu erfahren, auszudrükken und aufzulösen.

In der Welt des niederen Verstandes bekräftigt das vierte Chakra unser Recht, die Erfordernisse authentischer Verlangen zu erfahren, auszudrücken und zu befriedigen. In der Welt der Seele verteidigt es unser Recht, Gefühle und Emotionen zu empfinden, zu äußern und aufzulösen. In der Welt des Intellekts bekräftigt es unser Recht, die Absicht des höheren und niederen Verstandes durch das begrenzte menschliche Bewußtsein zu erfahren und auszudrücken. Und in der Welt des Geistes bekräftigt es unser Recht, die Absicht des transzendenten Bewußtseins zu erfahren und auszudrücken.

Das sechste Chakra schützt unsere natürlichen Rechte durch seinen Einfluß auf den Willen. Der Wille hat zwei Ausdrucksmöglichkeiten: Er kann sich durch angemessenes Handeln und die vier Arten des echten Verlangens (deren Quelle die Körper des Verlangens sind) manifestieren, oder er kann als kombinierter Wille der CECs im individuellen Verstand und Ego in Erscheinung treten. Wenn das sechste Chakra einwandfrei und synchron mit seinem Partner, dem vierten Chakra, zusammenarbeitet, werden die persönlichen Rechte durch angemessenes Handeln gesichert. Wenn es gestört ist, werden der Wille des Selbst und die natürlichen Rechte, die durch korrektes Handeln und echtes Verlangen zum Ausdruck kommen, von der Last des karmischen Ballastes und vom kollektiven Willen der CECs darin überwältigt.

Der kollektive Wille des individuellen Verstandes und des Ego ist die Durchdringung des persönlichen Körperraumes. Daher verzichtet eine Person auf ihre ureigenen Rechte, wenn sie angemessene Aktivitäten aufgibt. Und aufgrund dieses Fehlers fallen diese Rechte unter die Herrschaft des individuellen Verstandes und des Ego. Diese Form der »Kapitulation«, die sich bisweilen als »Offenheit« tarnt, wird das menschliche Energiesystem stören, weil sie die Ansammlung von karmischem Ballast im menschlichen Energiefeld zuläßt und bisweilen sogar erlaubt, daß dieser in den persönlichen Körperraum eindringt. Schlimmer noch: Sie gestattet es dem individuellen Verstand und dem Ego, die Funktionen und Aktivitäten des höheren und niederen Verstandes an sich zu reißen.

Wenn der Wille des individuellen Verstandes und des Ego das vierte Chakra überwältigt, verdrängt das Bedürfnis, zu glauben und zu verstehen, das Recht sich Wissen durch ständige Entwicklung anzueignen und auszudrücken. Das sechste Chakra spielt bei diesem Aneignungsprozeß eine wichtige Rolle, weil es unser angemessenes Handeln und das Dharma unterstützt und weil es (in Zusammenarbeit mit dem Herz-Chakra) die Fähigkeit fördert, Energiefelder zu unterscheiden.

Das erste und das siebte Chakra und die kleinen Energiezentren: Die funktionale Partnerschaft zwischen dem ersten und dem siebten Chakra sowie den kleinen Energiezentren in den Händen und Füßen basiert darauf, daß sie eine Rolle dabei spielen, den Druck im menschlichen Energiesystem zu regulieren. Wie im Kreislaufsystem des physisch-materiellen Körpers funktionieren auch die Organe des menschlichen Energiesystems unter Druck in einem geschlossenen System. Dieser Druck erleichtert den Strom unqualifizierter Energie durch die Chakras, Auras und Meridiane und sorgt für ein gesundes Gleichgewicht zwischen den Polaritäten und der Geschlechtlichkeit.

Das erste und das siebte Chakra dienen auch als Brükken, welche die Chakras im persönlichen Körperraum mit den darunter und darüber liegenden Chakras verbinden. Die Chakras über und unter dem persönlichen Körperraum befassen sich mit Transzendenz-Themen, während die Chakras innerhalb des persönlichen Körperraumes unserem physischen und psychischen Überleben dienen. Das erste und das siebte Chakra verbinden diese scheinbar grundverschiedenen Bereiche miteinander.

➡ Meditation über das erste Chakra-Paar

Diese Meditation soll Ihnen ein zunehmendes Bewußtwerden der einander ergänzenden Aufgaben und der Frequenz des ersten Chakra-Paares ermöglichen. Ihre erklärte Absicht lautet: »Es ist meine Absicht, das erste Chakra-Paar zu aktivieren und nach innen zu schauen, in die Welt der Seele, auf die Ebenen des ersten und des dritten Chakras.«

Setzen Sie sich aufrecht und bequem hin, entspannen Sie sich mit der Standardmethode und bringen Sie die bewußte und unbewußte mentale Aktivität ins Gleichgewicht. Aktivieren Sie die Rückseite des Herz-Chakras und zentrieren Sie sich dort. Dann teilen Sie Ihre Aufmerksamkeit und aktivieren Sie die Vorderseite des Herz-

Chakras. Wenn die Vorderseite aktiviert ist, erklären Sie Ihre Absicht: »Es ist meine Absicht, meine Aufmerksamkeit zu teilen und die Rückseite meines ersten Chakras zu aktivieren.« Wenn die Rückseite des Chakras aktiviert ist bekräftigen Sie: »Es ist meine Absicht, meine Aufmerksamkeit zu teilen und die Vorderseite meines ersten Chakras zu aktivieren.« Nehmen Sie sich einen Moment Zeit, um die Aktivität des ersten Chakras zu erfahren. Erklären Sie dann: Es ist meine Absicht, meine Aufmerksamkeit zu teilen und die Rückseite meines dritten Chakras zu aktivieren.« Anschließend bekräftigen Sie: »Es ist meine Absicht, meine Aufmerksamkeit zu teilen und die Vorderseite meines dritten Chakras zu aktivieren.« Sobald beide Chakras aktiv sind, bekräftigen Sie: »Es ist meine Absicht, nach innen zu schauen, in die Welt der Seele, auf die Ebenen des ersten und des dritten Chakras.«

Genießen Sie die Meditation etwa fünfzehn Minuten. Dann zählen Sie von eins bis fünf. Bei »fünf« öffnen Sie die Augen. Jetzt fühlen Sie sich hellwach, völlig entspannt und wohler als zuvor.

➡ Meditation über das zweite Chakra-Paar

Nun aktivieren Sie das zweite und das fünfte Chakra und schauen nach innen in die Welt der Seele. Ihre erklärte Absicht lautet: »Es ist meine Absicht, das zweite Chakra-Paar zu aktivieren und nach innen in die Welt der Seele, auf die Ebenen des zweiten und des fünften Chakras zu schauen.«

Setzen Sie sich aufrecht und bequem hin, entspannen Sie sich mit der Standardmethode und bringen Sie die bewußte und unbewußte mentale Aktivität ins Gleichgewicht. Aktivieren Sie die Rückseite des Herz-Chakras und zentrieren Sie sich dort. Wenn Sie zentriert sind, teilen Sie Ihre Aufmerksamkeit und aktivieren Sie die Vorderseite des Herz-Chakras. Erklären Sie dann Ihre Ab-

sicht: »Es ist meine Absicht, meine Aufmerksamkeit zu teilen und die Rückseite meines zweiten Chakras zu aktivieren.« Danach bekräftigen Sie: »Es ist meine Absicht, meine Aufmerksamkeit zu teilen und die Vorderseite meines zweiten Chakras zu aktivieren.« Nehmen Sie sich eine Weile, um die Aktivität des zweiten Chakras zu erfahren und bekräftigen Sie dann: »Es ist meine Absicht, meine Aufmerksamkeit zu teilen und die Rückseite meines fünften Chakras zu aktivieren.« Anschließend bekräftigen Sie: »Es ist meine Absicht, meine Aufmerksamkeit zu teilen und die Vorderseite meines fünften Chakras zu aktivieren.« Sobald beide Chakras aktiv sind, bekräftigen Sie: »Es ist meine Absicht, nach innen zu schauen in die Welt der Seele, auf die Ebenen des zweiten und fünften Chakras.«

Genießen Sie die Meditation etwa fünfzehn Minuten. Zählen Sie danach von eins bis fünf. Bei »fünf« öffnen Sie die Augen. Jetzt fühlen Sie sich hellwach, völlig entspannt und wohler als zuvor.

➠ Meditation über das dritte Chakra-Paar

Zum Schluß aktivieren Sie das vierte und das sechste Chakra und schauen wieder nach innen in die Welt der Seele. Ihre erklärte Absicht lautet: »Es ist meine Absicht, das dritte Chakra-Paar zu aktivieren und nach innen in die Welt der Seele, auf die Ebenen des vierten und des sechsten Chakras zu schauen.«

Setzen Sie sich aufrecht und bequem hin, entspannen Sie sich mit der Standardmethode und bringen Sie die bewußte und unbewußte mentale Aktivität ins Gleichgewicht. Aktivieren Sie die Rückseite des Herz-Chakras und zentrieren Sie sich dort. Teilen Sie Ihre Aufmerksamkeit und aktivieren Sie die Vorderseite des Herz-Chakras. Erklären Sie dann Ihre Absicht: »Es ist meine Absicht, meine Aufmerksamkeit zu teilen und die Rückseite meines sechsten Chakras zu aktivieren.« Dann bekräftigen

Sie: »Es ist meine Absicht, meine Aufmerksamkeit zu teilen und die Vorderseite meines sechsten Chakras zu aktivieren.« Sobald beide Chakras aktiv sind, bekräftigen Sie: »Es ist meine Absicht, nach innen zu schauen in die Welt der Seele, auf die Ebenen des vierten und des sechsten Chakras.«
Genießen Sie die Meditation etwa fünfzehn Minuten. Nach fünfzehn Minuten zählen Sie von eins bis fünf. Bei »fünf« öffnen Sie die Augen. Jetzt fühlen Sie sich hellwach, völlig entspannt und wohler als zuvor.

Die folgenden zusätzlichen Übungen machen Ihnen die Chakra-Paare und ihre Aufgaben noch bewußter:

1. *Meditation über das erste Paar: Schauen Sie nach innen in die Welt des Geistes, auf die Ebenen des ersten und dritten Chakras.*
2. *Meditation über das erste Paar: Schauen Sie nach innen in die Welt des niederen Verstandes, auf die Ebenen des ersten und dritten Chakras.*
3. *Meditation über das zweite Paar: Schauen Sie nach innen in die Welt der Chakras, auf die Ebenen des zweiten und fünften Chakras.*
4. *Meditation über das zweite Paar: Schauen Sie nach innen in die Welt des Geistes, auf die Ebenen des zweiten und fünften Chakras.*
5. *Meditation über das dritte Paar: Schauen Sie nach innen in die Welt des niederen Verstandes, auf die Ebenen des vierten und sechsten Chakras.*
6. *Meditation über das dritte Paar: Schauen Sie nach innen in die Welt des Intellekts auf die Ebenen des vierten und sechsten Chakras.*

Kapitel 12

»Das Tao zeugte eins.
Eins zeugte zwei.
Zwei zeugte drei.
Und drei zeugte die zehntausend Dinge.
Die zehntausend Dinge tragen Yin und Yang in sich.
Sie erlangen Harmonie, indem sie diese Kräfte vereinen.«
Lao-tsu (Nr. 42)

Die Meridiane und die kleinen Energiezentren

Ergänzend zum System der Chakras (teilweise mit ihnen zusammenarbeitend) gibt es das System der Meridiane (Nadis entsprechen in der yogischen Nomenklatur den Meridianen). Die Meridiane sind Energieströme, welche die Chakras miteinander verbinden und unqualifizierte Energie ins menschliche Energiesystem leiten. Dadurch versorgen sie den höheren und niederen Verstand mit Prana, halten das Energiesystem im Gleichgewicht und sorgen dafür, daß die Aura-Grenzen erhalten bleiben.

Das System der Meridiane, die im Yoga auch Nadis genannt werden, ergänzt die Funktionen der Chakras und arbeitet bisweilen mit diesen zusammen. Das Wort »Nadi« ist von der Wurzel »Nad« abgeleitet, was im Sanskrit »hohler Stiel« bedeutet. Der Ausdruck »Meridian« ist ein englisches Derivat des chinesischen Wortes »jingxian«. Obwohl es Unterschiede zwischen dem System der Meridiane und Nadis gibt, stimmen die alten chinesischen und indischen Schriften darin überein, daß diese Energieströme sehr zahlreich sind.

Unser heutiges Wissen über die Meridiane stammt aus

China und Indien. Deshalb war die Überraschung groß, als man im Jahr 1990 in den österreichischen Alpen den mumifizierten Leichnam eines Mannes aus der Bronzezeit fand, der auf seinem Körper Tätowierungen hatte, die Akupunkturpunkte zu sein schienen. Deren genauere Untersuchung brachte überraschende Ergebnisse. Ärzte studierten das Bindegewebe des Toten und stellten fest, daß er an Arthritis gelitten hatte. Die Punkte, welche die Tätowierungen hervorhoben, waren genau die gleichen, die ein moderner Akupunkteur stimulieren würde, um diese Krankheit zu behandeln!

Die Struktur der Meridiane

Obwohl die Meridiane in funktionaler Hinsicht den Venen und Arterien des Kreislaufsystems (welche Blut und Nährstoffe in den ganzen physischen-materiellen Körper befördern) entsprechen, ähneln sie strukturell sehr den Strömungen im Wasser und in der Luft, wie sie im Meer, bzw. der Atmosphäre vorkommen. Während die Venen und Arterien eine präzise Struktur besitzen (im wesentlichen handelt es sich um lange, elastische Röhren mit einer festen Form, Oberflächenbeschaffenheit und Aufnahmekapazität), sind Meridiane Ströme aus unqualifizierter Energie, deren Größe, Form und Tragkraft von der beförderten Energiemenge, dem Zustand des ersten und siebten Chakras und der kleinen Energiezentren sowie dem sich ändernden Druck der benachbarten qualifizierten Subfelder abhängen. Ihre einzigartige Struktur (oder deren Fehlen) ermöglicht es ihnen, ihre Größe und Beförderungskapazität schnell zu verändern und bei Bedarf sogar die Position zu wechseln, wenn sich die Qualität und die Quantität des Prana, das durch sie hindurch fließt, ändert. Es ist gar nicht ungewöhnlich, daß Meridiane ihre Lage wechseln oder von einer Seite zur anderen »springen«, wenn das Volumen des beförderten Prana oder die Verhältnisse in der näheren Umgebung sich ändern.

Der Shushumna, der Ida und der Pingala sind gute Beispiele dafür. Sie befinden sich an der Rückseite des persönlichen Körperraumes, und die alten Texte beschreiben, wie sie anschwellen, wenn die Kundalini-Shakti aufgestiegen ist, und wie sie sich strukturell und funktional zu einem mächtigen Kanal vereinigen, sobald Kundalini-Shakti das Kronen-Chakra erreicht hat.

Die Funktion der Meridiane

Individuell wie auch kollektiv erfüllen Meridiane fünf wichtige Funktionen: Sie verbinden die Organe des menschlichen Energiesystems miteinander und leiten unqualifizierte Energie von einem Teil des Systems in einen anderen. Insofern dienen sie als Brücken von einem Chakra zum anderen und zwischen den Chakras und den kleinen Energiezentren in den Händen und Füßen.

Durch Ausdehnung verbinden die Hauptmeridiane die Chakras oberhalb und unterhalb des persönlichen Körperraumes mit den Chakras im Körperraum. Das ermöglicht einen Überfluß an Energie, der durch die höheren und niederen Chakras in die Auras strömt und dafür sorgt, daß sie mit Prana gefüllt sind und ihre Oberfläche straff gespannt hält, um dem Eindringen von qualifizierter Energie widerstehen zu können.

Die Meridiane helfen, den Druck im menschlichen Energiefeld zu regulieren. Dies gelingt ihnen durch Ausdehnung, bzw. Kontraktion, sowie sich die Menge an unqualifizierter Energie verändert und, je nachdem wie es benötigt wird, durch Verlagerung unqualifizierter Energie von einem Teil des menschlichen Energiesystems in einen anderen.

Die Meridiane lösen Toxine, die sich in den Energiekörpern und in den mit ihnen korrespondierenden Energieträgern angesammelt haben. Die toxische Energie innerhalb eines Energiekörpers (oder Energieträgers) wird in das System der Meridiane absorbiert, das die Toxine zu einem geeigneten Chakra transportieren wird, das wiederum die Teilchen dieser toxischen Energie in das umgebende Aura-Feld ausstoßen wird. Diese Teilchen verflüchtigen sich dann von selbst durch die Poren der Aura-Oberfläche in die äußere Umwelt.

In ihrer letzten Funktion ermöglichen Meridiane unqualifizierter Energie, die bereit ist, für den Quantensprung, von den Milzebenen in den physisch-materiellen Körper (und sein ätherisches Doppel) übermittelt zu werden. Diese jetzt verfügbare Energie wird genutzt, um die Nerven zu versorgen und die Funktionen des physisch-materiellen Körpers mit ihren korrespondierenden Energieträgern zu integrieren, so daß alle Energieträger (inklusive der Milzkörper) synchron auf äußere Reize reagieren werden.

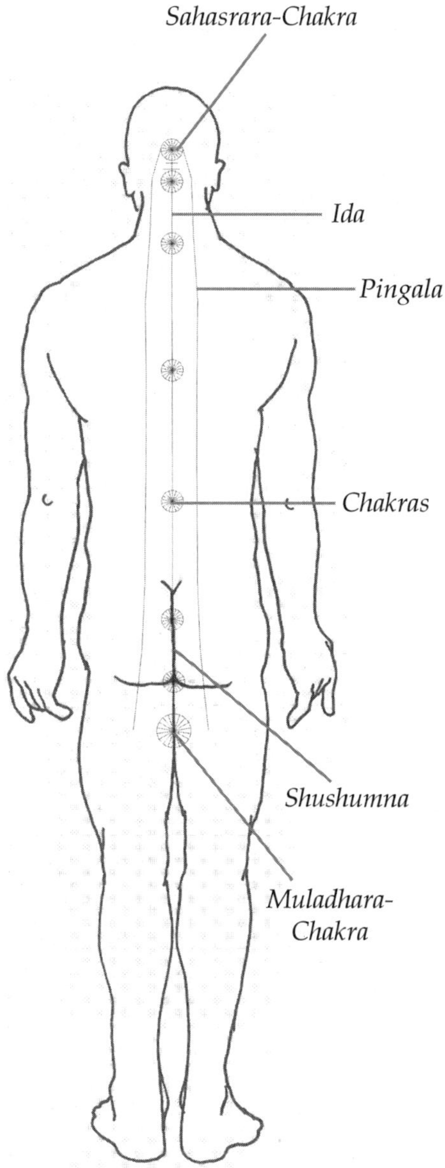

Die herrschenden Meridiane

Das tantrische System des Yoga lehrt uns, daß der Shushumna, der Ida und der Pingala die herrschenden Nadis oder Meridiane sind (siehe Abb. rechts). Der Shushumna-(Gouverneur)-Meridian entspringt an einer Stelle des persönlichen Körperraumes, die dem Muladhara-Chakra entspricht und verläuft auf seinem Weg zur Krone durch die männlichen Pole der sieben traditionellen Chakras. Der Ida und der Pingala entspringen an den Seiten des ersten Chakras. Dann verläuft der Ida links vom Shushumna-Gouverneur nach oben zum linken Nasenloch, während der Pingala rechts vom Shushumna-Gouverneur zum rechten Nasenloch führt. Beide münden beim Ajna-Zentrum (dem sechsten Chakra) wieder in den Shushumna-Gouverneur.

Einige alte Texte behaupten zwar, Ida und Pingala könnten von diesem Weg abweichen; aber alle tantrischen Schriften stimmen darin überein, daß der Ida links und der Pingala rechts von der Wirbelsäule nach oben verlaufen.

Es ist jedoch wichtig, daß die beiden Meridiane durch die Nasenlöcher führen, denn das bestätigt die Lehre des Yoga, daß wir den Energiestrom im Energiesystem durch die Atmung steuern können. Außerdem wird dadurch klar, warum das Ajna-Zentrum, welches sich hauptsächlich auf das begrenzte Bewußtsein, das Gedächtnis und die Entwicklung paranormaler Fähigkeiten bezieht, ein wichtiger Teil des Systems ist, das die Übertragung und Umwandlung von Prana im menschlichen Energiefeld reguliert.

Die chinesische Medizin lehrt, daß die Meridiane Chi (Chi ist identisch mit Prana) durch den Körper leiten und daß mehr als 2000 Akupunkturpunkte auf den Hauptmeridianen liegen. Die folgende Liste beschreibt kurz acht Meridiane, die für die Gesundheit des menschlichen Energiesystems bedeutsam sind.

1. ***Tu Mo:*** Der Tu Mo beginnt an einer Stelle im persönlichen Körperraum, die der Basis des Penis oder der Vagina entspricht und läuft dann durch die Wirbelsäule zum Gehirn. Er heißt Gouverneur und ist der Kanal der Kontrolle. Es ist identisch mit dem Shushumna Nadi, das im Yoga beschrieben wird.
2. ***Jen Mo:*** Der Jen Mo entspringt an einer Stelle im persönlichen Körperraum, die der Basis des Penis oder der Vagina entspricht und läuft dann durch den Bauch, den Brustkorb und den Hals zum Gehirn. Manche Texte nennen ihn Konzeptual-Meridian, und er ist der Kanal der Funktion.

3. ***Tai Mo:*** Der Tai Mo beginnt an einem Punkt im persönlichen Körperraum, der dem Nabel entspricht und bildet einen Gürtel um den Bauch. Man nennt ihn daher den »Gürtelkanal«.
4. ***Ch'ung Mo:*** Der Ch'ung Mo beginnt an einer Stelle im persönlichen Körperraum, die der Basis des Penis oder der Vagina entspricht und läuft dann zwischen dem Tu Mo und dem Jen Mo Kanal nach oben bis zum Herzen. Er wird der stoßende Kanal genannt.
5. ***Yang Yu:*** Die (zwei) Yang Yu Meridiane sind maskuline Kanäle in beiden Armen. Sie verbinden die Schultern mit der Mitte der Handflächen, die sie über die Mittelfinger erreichen. Zusammen mit den Yin Yu bilden sie die kleinen Energiezentren in den Händen.
6. ***Yin Yu*:** Die Yin Yus sind feminine Armkanäle, sie verbinden die Zentren in den Handflächen mit dem Brustkorb. Sie verlaufen entlang der Innenseite des Arms.
   Die Energiezentren in den Handflächen spielen eine wichtige Rolle beim Heilen und beim Regulieren des Drucks im Energiesystem und gelten als Energiezentren eigener Art, die oft auch »kleine Energiezentren« oder »kleine Chakras« genannt werden.
7. ***Yang Chiao:*** Die (zwei) Yang Chiao Meridiane, die an einem zentralen Punkt in den Fußsohlen beginnen, an der Außenseite der Knöchel und Beine nach oben steigen und sich an der Basis des Penis oder der Vagina mit weiteren Meridianen verbinden. (Zusammen mit den Yin Chiao Meridianen bilden sie die kleinen Energiezentren in den Füßen).
8. ***Yin Chiao:*** Die Yin Chiao Meridiane, die an einem zentralen Punkt in den Fußsohlen entspringen, laufen an der Innenseite der Knöchel und Beine nach oben entlang, wo sie sich an der Basis des Penis oder der Vagina mit weiteren Meridianen verbinden. Man nennt sie auch »negative Kanäle der Beine« da sie ›Yin‹ sind, im Gegensatz zu den positiven ›Yang‹ Chiao Meridianen.

Die Zentren in den Fußsohlen setzen sich aus Yin Chiao und Yang Chiao zusammen und werden kleine Energiezentren genannt. Sie spielen eine wichtige Rolle bei der Regulierung des Drucks im menschlichen Energiesystem. Die folgenden zwei Übungen sind dazu bestimmt, die Funktionen der kleinen Energiezentren zu optimieren und den Strom unqualifizierter Energie durch die Hauptmeridiane anzuregen.

➡ Yin Yu und Yang Yu Meditation

Die Yin Yu und Yang Yu Meditation ist darauf angelegt, den Prana-Strom im Kreislauf, den die Meridiane bilden und der sich jeweils in den Händen vereinigt, anzuregen und zwar erst auf der linken und dann auf der rechten Seite. Wenn der Prana-Fluß in jedem der Kreisläufe zunimmt, werden Ihre kleinen Energiezentren aktiver und Sie werden wertvolle Informationen über deren Zustand erhalten.

Ihre erklärte Absicht lautet: »Es ist meine Absicht, die Energiezentren in meinen Handflächen zu aktivieren.« Setzen Sie sich aufrecht und bequem hin, entspannen Sie sich mit der Standardmethode und bringen Sie die bewußte und unbewußte mentale Aktivität ins Gleichgewicht. Aktivieren Sie die Rückseite des Herz-Chakras und zentrieren Sie sich dort. Wenn Sie zentriert sind, teilen Sie Ihre Aufmerksamkeit und aktivieren die Vorderseite des Herz-Chakras. Erklären Sie dann Ihre Absicht: »Es ist meine Absicht, meine Aufmerksamkeit zu teilen und meine zweite Aufmerksamkeit an das obere Ende des Yang Yu Meridian an der rechten Seite des persönlichen Körperraumes zu verlagern.« Sofern keine Blockaden vorhanden sind, wird in dem Moment, in dem Ihre zweite Aufmerksamkeit das Yang Yu erreicht, der Prana-Fluß durch diesen Meridian Ihre zweite Aufmerksamkeit mit nach unten hin, zum Ende des Meridians, in der Handfläche transportieren (siehe Abb. nächste Seite). Sobald

Ihre zweite Aufmerksamkeit diesen Endpunkt erreicht, verlagern Sie Ihren Schwerpunkt auf sie und bewegen Sie die zweite Aufmerksamkeit etwa drei Zentimeter schräg nach unten zur Handwurzel. Benutzen Sie dafür das Prana, das Sie mit jedem Atemzug einatmen. Hier (in der rechten Handfläche) befindet sich der Zugang zum Yin Yu Meridian.

Sobald Ihre zweite Aufmerksamkeit diesen Meridian findet, wird sie, falls es keine Blockaden (verursacht durch Subfelder qualifizierter Energie) gibt, auf der Innenseite des Arms nach oben laufen (durch das Prana, das durch den Meridian fließt) bis hin zum Endpunkt auf der rechten Seite Ihrer Brust. Sobald sich dieser Kreislauf geschlossen hat, lösen Sie Ihren Schwerpunkt und Ihre zweite Aufmerksamkeit. Bleiben Sie in der Rückseite Ihres Herz-Chakras zentriert und genießen Sie den erhöhten Prana-Fluß im Handzentrum und durch die Yin Yu und Yang Yu Meridiane.

Wenn Sie bereit sind für den zweiten Teil dieser Übung, bekräftigen Sie: »Es ist meine Absicht, meine zweite Aufmerksamkeit an den Zugangspunkt des linken Yang Yu Meridians zu verlagern.« Sofern keine Blockaden vorhanden sind, wird Ihre Aufmerksamkeit in dem Moment, in dem sie den Zugangspunkt lokalisiert, zum Endpunkt des Meridians in der linken Handfläche getragen. Bringen Sie Ihren Schwerpunkt zur zweiten Aufmerksamkeit. Dann bewegen Sie Ihre zweite Auf-

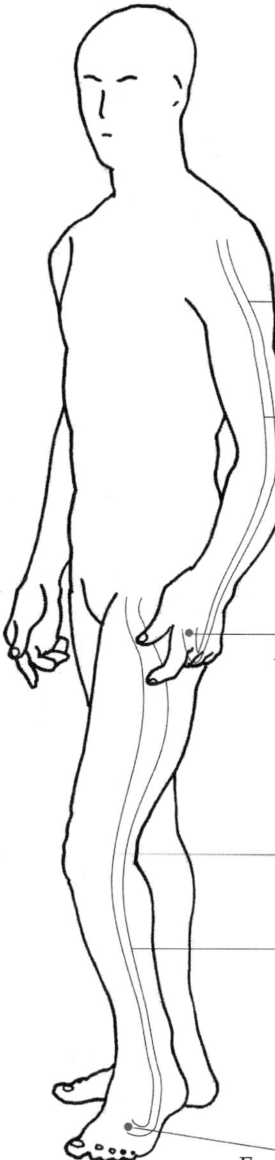

merksamkeit etwa drei Zentimeter schräg nach unten und zwar in einem Winkel von 45 Grad vom Daumen entfernt. Dort finden Sie den Zugangspunkt des Yin Yu Meridians. Lassen Sie das Prana, das durch diesen Meridian fließt, ihre zweite Aufmerksamkeit zum Endpunkt in Ihrer Brust tragen. Dann lösen Sie Ihren Schwerpunkt und Ihre zweite Aufmerksamkeit.

Nehmen Sie sich fünfzehn Minuten, um die Auswirkungen dieser Übung zu genießen. Zählen Sie dann bis fünf. Bei »fünf« öffnen Sie Ihre Augen. Jetzt fühlen Sie sich hellwach, völlig entspannt und wohler als zuvor.

➠ Yang Chiao und Yin Chiao Meditation

In der Yin Chiao Meditation werden Sie den Prana-Strom durch den Kreislauf der Meridiane, die sich in den Füßen vereinigen, zuerst an der rechten Seite des persönlichen Körperraumes, dann an der linken erhöhen. Wenn der Prana-Fluß in den Kreisläufen zunimmt, werden Ihre kleinen Energiezentren aktiver und Sie erhalten wertvolle Informationen über ihren Zustand. Ihre erklärte Absicht lautet: »Es ist meine Absicht, die Energiezentren in meinen Fußsohlen zu aktivieren.«

Setzen Sie sich aufrecht und bequem hin, entspannen Sie sich mit der Standardmethode und bringen Sie die bewußte und unbewußte mentale Aktivität ins Gleichgewicht. Fahren Sie fort, indem Sie die Rückseite des Herz-Chakras aktivieren und verlagern Sie Ihr Bewußtsein dorthin. Wenn Sie zentriert sind, teilen Sie Ihre Aufmerksamkeit und aktivieren Sie die Vorderseite des Herz-Chakras. Erklären Sie dann Ihre Absicht: »Es ist meine Absicht, meine zweite Aufmerksamkeit an das obere Ende des Yang Chiao an der rechten Seite des persönlichen Körperraumes zu verlagern.« Sobald Ihre zweite Aufmerksamkeit auf den Zugangspunkt des Yang Chiao ausgerichtet ist, wird der Prana-Fluß durch diesen Meridian sie zum Endpunkt in der Fußsohle befördern.

Dann bewegen Sie Ihre zweite Aufmerksamkeit etwa drei Zentimeter schräg nach hinten und nach innen. Hier befindet sich der Zugangspunkt des Yin Chiao Meridians. Sobald die zweite Aufmerksamkeit den Meridian erreicht hat, wird sie, sofern keine Blockaden (Subfelder aus qualifizierter Energie) vorhanden sind, vom Prana, das durch den Meridian fließt, an der Innenseite des Knöchels und des Oberschenkels zu einem Punkt getragen, der vier Zentimeter unter der Wirbelsäulenbasis an der Innenseite des Beines liegt. Wenn dieser Kreislauf geschlossen ist, lösen Sie Ihren Schwerpunkt und Ihre zweite Aufmerksamkeit. Bleiben Sie in der Rückseite Ihres Herz-Chakras zentriert und genießen Sie den erhöhten Prana-Fluß im Fußzentrum und durch die Yang Chiao und Yin Chiao Meridiane.

Wenn Sie bereit sind für den zweiten Teil dieser Übung, bekräftigen Sie: »Es ist meine Absicht, meine zweite Aufmerksamkeit an den Zugangspunkt des linken Yang Chiao Meridians zu verlagern.« Sobald die zweite Aufmerksamkeit das Yang Chiao erreicht hat, wird sie, wenn keine Blockaden vorhanden sind, vom Prana, das durch das Yang Chiao fließt, zum Endpunkt des Meridians in der linken Fußsohle getragen. Wenn Ihre zweite Aufmerksamkeit diesen Endpunkt erreicht hat, verlagern Sie Ihren Schwerpunkt zur zweiten Aufmerksamkeit. Dann bewegen Sie Ihre zweite Aufmerksamkeit zum Yin Chiao Zugangspunkt etwa drei Zentimeter schräg nach hinten. In dem Moment in dem Ihre zweite Aufmerksamkeit den Meridian findet, wird sie auf der Innenseite von Knöchel und Oberschenkel zu einem Punkt etwa vier Zentimeter unter der Wirbelsäulenbasis befördert (durch den Prana-Fluß durch diesen Meridian).

Ist dieser Kreislauf vollendet, lösen Sie Ihren Schwerpunkt und ihre zweite Aufmerksamkeit.

Nehmen Sie sich fünfzehn Minuten um die Auswirkungen dieser Übung zu genießen. Zählen Sie dann bis fünf und öffnen Sie bei »fünf« die Augen. Jetzt fühlen Sie sich hellwach, völlig entspannt und wohler als zuvor.

Die kleinen Energiezentren

Das System der kleinen Energiezentren in den Händen und Füßen ergänzen die Funktionen von Chakras, Meridianen und Auras. Diese vier Energiezentren befinden sich an Stellen, die den Handflächen und Fußsohlen entsprechen. Man darf sie nicht mit den Chakras verwechseln, da sie sich sowohl strukturell als auch funktional deutlich von ihnen unterscheiden. Genau genommen sind die kleinen Energiezentren keine Strukturen, sondern Zentren einer Aktivität, die durch die funktionale Zusammenarbeit der Hauptmeridiane (einem männlichen und einem weiblichen) entsteht und die in den Handflächen und Fußsohlen liegen. In den Handflächen werden sie durch die Interaktion von Yang Yu und Yin Yu Meridian gebildet (siehe Abb. S. 211), in den Fußsohlen durch die Interaktion des Yang Chiao und Yin Chiao Meridians.

Die kleinen Energiezentren erfüllen viele Funktionen bezüglich der Gesundheit eines Menschen und seines Wohlergehens. In ihrer ersten Funktion befähigen die kleinen Energiezentren in den Füßen (zusammen mit den Funktionen und Aspekten des Verstandes) den Menschen dazu, daß er seinen Willen und seine Absicht in der Umwelt manifestieren kann. Die Energiezentren in den Füßen (zusammen mit den Funktionen und Aspekten des Verstandes) fördern die Entwicklung eines Menschen in der Welt der Erscheinungen. Diese zwei Funktionen, die in allen Dimensionen und Welten der Erscheinung manifest sind, zeigen eine wichtige und oft übersehene Zusammenarbeit zwischen den Funktionen des höheren und niederen Verstandes und den kleinen Energiezentren in den Händen und Füßen.

Ferner regulieren die kleinen Energie-Zentren zusammen

mit dem ersten und dem siebten Chakra den Druck im mikrokosmischen Kreislauf. Außerdem beeinflussen sie die Kandas (Zentren, aus denen die Meridiane hervorgehen). Wenn die kleinen Energiezentren blockiert sind, wird die Verteilung des Pranas durch die Kandas und Meridiane gestört sein. Wenn sie jedoch gesund sind, fließt das Prana durch die Kandas in die Meridiane und diese verteilen es im gesamten menschlichen Energiesystem.

Da die kleinen Energiezentren Prana verteilen, sind sie verlockende Ziele für qualifizierte Subfelder und die darin enthaltenen CECs. Es kommt recht häufig vor, daß die kleinen Energiezentren sowohl dicke Schichten aus karmischem Ballast sowie Erweiterungen des Ego und an ihm haftender qualifizierten Subfelder (z.B. Schnüre und Kontrollwellen) mit Energie versorgen. Die folgende Übung aktiviert die kleinen Energiezentren, so daß das Prana freier durch sie hindurchfließen kann und sie ihre eigentlichen Aufgabenbesser erfüllen können.

➨ DRUCKMEDITATION

Wie der physisch-materielle Körper hängt auch die Gesundheit des menschlichen Energiefeldes vom darin herrschenden Druck ab. Und obwohl dieser »pranische Druck« seinerseits auf die Gesundheit der Chakras im persönlichen Körperraum und der kleinen Energiezentren in den Händen und Füßen angewiesen ist, hängt diese vor allem von der Zusammenarbeit des ersten und siebten Chakras und der kleinen Energiezentren ab.

Der pranische Druck beeinflußt die Polarität und die geschlechtliche Identität sowie die Stärke der Oberflächengrenzen und die Fähigkeit des Energiesystems, die vertikale Integration zu unterstützen.

Die folgende Übung hilft Ihnen, den pranischen Druck innerhalb eines gesunden Bereichs zu halten. In der Übung aktivieren sie das erste und siebte Chakra und die kleinen Energiezentren in ihren Händen und Füßen. Ihre erklärte Absicht wird in dieser Übung lauten: »Es ist meine Absicht, den pranischen Druck in meinem Energiesystem wieder auf ein angemessenes Maß einzustellen.« Setzen Sie sich aufrecht und bequem hin, entspannen Sie sich mit der Standardmethode und bringen Sie die bewußte und unbewußte mentale Aktivität ins Gleichgewicht. Fahren Sie fort, indem Sie die Rückseite des Herz-Chakras aktivieren und zentrieren Sie sich dort. Wenn Sie zentriert sind, teilen Sie Ihre Aufmerksamkeit und aktivieren Sie die Vorderseite des Herz-Chakras. Erklären Sie dann Ihre Absicht, teilen Sie Ihre Aufmerksamkeit und aktivieren Sie die Rückseite des ersten Chakras. Fahren Sie fort, indem Sie die Vorderseite des ersten Chakras aktivieren. Dann teilen Sie Ihre Aufmerksamkeit erneut und aktivieren die Rückseite und die Vorderseite des siebten Chakras.

Wenn Sie das erste und das siebte Chakra aktiviert haben, verlagern Sie Ihre zweite Aufmerksamkeit zum Yang Yu Meridian an der rechten Körperseite und lassen Ihre zweite Aufmerksamkeit vom Prana nach unten in die rechte Handfläche tragen. Wenn Ihre zweite Aufmerksamkeit Ihre Handfläche erreicht hat, verlagern Sie Ihren Schwerpunkt darauf und verlagern Ihre zweite Aufmerksamkeit zum Yin Yu. Lassen Sie Ihre zweite Aufmerksamkeit mit dem Prana zum Ende des Meridians im Brustkorb strömen. Wiederholen Sie das Ganze dann mit dem Yang Yu und dem Yin Yu auf der linken Seite.

Sobald die Energiezentren in den Händen aktiviert und der Yang Yu und der Yin Yu gereinigt sind, verlagern Sie Ihre zweite Aufmerksamkeit an den Zugangspunkt des Yang Chiao im rechten Oberschenkel. Lassen Sie dann den Prana-Strom Ihre zweite Aufmerksamkeit den Meridian entlang nach unten in die rechte Fußsohle tragen. Bringen Sie Ihren Schwerpunkt zur zweiten Aufmerksamkeit und verlagern sie sie dann zum Yin Chiao in der rechten Fußsohle. Dann lassen Sie Ihre zweite Auf-

merksamkeit mit dem Prana zum Endpunkt im rechten Oberschenkel strömen.
Wiederholen Sie denselben Prozeß mit den Meridianen und kleinen Energiezentren auf der linken Seite. Dann lösen Sie Ihren Schwerpunkt und Ihre zweite Aufmerksamkeit.
Nehmen Sie sich fünfzehn Minuten, um die Meditation zu genießen, während der Druck zunimmt und das Prana Ihre Aura-Felder füllt und Ihre Grenzen stärkt. Nach fünfzehn Minuten zählen Sie von eins bis fünf. Bei »fünf« öffnen Sie die Augen. Jetzt fühlen Sie sich hellwach, völlig entspannt und wohler als zuvor.

Kapitel 13

»Erkenne mit einem stillen Geist deine wahre Natur: das eine, reine, ungeteilte Bewußtsein unterhalb des ruhelosen Geistes, das aus dem ganzen Universum in all seiner Vielfalt besteht.«
TRIPURA RAHASYA

Chakras außerhalb des Körperraumes

Die Funktion des menschlichen Energiesystems hängt ebensosehr von den Aktivitäten der Chakras über und unter dem persönlichen Körperraum ab, wie von den Chakras innerhalb desselben. Leider besitzen wir bis heute keine detaillierten Informationen über die Struktur und die Funktionen dieser höheren und tieferen Chakras.

Einige alte Yoga-Schriften erwähnen sieben Chakras über dem persönlichen Körperraum, die einzeln und gemeinsam die höheren Funktionen des menschlichen Bewußtseins steuern. Andere Texte sprechen von sieben Chakras unterhalb des Körperraumes, welche die niederen Funktionen des Menschen regulieren. Jedoch gibt keiner der Texte näheren Aufschluß über die Struktur und Funktionen der Chakras.

Trotz Mangel an vorhandenem Material wissen wir, daß es 142 Chakras gibt (einschließlich der sieben traditionellen Chakras) und daß diese die Übertragung und Umwandlung unqualifizierter Energie im höheren und niederen Verstand und auf den Ebenen der Milz-Chakras steuern. 63 Chakras befinden sich oberhalb des persönlichen Körperraumes und bilden zusammen mit den traditionellen Chakras die »höheren Chakras«. Ergänzend zu den höheren Chakras befinden sich 70 »tiefere Chakras« unterhalb des Körperraumes. Die beiden restlichen Chakras sind das Milz-Chakra und das obere Milz-Chakra zwischen dem zweiten und dritten Chakra (vgl. Kapitel 11, Abb. S. 180).

Im letzten Jahrzehnt haben wir mehr über die Struktur und Funktion der höheren und tieferen Chakras ober- und unterhalb des Körperraumes gelernt und es wurde deutlich: Der größte Teil des Geistes, des Intellekts, der Seele und des authentischen menschlichen Verlangens entspringen aus den Dimensionen über und unter jenen Energiefrequenzen, die von den traditionellen Chakras gesteuert werden. Das sollte keine große Überraschung sein, denn Yoga und Vedanta lehren, daß Menschen, die hauptsächlich interdimensionale Wesen sind), gleichzeitig in drei kollektiven Energiefeldern existieren. Das obere Energiefeld, das die höchste durchschnittliche Frequenz hat, erstreckt sich von der achten bis zur siebzigsten Dimension. Das mittlere Energiefeld hat eine geringere Frequenz und reicht von der ersten bis zur siebten Dimension; außerdem umfaßt es die Milz-Ebenen und die ersten sieben Dimensionen unterhalb des Körperraumes. Das untere Energiefeld hat die niedrigste Frequenz und erstreckt sich von der achten bis zur siebzigsten Dimension unterhalb des Körperraumes.

Da das kollektive Feld der Maya alle Welten und Dimensionen umgibt (einschließlich jener über und unterhalb des Körperraumes), kann man karmischen Ballast nicht allein dadurch loswerden, daß man die Chakras im persönlichen Körperraum aktiviert und sich der Dimensionen bewußt wird, die von ihnen gesteuert werden. Man muß auch die Chakras in den höheren und tieferen Dimensionen aktivieren, das Anhaften überwinden, das der karmische Ballast verursacht und sich die höheren und tieferen Dimensionen in jeder Welt ins Bewußtsein bringen.

Struktur und Funktion der höheren und tieferen Chakras

Die 63 Chakras oberhalb des persönlichen Körperraumes befinden sich über dem Sahasrara-Chakra und beginnen etwa fünf Zentimeter über dem Kopf, von dort erstrecken sie sich etwa sechs Meter über dem Scheitel.

Die siebzig Chakras unterhalb des persönlichen Körperraumes beginnen absteigend knapp unterhalb des Muladhara-Chakras. Das erste Chakra unterhalb des persönlichen Körperraumes befindet sich etwa zehn Zentimeter unter dem Damm, die verbleibenden Chakras dehnen sich etwa sechs Meter nach unten aus.

Strukturell sind die Chakras oberhalb und unterhalb des persönlichen Körperraumes fast identisch mit den Chakras innerhalb des Körperraumes. Das weibliche Ende jedes Chakras ist scheibenförmig mit Speichen oder Blütenblättern, die sich kontinuierlich um eine zentrale Achse drehen. Diese wiederum dient als ein Energiezentrum, durch das Prana fließt. Je weiter ein Chakra vom persönlichen Körperraum entfernt ist, desto mehr Speichen wird dieser Scheibenabschnitt enthalten. Mit dieser Scheibe verbunden ist eine Achse oder ein Stiel, der deutlich kürzer ist als der Stiel der Chakras im persönlichen Körperraum und an dessen fernem Ende sich der männliche Pol des Chakras befindet.

Obwohl die höheren und tieferen Chakras das Prana in den Feldern der höheren und tieferen Dimensionen regulieren, ist es doch das achte bis dreizehnte Chakra und die ersten sieben Chakras unterhalb des persönlichen Körperraumes, welche die Energie regulieren, die mit den Aspekten des (höheren und niederen) Verstandes verbunden ist und die das Körperbewußtsein transzendiert. In der Welt des Geistes beinhaltet dies die Intuition, Einsicht, Katharsis, transzendentes Bewußtsein und die Identifikation mit dem Selbst.

In der Welt des Intellekts beinhaltet es angemessenes Handeln, Dharma, Selbsterkenntnis und die Aspekte des

Bewußtseins, die mit dem höheren und niederen Verstand verbunden sind.

In der Welt der Seele beinhaltet dies die Emotionen, bedingungslose Freude, Teilnahme am Leben in der äußeren Welt und den Ausdruck des göttlichen Bewußtseins durch Kreativität und durch die Organe des Ausdrucks.

In der Welt des niederen Verstandes und der Körper des Verlangens beinhaltet dies das authentische Verlangen und die Gefühle und Empfindungen, die mit ihm einhergehen.

Die restlichen Chakras ober- und unterhalb des persönlichen Körperraumes regulieren die unqualifizierte Energie in den Feldern der höheren und tieferen Dimensionen. Wie ihr Gegenpart im persönlichen Körperraum (dem mittleren Teil) können diese Chakras ohne Unterstützung des physischen Körpers funktionieren. Das bedeutet, daß man zu Lebzeiten und auch zwischen den Inkarnationen mit Bewußtsein funktionieren kann. Die Fähigkeit, mit Bewußtsein zwischen den Inkarnationen zu funktionieren, sollte nichts Überraschendes sein. Adepten und erleuchtete Meister erklärten seit Jahrhunderten, daß man den Tod und seine Begrenzungen überwinden kann, indem man auf den höheren und tieferen Dimensionen bewußt wird, während man im mittleren Teil mit bewußt funktioniert. »Denn der Tod wird nicht mehr sein, keine Trauer, keine Klage, keine Mühsal, denn was früher war ist vergangen.« (Offenbarung 21:4)

Tatsächlich waren Leben und Tod nie sich gegenseitig ausschließende Zustände oder Aktivitätsfelder. Aspekte des Lebens und des Todes agieren kontinuierlich miteinander, durch die Aktivitäten der Chakras oberhalb und unterhalb des persönlichen Körperraumes. Und genau diese Synergie, die durch gegenseitige Wechselwirkung geschaffen wird, zeigt, welche wichtige Rolle die höheren und tieferen Chakras für das Auflösen von karmischem Ballast spielen.

Die Faszination für den Tod, übermäßige Angst vor dem Tod, die Unfähigkeit, sich in intimen Augenblicken völlig hinzugeben oder das Gefühl, sich für seine Existenz rechtfertigen zu müssen, einen Grund oder einen Menschen zu brauchen, für den es sich lohnt zu leben, zeigen an, daß die Chakras oberhalb und unterhalb des Körperraumes gestört sind und nicht völlig miteinander und mit den anderen Organen des menschlichen Energiesystems integriert sind.

Die Chakras acht bis dreizehn

Während die sieben traditionellen Chakras (sowie die Milz-Chakras) und die ersten sieben Chakras unter dem persönlichen Körperraum benötigt werden, um gesund zu bleiben und sich wohl zu fühlen, sind für die Regulierung der höheren Funktionen des menschlichen Bewußtseins mehr Chakras nötig. Die ersten sechs Chakras oberhalb des persönlichen Körperraumes übernehmen diese Rolle in der Welt des Geistes und in den Welten des Intellekts, der Seele, des niederen Verstandes und der Welt der Chakras. Ihre Hauptaufgaben bestehen darin, das menschliche Bewußtsein, die Emotionen, die Gefühle und die Empfindungen über die irdischen Lebensfunktionen hinauszuheben, so daß Einheit mit dem Selbst möglich wird.

Die Chakras acht bis dreizehn befinden sich unmittelbar über dem Sahasrara-Chakra. Das achte Chakra liegt fünf Zentimeter oberhalb dieses Chakras, dann folgen die Chakras neun bis dreizehn, ebenfalls in Abständen von rund fünf Zentimetern (siehe Abb. links).

Wenn die Chakras acht bis dreizehn in die Bewußtheit treten, hat man vielleicht das eigenartige Gefühl einer ›Verlängerung‹. Diese Verlängerung fühlt sich an, als würde man vom Kopf ab gestreckt und ist von dem Gefühl, höher oder länger zu werden, begleitet. Das muß kein störendes Gefühl sein. Im Gegenteil, diese Erfahrung kann recht angenehm sein, da das Prana durch die höheren Chakras und Meridiane strahlt und diesen Effekt hervorruft.

Die gemeinsamen Aufgaben der Chakras acht bis dreizehn werden noch wichtiger, wenn man die Wahl trifft, Beziehungen einzugehen, die auf angemessene Handlungen (Dharma) beruhen und die nicht ausschließlich auf die Funktionen des Geschlechts und der Polarität beschränkt sind. Die Veränderung in einer Beziehung, die auf dem Dharma/angemessener Handlung beruht, ermöglicht es dem achten bis dreizehnten Chakra direkt an der Beziehung teilzuhaben. Der Mechanismus dieser Verbindung ist einfach zu verstehen. In einer traditionellen Beziehung strahlt der Mann über das zweite Chakra Energie aus und nimmt Energie über das vierte Chakra auf, während die Frau Energie über das vierte Chakra ausstrahlt und über das zweite Chakra aufnimmt.

In einer Beziehung, die das achte bis dreizehnte Chakra miteinbezieht, bleiben beide Partner im höheren und niederen Verstand zentriert und das Prana, daß aus dem Muladhara hervortritt, fließt nach oben bis zum dreizehnten Chakra (und darüber hinaus), anstatt nach vorn auszustrahlen. Indem beide Partner im höheren und niederen Verstand zentriert bleiben wird keiner der beiden sein Energiesystem polarisieren. Tatsächlich gäbe es bei all ihren Interaktionen weder Zug noch Druck. Die Folge ist, daß Prana frei fließen kann und die Partner mehr Spaß, Liebe, Intimität und Freude in ihrer Beziehung erfahren würden.

Über das siebte Chakra hinaus

Damit man bewußt auf den Ebenen des achten bis dreizehnten Chakras funktionieren kann, ist es notwendig, sich für »angemessenes Handeln« zu entscheiden. Damit angemessenes Handeln stattfinden kann, müssen drei Bewußtseinszentren im persönlichen Körperraum synchron zusammenarbeiten: der Kopf (Bewußtsein und Wille), das Herz (Gefühle und Liebe) und die Fortpflanzungsorgane (Vitalität und Vergnügen). Ein Wille ohne Herz oder ein Herz ohne Vergnügen (Vergnügen ist der Vorbote für Freude und Glückseligkeit) machen beständiges angemessenes Handeln schwer, wenn nicht sogar unmöglich, ebenso wie das Bewußtwerden auf den Ebenen des achten bis dreizehnten Chakras.

➠ Wille, Liebe und Freude verbinden

In der folgenden Übung werden Sie die Energie des zweiten, vierten und sechsten Chakras im persönlichen Körperraum und in der Welt des niederen Verstandes aktivieren und harmonisieren, als Vorbereitung für Ihre Arbeit mit den Chakras acht bis dreizehn.

Ihre erklärte Absicht in dieser Übung lautet: »Es ist meine Absicht, das zweite, vierte und sechste Chakra zu aktivieren und auf diesen Dimensionen nach innen zu schauen, in der Welt des niederen Verstandes.«

Setzen Sie sich aufrecht und bequem hin, entspannen Sie sich mit der Standardmethode und bringen Sie die bewußten und unbewußten mentalen Aktivitäten ins Gleichgewicht. Aktivieren Sie dann die Rückseite des Herz-Chakras und zentrieren Sie sich dort. Teilen Sie Ihre Aufmerksamkeit, aktivieren Sie die Vorderseite des Herz-Chakras und erklären Sie Ihre Absicht. Teilen Sie Ihre Aufmerksamkeit erneut, verlagern Sie Ihren Schwerpunkt zur zweiten Aufmerksamkeit und aktivieren Sie zuerst die Rückseite, dann die Vorderseite des zweiten Chakras. Sobald das zweite Chakra aktiviert ist, fahren Sie fort die Rückseite als auch die Vorderseite Ihres sechsten Chakras zu aktivieren. Dann bekräftigen Sie: »Es ist meine Absicht, auf der Ebene des zweiten Chakras nach innen zu schauen, in der Welt des niederen Verstandes.« Danach bekräftigen Sie : »Es ist meine Absicht, auf der Ebene des vierten Chakras nach innen zu schauen in der Welt des niederen Verstandes.« Zum Schluß bekräftigen Sie: »Es ist meine Absicht, auf der Ebene des sechsten Chakras nach innen zu schauen, in der Welt des niederen Verstandes.« Nehmen Sie sich fünfzehn Minuten Zeit, um den Wechsel im Bewußtsein zu genießen.

Zählen Sie dann von eins bis fünf und öffnen Sie bei »fünf« die Augen. Jetzt fühlen Sie sich hellwach, völlig entspannt und wohler als zuvor.

Mit den folgenden Übungen können Sie Ihre Fertigkeiten angemessenes Handeln anzunehmen sogar noch steigern:

1. *Aktivieren Sie das zweite, vierte und sechste Chakra und schauen Sie nach innen in der Welt der Seele, in allen drei Dimensionen.*
2. *Aktivieren Sie das zweite, vierte und sechste Chakra und schauen Sie nach innen in der Welt des Intellekts, in allen drei Dimensionen.*
3. *Aktivieren Sie das zweite, vierte und sechste Chakra und schauen Sie nach innen in der Welt des Geistes, in allen drei Dimensionen.*
4. *Aktivieren Sie das zweite, vierte und sechste Chakra und schauen Sie nach innen in der Welt der Chakras, in allen drei Dimensionen.*

➨ Die Chakras acht bis dreizehn aktivieren

Nachdem Sie die obige Übung gemeistert und damit die Fähigkeit, angemessen zu handeln angenommen haben, können Sie den nächsten Schritt unternehmen, in dem Sie die Chakras acht bis dreizehn aktivieren. Hier lautet Ihre erklärte Absicht: »Es ist meine Absicht, die Chakras acht bis dreizehn zu aktivieren und nach innen zu schauen, in der Welt des niederen Verstandes.«

Setzen Sie sich aufrecht und bequem hin, entspannen Sie sich mit der Standardmethode und bringen Sie die bewußten und unbewußten mentalen Aktivitäten ins Gleichgewicht. Aktivieren Sie dann die Rückseite des Herz-Chakras und zentrieren Sie sich dort. Teilen Sie Ihre Aufmerksamkeit, aktivieren Sie die Vorderseite des Herz-Chakras und formulieren Sie Ihre Absicht.

Nachdem Sie Ihre Absicht bekräftigt haben, teilen Sie

Ihre Aufmerksamkeit und aktiveren Sie die Rückseite Ihres achten Chakras. Teilen sie Ihre Aufmerksamkeit und aktivieren Sie die Vorderseite des achten Chakras. Arbeiten Sie sich dann nach oben vor, indem Sie zunächst die Rückseite und dann jeweils die Vorderseite der fünf verbleibenden Chakras aktivieren. Nachdem Sie alle sechs Chakras aktiviert haben, schauen Sie nach innen in allen sechs Dimensionen gleichzeitig in der Welt des niederen Verstandes. Bekräftigen Sie: »In den Dimensionen des achten bis dreizehnten Chakras ist es meine Absicht, nach innen zu schauen in der Welt des niederen Verstandes.«

Nehmen Sie sich fünfzehn Minuten Zeit, um den stärkeren Prana-Fluß und die damit einhergehende Bewußtseinserweiterung zu genießen. Zählen Sie dann bis fünf und öffnen Sie bei »fünf« die Augen. Jetzt fühlen Sie sich hellwach, völlig entspannt und wohler als zuvor.

Die tieferen Chakras aktivieren

Es ist ein verbreitetes Mißverständnis, daß ›geerdet sein‹ bedeuten soll, sich in der physisch-materiellen Welt zu erden, indem man sich mit der Erde verbindet. Diese Erdung ist vielmehr ein energetischer Prozeß, der auf zwei Wegen in Gang gesetzt werden kann: Erstens indem die Milz-Chakras aktiviert werden (und die Milzkörper und die höheren Milzkörper vertikal reintegriert werden). Dies wird Sie in der physisch-materiellen Welt erden. Zweitens können wir uns in den tieferen siebzig Dimensionen erden, indem wir die siebzig Chakras unter dem persönlichen Körperraum aktivieren und die Energiekörpergemeinschaften auf diesen Dimensionen reintegrieren.

Die nächste Meditation wird Ihnen ein starkes Gefühl der »Erdung« vermitteln. Der Prozeß ist jedoch nicht vollständig, solange nicht alle siebzig Chakras unterhalb des

Körperraumes aktiviert sind (und die Energiekörpergemeinschaften auf den unteren siebzig Dimensionen im höheren und niederen Verstand zurückgeholt und reintegriert sind).

➠ Die ersten drei Chakras unterhalb des persönlichen Körperraumes aktivieren

In dieser Übung aktivieren Sie die ersten drei Chakras unterhalb des persönlichen Körperraumes und schauen nach innen, in der Welt des niederen Verstandes. Ihre erklärte Absicht lautet also: »Es ist meine Absicht, die ersten drei Chakras unterhalb des persönlichen Körperraumes zu aktivieren und nach innen zu schauen, in der Welt des niederen Verstandes.«

Setzen Sie sich aufrecht und bequem hin, entspannen Sie sich mit der Standardmethode und bringen Sie die bewußten und unbewußten mentalen Aktivitäten ins Gleichgewicht. Sobald Sie entspannt sind, aktivieren Sie die Rückseite Ihres Herz-Chakras und zentrieren Sie sich dort. Teilen Sie Ihre Aufmerksamkeit, aktivieren Sie die Vorderseite Ihres Herz-Chakras und erklären Sie Ihre Absicht. Aktivieren Sie nun die sieben traditionellen Chakras im persönlichen Körperraum. Beginnen Sie mit der Rückseite des ersten und arbeiten Sie sich dann nach oben und anschließend von der Vorderseite des siebten Chakras aus nach unten zur Vorderseite des ersten Chakras vor (das bereits aktivierte vierte Chakra lassen Sie aus).

Nachdem Sie die sieben traditionellen Chakras aktiviert haben, bekräftigen Sie: »Es ist meine Absicht, meine Aufmerksamkeit zu teilen und die Rückseite meines ersten Chakras unterhalb des persönlichen Körperraumes zu aktivieren.« Das zweite und dritte Chakra unterhalb des Körperraumes aktivieren Sie auf die gleiche Weise. Danach bekräftigen Sie: »Es ist meine Absicht, nach innen zu schauen in der Welt des niederen Verstandes, auf den

Ebenen der ersten drei Chakras unterhalb des persönlichen Körperraumes.«
Nehmen Sie sich etwa fünfzehn Minuten Zeit, die Meditation zu genießen. Zählen Sie dann von eins bis fünf und öffnen Sie bei »fünf« die Augen. Jetzt fühlen Sie sich hellwach, völlig entspannt und wohler als zuvor.

Sie können die Resonanz der ersten drei Chakras unter dem Körperraum auch in anderen Welten erfahren, indem Sie die folgenden Zusatzübungen machen:
1. *Aktivieren Sie die ersten drei Chakras unter dem persönlichen Körperraum und schauen Sie nach innen in der Welt der Seele, auf allen drei Ebenen gleichzeitig.*
2. *Aktivieren Sie die ersten drei Chakras unter dem persönlichen Körperraum und schauen Sie nach innen in der Welt des Intellekts, auf allen drei Ebenen gleichzeitig.*
3. *Aktivieren Sie die ersten drei Chakras unter dem persönlichen Körperraum und schauen Sie nach innen in der Welt des Geistes , auf allen drei Ebenen gleichzeitig.*
4. *Aktivieren Sie die ersten drei Chakras unter dem persönlichen Körperraum und schauen Sie nach innen in der Welt der Chakras , auf allen drei Ebenen gleichzeitig.*
5. *Aktivieren Sie die ersten drei Chakras unter dem persönlichen Körperraum und schauen Sie gleichzeitig nach innen in der Welt des Geistes, des Intellekts, der Seele, des niederen Verstandes und der Chakras.*

➡ Die ersten sieben Chakras unterhalb des persönlichen Körperraumes aktivieren

In dieser Übung aktivieren Sie die ersten sieben Chakras unterhalb des persönlichen Körperraumes und schauen nach innen in der Welt des niederen Verstandes. Ihre erklärte Absicht lautet jetzt: »Es ist meine Absicht, die ersten sieben Chakras unterhalb des persönlichen Körperraumes

zu aktivieren und nach innen zu schauen, auf diesen sieben Dimensionen, in der Welt des niederen Verstandes.«
Setzen Sie sich aufrecht und bequem hin, entspannen Sie sich mit der Standardmethode und bringen Sie die bewußten und unbewußten mentalen Aktivitäten ins Gleichgewicht. Sobald Sie entspannt sind, aktivieren Sie die Rückseite Ihres Herz-Chakras und zentrieren sie sich dort. Teilen Sie Ihre Aufmerksamkeit, aktivieren Sie die Vorderseite Ihres Herz-Chakras und erklären Sie Ihre Absicht. Fahren Sie fort, indem Sie nun die sieben traditionellen Chakras im persönlichen Körperraum aktivieren. Anschließend bekräftigen Sie: »Es ist meine Absicht, meine Aufmerksamkeit zu teilen und die Rückseite meines ersten Chakras unterhalb des persönlichen Körperraumes zu aktivieren.« Danach aktivieren Sie die Vorderseite Ihres ersten Chakras unterhalb des persönlichen Körperraumes. Die nächsten sechs Chakras unterhalb des persönlichen Körperraumes aktiveren Sie auf die gleiche Weise. Danach bekräftigen Sie: »Auf den Ebenen meiner ersten sieben Chakras unterhalb des persönlichen Körperraumes, ist es meine Absicht, nach innen zu schauen in der Welt des niederen Verstandes.«
Nehmen Sie sich etwa fünfzehn Minuten Zeit, die Meditation zu genießen. Zählen Sie dann von eins bis fünf und öffnen Sie bei »fünf« die Augen. Jetzt fühlen Sie sich hellwach, völlig entspannt und wohler als zuvor.

Sie können die Resonanz der ersten sieben Chakras unterhalb des persönlichen Körperraumes auch in anderen Welten erfahren, wenn Sie die folgenden Zusatzübungen machen:

1. *Aktivieren Sie die ersten sieben Chakras unterhalb des persönlichen Körperraumes und schauen Sie nach innen in der Welt der Seele, auf allen sieben Ebenen gleichzeitig.*
2. *Aktivieren Sie die ersten sieben Chakras unterhalb des*

persönlichen Körperraumes und schauen Sie nach innen in die Welt des Intellekts, auf allen sieben Ebenen gleichzeitig.

3. *Aktivieren Sie die ersten sieben Chakras unterhalb des persönlichen Körperraum und schauen Sie nach innen in der Welt des Geistes, auf allen sieben Ebenen gleichzeitig.*
4. *Aktivieren Sie die ersten sieben Chakras unterhalb des persönlichen Körperraumes und schauen Sie nach innen in der Welt der Chakras, auf allen sieben Ebenen gleichzeitig.*
5. *Aktivieren Sie die ersten sieben Chakras unterhalb des persönlichen Körperraumes und schauen Sie gleichzeitig nach innen in allen Welten des höheren und niedereren Verstandes, auf allen sieben Ebenen gleichzeitig.*

Teil 4

Das Nicht-Selbst überwinden

Kapitel 14

»Die Karmas tragen die Saat ihrer eigenen Zerstörung in sich.«
RAMANA MAHARSHI

Die erstaunliche Apana

In diesem Kapitel werden Sie lernen, die Apana zu benutzen, um Subfelder aus qualifizierter Energie, die den persönlichen Körperraum umgeben, zu entfernen.

Apana ist eine weibliche Form von Prana, die in den Dimensionen des höheren und niederen Verstandes und auf den Milz-Ebenen existiert (nicht jedoch auf den Ebenen der Funktionen und Aspekte). Wenn die Apana in Verbindung mit der mentalen Aufmerksamkeit und der Absicht des höheren und niederen Verstandes angewendet wird, ist sie ein sehr effektives Werkzeug, um karmische Ablagerungen aus dem Aura-Feld zu entfernen und zwar in dem Bereich zwischen der Oberfläche des persönlichen Körperraumes und der »apanischen Grenze«.

Die Apana taucht von einer Position oder Grenze auf, die den persönlichen Körperraum in einer Entfernung von etwa zwanzig Zentimetern umgibt. Diese Grenze oder Position sollte man nicht mit der Oberfläche des Aura-Feldes verwechseln. Die apanische Grenze ist keine Struktur, sondern eher eine Begrenzung, von der ein energetisches Feld ausgeht, bzw. auftaucht.

Wenn die Apana in einer bestimmten Welt und Dimension aktiv ist, tendiert sie dazu, karmisches Gepäck zu lösen, wenn es sich in Richtung Oberfläche des persönlichen Körperraumes bewegt. Die Verbindung des Apana, die eine weibliche Polarität besitzt und außerhalb des persönlichen Körperraumes auftaucht und dem Prana, das aus den Chakras auftaucht, ist so mächtig, daß, wenn sie beide aktiv sind, sie die

Kontrolle des existentiellen Bereichs zwischen der Oberfläche des persönlichen Körperraumes und der apanischen Grenze vom niederen Verstand und Ego an sich reißen.

Im klassischen Yoga teilt man die Pranas (zu denen die Apana gehört) in zwei Gruppen ein. Eine Yoga-Schule vergleicht die Pranas mit den Sinnen, aber strenggenommen handelt es sich um Ströme unqualifizierter Energie. Die traditionellen fünf Ströme oder ›Lüfte‹ heißen Prana, Apana, Vyana, Samana und Udana.

Von diesen fünf Strömen ist die Apana besonders wichtig in der Energiearbeit, weil sie Gifte löst und die Zirkulation von Energie unterstützt. Außerdem lernen wir durch unsere Studien des Yoga, daß sich der Geist im Herzen zentriert, wenn sich die Apana mit dem Prana (der Lebenskraft) vereinigt.

Struktur und Funktion der Apana

Die Apana hat weder eine Struktur noch bestimmte Eigenschaften. Dennoch ist sie erkennbar, wenn sie an der apanischen Grenze hervortritt, da sie das menschliche Energiesystem anregt, die Vitalität steigert, das Bewußtsein erweitert und qualifizierte Subfelder unter Druck setzt.

Die Apana kann sich sowohl bewegen als auch statisch sein. Wenn sie statisch ist, ruhen ihre Funktionen. Bewegung gilt hingegen als normal und wird als gesünder erachtet. Apana wird (in einer bestimmten Welt oder Dimension) statisch, wenn eine unmäßige Ansammlung karmischer Energie sich von der Oberfläche des persönlichen Körperraumes aus ausdehnt und in die apanische Grenze eindringt. Kommen noch ein aufgeblähtes Ego in einer bestimmten Welt und Dimension, ebenso wie das Vorhandensein von Schnüren und/ oder Kontrollwellen vor, kann die Bewegung der Apana noch mehr behindert werden. Manchmal bewegt sich die Apana an Teilen der apanischen Grenze in einer bestimmten Welt und Dimension nur sporadisch oder gar nicht.

Die Fähigkeit der Apana aus der apanischen Grenze aufzutauchen und störungsfrei in Richtung des persönlichen Körperraumes zu fließen, hängt von verschiedenen Faktoren, inklusive der Qualität und Quantität karmischer Ablagerungen, die den persönlichen Körperraum (in einer bestimmten Welt und Dimension) umgeben, ab: von der Größe des Ego und seiner durchschnittlichen Dichte, wie sehr man am niederen Verstand und Ego verhaftet ist und dem Vorhandensein von Kontrollwellen und/oder Schnüren im eigenen Energiefeld.

Schnüre und Kontrollwellen haben aus zwei Gründen einen bedeutsamen Effekt auf die Fähigkeit der Apana aufzutauchen und störungsfrei zu funktionieren. Erstens leiten sie qualifizierte Energie und CECs in das innere Feld eines Menschen und sie bleiben an dem Täter verhaftet, was die Dichte der qualifizierten Energie (im Energiefeld eines Menschen) anwachsen läßt, egal in welcher Dimension oder Welt sich die Projektionen des Täters befinden.

Wenn die Energiekörper eines Menschen jedoch voll integriert sind und das menschliche Energiesystem gesund funktioniert, ist die Apana kontinuierlich aktiv und ein hervorragendes Werkzeug, das qualifizierte Energie entfernen kann, die in den Bereich zwischen apanischer Grenze und Oberfläche des persönlichen Körperraumes eingedrungen ist.

Wenn Sie auf Ihre Atmung achten, vor allem auf das Einatmen, können Sie erfahren , wie sich die Apana auf den persönlichen Körperraum zubewegt. Beim Beobachten der Einatmung werden Sie bemerken, daß der Atem von einer Grenze her auftaucht , die sich bisweilen auf und ab bewegt, aber immer den gleichen Abstand (vom persönlichen Körperraum) einhält, einerlei, wie Sie Ihren Kopf bewegen. Das ist die apanische Grenze, die den Körperraum in allen Welten und Dimensionen des höheren und niederen Verstandes und den Milzebenen in einer Entfernung von rund fünfundzwanzig Zentimetern umgibt.

Apana sollte nicht mit Prana verwechselt werden, das mit jedem Atemzug einfließt. Es ist eine eigene Manifestation der Shakti, die nur zwischen der apanischen Grenze und der Oberfläche des persönlichen Körperraumes aktiv ist. Daher sollte die Apana nicht dazu benutzen werden, um karmischen Ballast zu beseitigen, der in den persönlichen Körperraum eingedrungen ist. Auch sollten Sie die Apana nicht dazu nötigen, in den persönlichen Körperraum (auf jedweder Dimension des höheren und niederen Verstandes) einzudringen, selbst wenn das qualifizierte Subfeld, das Sie entfernen wollen, ihn beidseitig umgibt. Um mit Intrusionen zu arbeiten (qualifizierte Subfelder innerhalb des persönlichen Körperraumes) sind andere Techniken sicherer und effektiver (siehe Sieben-Schritte-Methode in Kapitel 16).

Beachten Sie außerdem, daß die Apana nicht zusammen mit den Funktionen und Aspekten des Verstandes arbeitet und zwar weder in den Welten und/oder Dimensionen des niederen Verstandes und/oder den Milz-Ebenen.

Wenn die Ansammlung aus karmischen Ablagerungen (in einer spezifischen Welt und Dimension) nur gering ist, wird die Apana gut funktionieren, d.h. wird es als kontinuierlicher Strom weiterfließen, ohne bewußte Unterstützung zu benötigen. Unglücklicherweise ist bei den meisten Menschen die Apana durch eine Kombination karmischer Sedimente, Schnüre und Kontrollwellen blockiert, besonders wenn sich das Ego aufgebläht und/oder Erweiterungen ausgestrahlt hat, die sich an äußere Schichten karmischer Sedimente angehaftet haben (siehe Abb. nächste Seite).

Wenn Sie dafür sorgen, daß die Apana ungehindert ohne Störungen fließt, ist das eine große Bereicherung, denn die Gesundheit Ihres gesamten Energiesystems wird dadurch erhöht. Sie werden lernen, daß die Befreiung des Apana kein besonders schwieriger Prozeß ist. In Dimensionen mit einer großen Ansammlung an karmischem Ballast müssen Sie den unten beschriebenen Prozeß vielleicht mehrere Male anwenden, bevor die Apana aktiv wird und reibungslos entlang der gesamten Oberfläche der apanischen Grenze fließt.

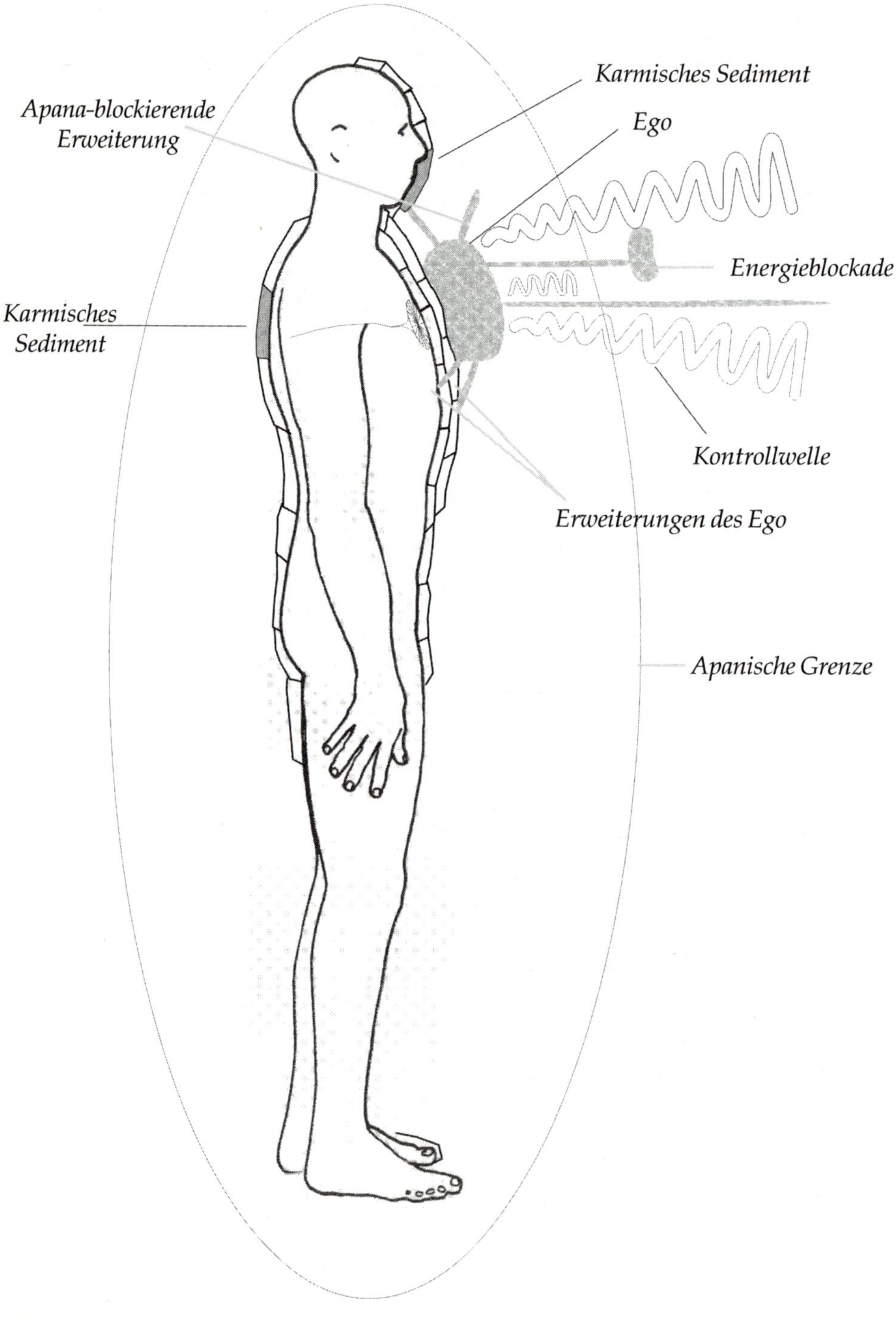
Karmisches Sediment
Apana-blockierende Erweiterung
Ego
Energieblockade
Karmisches Sediment
Kontrollwelle
Erweiterungen des Ego
Apanische Grenze

Die Apana aktivieren

In der folgenden Übung werden Sie die Apana in der Welt der Seele und auf der Ebene des vierten Chakras lokalisieren und aktivieren. Ihre erklärte Absicht lautet: »Es ist meine Absicht, die Apana in der Welt der Seele, auf der Ebene des vierten Chakras zu lokalisieren und zu aktivieren.«

Setzen Sie sich aufrecht und bequem hin, entspannen Sie sich mit der Standardmethode und bringen Sie die bewußte und unbewußte mentale Aktivität ins Gleichgewicht. Wenn sie entspannt sind, aktivieren Sie die Rückseite des Herz-Chakras und zentrieren Sie sich dort. Teilen Sie dann Ihre Aufmerksamkeit und aktivieren Sie die Vorderseite des Herz-Chakras.

Wenn Sie bereit sind fortzufahren, bekräftigen Sie: »Es ist meine Absicht, auf der Ebene des vierten Chakras nach innen in die Welt der Seele zu schauen.« Danach sagen Sie: »Es ist meine Absicht, die Apana in der Welt der Seele und auf der Ebene des vierten Chakras zu lokalisieren und zu aktivieren.« Obwohl die Apana, wenn sie aktiviert wurde, von überall auf der apanischen Grenze auftauchen kann, konzentrieren Sie sich jetzt zu Anfang auf die apanische Grenze, die Ihnen zugewandt ist.

Da Sie in dieser Übung keine karmischen Ablagerungen entfernen werden, werden Sie, sobald Sie einen leichten Druck spüren, bekräftigen: »Ich beabsichtige, das Apana freizusetzen.« Nehmen Sie sich fünfzehn Minuten, um den Effekt zu genießen, den die Apana erzeugt. Zählen Sie dann bis fünf und öffnen Sie bei »fünf« Ihre Augen. Jetzt fühlen Sie sich hellwach, völlig entspannt und wohler als zuvor.

Normalerweise taucht die Apana auf, sobald sie aktiviert worden ist. Falls nicht, seien Sie geduldig. Nach einigen Augenblicken spüren Sie vielleicht, wie die Apana sich selbst mit einem leisen »Plopp« vom karmischen Ballast befreit und zur Oberfläche des persönlichen Körperraumes fließt.

Wenn die qualifizierte Energie nur sehr wenig Widerstand leistet, wird es wahrscheinlich keinen Druck und kaum ein leises »Plopp« geben. Sollte sich jedoch viel qualifizierte Energie angesammelt haben, geht der Druck wahrscheinlich dem »Plopp« voraus und wird ziemlich stark, ehe die Apana zur Oberfläche des Körperraumes zu fließen beginnt. Bei Ansammlungen von karmischen Ablagerungen ist es normal, daß der Druck noch eine Weile anhält (da die Apana die karmische Ablagerung gegen die Oberfläche des persönlichen Körperraumes drückt). Wird der Druck zu stark, können Sie bekräftigen: »Es ist meine Absicht, die Apana loszulassen«. Die Apana wird gelöst und der Druck verschwindet.
Bleibt der »Plopp« aus oder wird die Apana nicht aktiv und bewegt sich in Richtung persönlicher Körperraum, bekräftigen Sie Ihre Absicht erneut und bleiben Sie geduldig. Wenn die Apana immer noch nicht aktiv wird , probieren Sie es ein andermal erneut. Die Bedingungen ändern sich wahrscheinlich und die qualifizierte Energie, welche die Apana am Ausstrahlen gehindert hat, kann ihren Zustand verändern oder wird weniger dicht, so daß die Apana leichter aktiv werden und an der apanischen Grenze auftauchen kann.
Wenn Sie noch Druck spüren, nachdem Sie ins normale Bewußtsein zurückgekehrt sind, brauchen Sie sich keine Sorgen zu machen, er wird schnell verschwinden, sobald Sie abgelenkt sind oder sich ihre Aufmerksamkeit auf etwas anderes richtet.

Um die Apana zu aktivieren und sich Ihres karmischen Zustands auf mehr Welten und Dimensionen des höheren und niederen Verstandes bewußt zu werden, können Sie die folgenden Übungen machen:
1. *Aktivieren Sie die Apana in der Welt des niederen Verstandes, auf der Ebene des dritten Chakras.*
2. *Aktivieren Sie die Apana auf der Milz-Ebene.*

3. *Aktivieren Sie die Apana in der Welt des Intellekts, auf der Ebene des ersten Chakras.*
4. *Aktivieren Sie die Apana in der Welt des Geistes, auf der Ebene des siebten Chakras.*

Die Apana in den ersten sieben Dimensionen aktivieren

In dieser Übung werden Sie die Apana in der Welt der Seele, auf den Ebenen der sieben traditionellen Chakras aktivieren. Ihre erklärte Absicht lautet also: »Es ist meine Absicht, die Apana in der Welt der Seele, auf den Ebenen der sieben traditionellen Chakras zu aktivieren.«

Setzen Sie sich aufrecht und bequem hin, entspannen Sie sich mit der Standardmethode und bringen Sie die bewußte und unbewußte mentale Aktivität ins Gleichgewicht. Fahren Sie fort, indem Sie die Rückseite des Herz-Chakras aktivieren und zentrieren Sie sich dort. Teilen Sie dann Ihre Aufmerksamkeit, aktivieren Sie die Vorderseite des Herz-Chakras und erklären Sie Ihre Absicht. Fahren Sie fort, indem Sie die Rückseite und danach die Vorderseite der sieben traditionellen Chakras (das bereits aktivierte vierte Chakra lassen Sie aus). Sobald Sie alle sieben Chakras aktiviert haben, bekräftigen Sie: »Es ist meine Absicht, nach innen in die Welt der Seele, auf die Ebenen der sieben traditionellen Chakras zu schauen.«

Nachdem Sie auf den Ebenen der sieben traditionellen Chakras nach innen geschaut haben, können Sie die Apana aktivieren. Beginnen Sie auf der Ebene des ersten Chakras, indem Sie bekräftigen: »Es ist meine Absicht, die Apana in der Welt der Seele, auf der Ebene des ersten Chakras hervortreten zu lassen.« Wenn der karmische Ballast nicht zu groß und das Ego nicht aufgebläht ist, tritt die Apana nun an der apanischen Grenze hervor und bewegt sich auf den persönlichen Körperraum zu, bis es auf die äußeren karmischen Schichten trifft, die sich auf der Ebene des ersten Chakras befinden. Da Sie in dieser Übung keinen karmischen Ballast entfernen werden, sagen Sie, so-

bald Sie Druck spüren: »Es ist meine Absicht, die Apana in der Welt der Seele, auf der Ebene des ersten Chakras loszulassen.« Danach bekräftigen Sie: »Es ist meine Absicht, die Apana in der Welt der Seele, auf der Ebene des zweiten Chakras hervortreten zu lassen.« Warten Sie, bis Sie einen leichten Druck spüren, lassen Sie dann die Apana los und begeben Sie sich zur Ebene des dritten Chakras. Fahren Sie auf diese Weise fort und aktivieren und entlassen Sie die Apana auf der Ebene des dritten, vierten, fünften, sechsten und siebten Chakras.

Nachdem Sie die Apana in allen sieben Dimensionen innerhalb des persönlichen Körperraumes aktiviert und losgelassen haben, entlassen Sie Ihre zweite Aufmerksamkeit. Genießen Sie die Wirkungen der Apana etwa fünfzehn Minuten lang. Zählen Sie dann bis fünf und öffnen Sie bei »fünf« die Augen. Jetzt fühlen Sie sich hellwach, völlig entspannt und wohler als zuvor.

Um die Apana in weiteren Welten und Dimensionen zu aktivieren, können Sie die folgenden Übungen praktizieren. Dadurch verbessern Sie Ihre Fertigkeiten und werden sich Ihrer karmischen Verfassung deutlicher bewußt.

1. *Aktivieren Sie die Apana in der Welt des niederen Verstandes, auf den Ebenen der sieben traditionellen Chakras.*
2. *Aktivieren Sie die Apana in der Welt des Intellekts, auf den Ebenen der sieben traditionellen Chakras.*
3. *Aktivieren Sie die Apana auf den Ebenen des Milz-Chakras und des oberen Milz-Chakras.*
4. *Aktivieren Sie die Apana in der Welt der Seele, auf den Ebenen der ersten drei Chakras unterhalb des persönlichen Körperraumes.*
5. *Aktivieren Sie die Apana in der Welt des niederen Verstandes, auf den Ebenen der Chakras acht bis dreizehn.*

Achtung: *Die Apana in Welten und Dimensionen zu aktivieren, in denen karmisches Gepäck den persönlichen Körperraum umgibt, kann schwieriger sein, als Sie erwarten, besonders wenn dieses Karma unmäßig dicht, polarisiert oder aktiv ist und/oder ein aufgeblähtes Ego mit seinen Erweiterungen, Schnüre und/oder Kontrollwellen hinzukommen. Um mit diesen Bedingungen fertig zu werden, müssen Sie Ihre Absicht stärken, sich besser konzentrieren oder die Übung mehrere Male wiederholen, bis die Apana an der apanischen Grenze auftaucht und damit beginnt, sich auf den persönlichen Körperraum zuzubewegen.*

➠ Die Apana selektiv aktivieren

Um karmischen Ballast in einer bestimmten Welt und Dimension zu entfernen, ist es nicht nötig, Apana entlang der gesamten apanischen Grenze zu aktivieren. Es ist viel wirksamer, Apana nur vor jenen qualifizierten Subfeldern zu aktivieren, die Sie entfernen wollen. In der folgenden Übung (als Vorbereitung für die Entfernung von Karma) werden Sie die Apana in der Welt des Intellekts und auf der Ebene des fünften Chakras (Visuddha) aktivieren, in dem Bereich zwischen dem dritten und fünften Chakra, der Ihnen zugewandt ist. Ihre erklärte Absicht lautet in dieser Übung : »Es ist meine Absicht, die Apana in der Welt des Intellekts zu aktivieren, auf der Ebene des fünften Chakras in dem Bereich zwischen dem dritten und fünften Chakra, der mir zugewandt ist.«
Setzen Sie sich aufrecht und bequem hin, entspannen Sie sich mit der Standardmethode und bringen Sie die bewußte und unbewußte mentale Aktivität ins Gleichgewicht. Aktivieren Sie die Rückseite des Herz-Chakras und zentrieren Sie sich dort. Teilen Sie dann Ihre Aufmerksamkeit, aktivieren Sie die Vorderseite des Herz-Chakras und erklären Sie Ihre Absicht: »Es ist meine Absicht, nach innen zu schauen in die Welt der Seele, auf

der Ebene des fünften Chakras.« Nehmen sie sich einige Minuten Zeit, um die Bewußtseinsveränderung zu erfahren und sagen Sie dann: »Es ist meine Absicht, die Apana in der Welt des Intellekts hervortreten zu lassen, auf der Ebene des fünften Chakras, in dem Bereich zwischen dem dritten und fünften Chakra, der mir zugewandt ist.« Sobald die Apana aktiv ist, bewegt sie sich auf den persönlichen Körperraum zu. Lassen Sie sie fließen, bis Sie einen Druck spüren. Bekräftigen Sie nun: »Es ist meine Absicht, die Apana freizusetzen.« Genießen Sie die Wirkungen der Apanas fünfzehn Minuten lang. Zählen Sie dann bis fünf und öffnen Sie bei »fünf« die Augen. Jetzt fühlen Sie sich hellwach, völlig entspannt und wohler als zuvor.

Um die Apana in weiteren Welten und Dimensionen selektiv zu aktivieren, können Sie die folgenden Übungen machen. Dadurch verbessern Sie Ihre Fertigkeiten und werden sich Ihres karmischen Zustandes deutlicher bewußt.

1. *Aktivieren Sie die Apana in der Welt des Geistes, auf der Ebene des ersten Chakras und zwar im Bereich zwischen dem ersten und dem dritten Chakra, der Ihnen zugewandt ist.*
2. *Aktivieren Sie die Apana in der Welt der Chakras, auf der Ebene des sechsten Chakras und zwar im Bereich zwischen dem vierten und dem siebten Chakra, der Ihnen abgewandt ist.*
3. *Aktivieren Sie die Apana in der Welt des niederen Verstandes, auf der Ebene des zweiten Chakras und zwar im Bereich zwischen dem ersten und dem dritten Chakra, der Ihnen zugewandt ist.*
4. *Aktivieren Sie die Apana in der Welt des Geistes, auf der Ebene des achten Chakras und zwar im Bereich zwischen dem zweiten und dem fünften Chakra an Ihrer linken Seite.*

5. *Aktivieren Sie die Apana auf der Ebene des Milz-Chakras, im Bereich über dem siebten Chakra (über Ihrem Kopf).*

Karmische Energie entfernen

Mit dem Wissen und den Fähigkeiten, die Sie bisher erworben haben, können Sie nun ein Subfeld aus karmischer Energie entfernen, indem Sie die Apana anwenden. Es ist sehr wichtig zu beachten, daß Sie während des gesamten Prozesses in der Rückseite Ihres Herz-Chakras zentriert bleiben und allen Störungen, inklusive Gedanken, Emotionen, Gefühlen und der Bewegung qualifizierter Energie widerstehen. Außerdem müssen Sie der Versuchung widerstehen, Ihr Ego zu teilen.

Der Prozeß verläuft folgendermaßen: Nachdem Sie ein geeignetes Subfeld entdeckt haben, werden Sie die Apana in der angemessenen Dimension und Welt, an der Stelle wo es nötig ist, aktivieren. Sobald die Apana aktiv ist und das (von Ihnen ausgewählte) Subfeld unter Druck setzt, werden Sie Ihre Aufmerksamkeit teilen und Ihre zweite Aufmerksamkeit (die aus der Rückseite Ihres Herz-Chakras auftaucht) direkt hinter die sich ausbreitende Apana bringen. Die zweite Aufmerksamkeit wird die Rückseite der Apana wie eine dünne Schicht bedecken. Jetzt verlagern Sie Ihren Schwerpunkt zur zweiten Aufmerksamkeit und drücken – immer noch hinter der vorrückenden Apana – sanft gegen die Oberfläche des qualifizierten Subfeldes (siehe Abb. nächste Seite). So wird das Subfeld zunehmend unter Druck gesetzt. Der zunehmende Druck wird die Poren der Oberflächenmembran bis hin zu einem kritischen Punkt weiten, an dem sie so groß geworden sind, daß die Apana durch die Oberflächengrenze in das Subfeld eindringen kann. Da qualifizierte und unqualifizierte Energie nicht gleichzeitig denselben Raum einnehmen können, wird die qualifizierte Energie für immer aus Ihrem Energiefeld verschwinden.

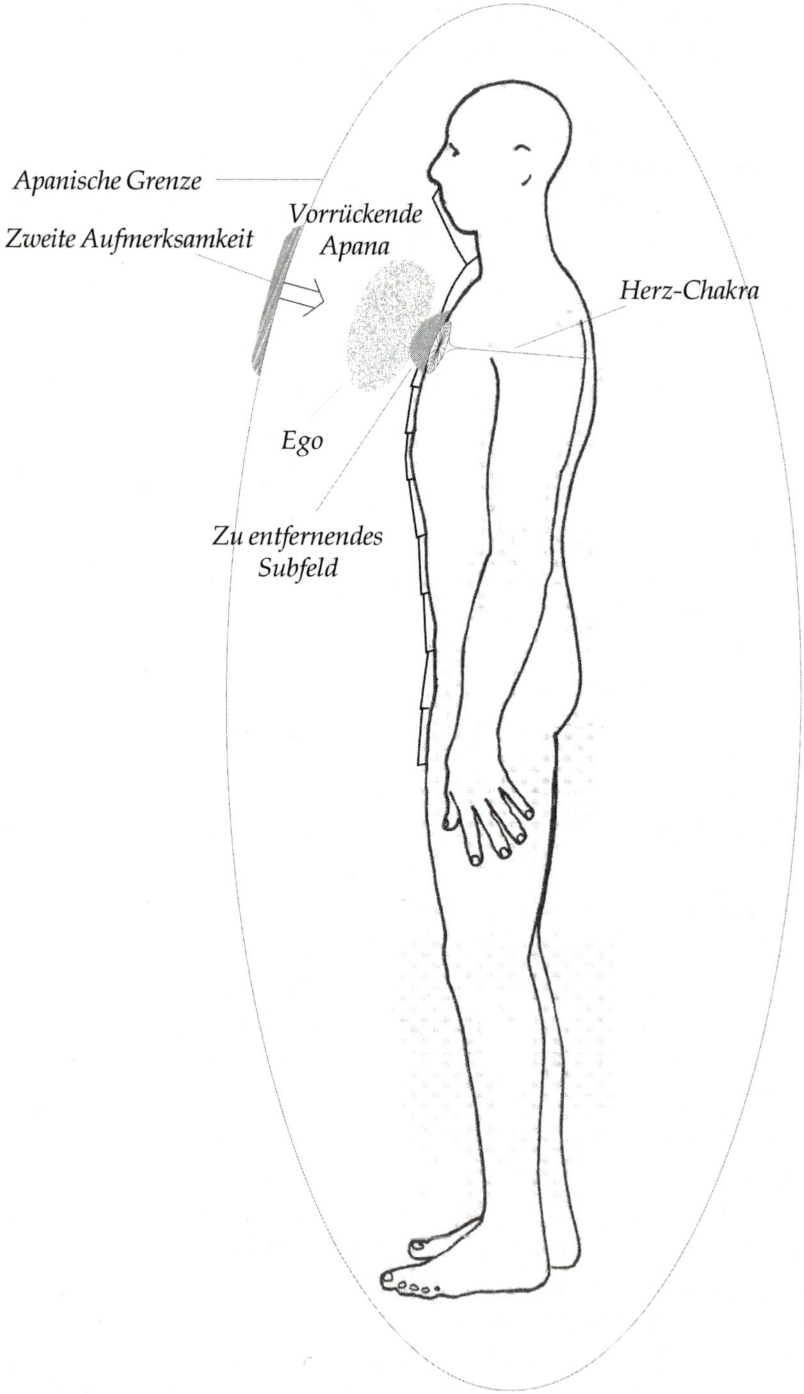
Apanische Grenze
Zweite Aufmerksamkeit
Vorrückende
Apana
Herz-Chakra
Ego
Zu entfernendes
Subfeld

Manchmal ist das Subfeld, das Sie sich zu entfernen entschieden haben, so groß, daß es sich über die Ränder Ihrer zweiten Aufmerksamkeit ausdehnt. Um dem entgegenzuwirken, ist es notwendig, daß Sie Ihre zweite Aufmerksamkeit ausdehnen, indem Sie bekräftigen: »Es ist meine Absicht, meine zweite Aufmerksamkeit nach oben, unten, links und rechts auszudehnen.«

Wenn Sie bereits ein qualifiziertes Subfeld ausgesucht haben, das Sie entfernen wollen, können Sie gleich zum nächsten Schritt des Prozesses übergehen. Wenn nicht, müssen Sie den Bereich zwischen der Oberfläche des persönlichen Körperraumes und der apanischen Grenze absuchen, um ein Subfeld zu finden (siehe dazu Kapitel 7). Das Subfeld, das Sie entfernen wollen, sollte von durchschnittlicher Größe, mit durchschnittlicher Dichte, Polarität und Aktivität sein und es sollte sich zwischen der Oberfläche des persönlichen Körperraumes und der apanischen Grenze befinden.

Um zu beginnen, setzen Sie sich bequem und mit aufrechtem Rücken hin. Ihre erklärte Absicht lautet: »Es ist meine Absicht, das qualifizierte Subfeld, das ich erfaßt habe ...« (spezifizieren Sie Welt, Dimension und Lage) oder das Sie nur benennen können »auf der Welt und Ebene, wo ich Druck, Schwere, Schmerz oder Unbehagen spüre, zu entfernen.«

Um fortzufahren, entspannen Sie sich mit der Standardmethode und bringen Sie die bewußten und unbewußten mentalen Aktivitäten ins Gleichgewicht. Aktivieren Sie dann die Rückseite des Herz-Chakras und zentrieren Sie sich dort. Wenn Sie zentriert sind, teilen Sie Ihre Aufmerksamkeit, aktivieren Sie die Vorderseite des Herz-Chakras und bekräftigen Sie Ihre Absicht, nach innen in die Welt und Dimension zu schauen, wo Sie das Subfeld ertastet, bzw. geortet haben. Wenn Sie die Welt und Dimension nicht kennen, bekräftigen Sie: »In der Welt oder Dimension in der ich Schwere (oder Unbehagen, Druck oder Schmerz) empfinde, ist es meine Absicht, daß die Apana hervortritt.« Wenn Sie nun einen Druck spüren, ist das ein Zeichen, daß die Apana auf das Subfeld gestoßen ist, das Sie gewählt haben. Jetzt bekräftigen Sie: »Es ist meine Absicht, meine zweite Aufmerksamkeit hinter das sich ausbreitende Apana zu verlagern.« Wenn nötig, erweitern Sie Ihre zweite Aufmerksamkeit nach oben, unten, rechts und links. Dann drücken Sie mit Ihrer zweiten Aufmerksamkeit sanft nach Innen entlang der gesamten Oberfläche. Bleiben Sie konzentriert und lassen Sie nicht zu, daß die Apana qualifizierte Energie in Ihren persönlichen Körperraum drückt.

Achten Sie darauf, daß Ihr Ego sich nicht teilt oder Ihre Aufmerksamkeit abschweift. Üben Sie einfach Druck aus, wenn sich die Apana auf den persönlichen Körperraum zubewegt. Wird der Widerstand zu groß, lassen Sie Ihre Aufmerksamkeit einige Augenblicke an Ort und Stelle und drücken Sie dann erneut mit Ihrer zweiten Aufmerksamkeit gegen die gesamte Oberfläche. Wenn der Druck einen angemessenen Grad erreicht, dringt die Apana in das Subfeld ein und löst es von Ihrem Energiefeld.

Sobald Apana die Oberflächengrenze des Subfeldes durchdringt, wird der Druck abrupt nachlassen und ein Gefühl der Erleichterung tritt ein, manchmal begleitet von einem »Prickeln«, das darauf hinweist, daß die qualifizierte Energie gelöst wurde und die Apana diesen Platz eingenommen hat.

Wenn das Subfeld entfernt wurde, lösen Sie die Apana, Ihren Schwerpunkt und Ihre zweite Aufmerksamkeit und zählen Sie von eins bis fünf. Bei »fünf« öffnen Sie die Augen. Jetzt fühlen Sie sich hellwach, völlig entspannt und wohler als zuvor.

Kapitel 15

»In dem Maße, wie du dein Anhaften am Unwirklichen löst, wächst deine Innenschau der Wirklichkeit. Durch beständiges Üben, wird der Verstand unter Kontrolle gebracht und wird sich als bewußtes Selbst gewahr und du verweilst wie ein Meer aus Glückseligkeit in einem bitteren Körper.«

KAIVALYA NAVANEETA

Personas entfernen

Personas sind komplexe Subfelder aus qualifizierter Energie, die den Willen und die individuellen Qualitäten der in ihr enthaltenen CECs ausdrücken. Obwohl Personas im individuellen Verstand und Ego existieren, können sie durch den Makrokosmos von einem Menschen zum anderen projiziert werden. Personas, die durch den Makrokosmos projiziert werden, entstehen aus karmischen Ablagerungen oder aus Energieblockaden und/oder durch Eindringen in den persönlichen Körperraum oder aus ausgestoßenen Energiekörpern und Energieträgern. Die Personas, die sich durch Eindringen entwickelt haben, können besonders störend sein, da sie außerordentlich dicht, polarisiert und hoch aktiv sind (das bedeutet, daß sie eine hohe Durchschlagskraft besitzen).

Personas im Mikrokosmos sind in allen Welten und Dimensionen sowie auf den Milzebenen und in den Funktionen und Aspekten des Verstandes zu finden. In einigen Fällen sind Personas in Energiekörpern und oder Energieträgern eingeschlossen. Das ist dann der Fall, wenn ein Energiekörper oder ein Energieträger aus dem persönlichen Körperraum ausgestoßen und von qualifizierten Subfeldern verunreinigt wurde.

Alle Personas enthalten mindestens eine CEC, (meist aber

mehrere). Obwohl die Position der CECs in den Personas unterschiedlich sein kann, werden alle CECs innerhalb der Personas im individuellen Verstand und Ego integriert werden und zwar in der Welt und Dimension, in der sie sich befinden.

Personas unterscheiden sich in Größe, Form, Dichte, Polarität, Aktivitätsgrad und Oberflächenbeschaffenheit. Meist treten Personas in einem Bündel auf; die gebündelten Personas entsprechen sich nahezu in Größe, Form, Dichte, Polarität und Resonanz und/oder Durchschnittsfrequenz. Da gebündelte Personas ähnliche Merkmale aufweisen, ist es äußerst wichtig, sich auf eine bestimmte Persona zu konzentrieren und nicht zu benachbarten Personas im selben Bündel abzuschweifen.

Eine Persona kann von ihren unmittelbar benachbarten Personas beeinflußt werden; aber die große Mehrheit aller Personas ist aus zwei Gründen ziemlich stabil: Erstens sind sie im individuellen Verstand und Ego integriert und zweitens führt der Druck der benachbarten karmischen Ablagerungen dazu, sie zu stabilisieren.

Personas verfügen über einen Empfindungsgrad, das bedeutet, daß sie einen eigenen Willen, begrenztes Bewußtsein und Verlangen wie auch ein begrenztes Spektrum (unechter) Emotionen, Gefühle und Empfindungen manifestieren können. In Extremfällen (wenn die CECs in einer Persona besonders tamasisch sind) bringt die Persona eine der folgenden Qualitäten zum Ausdruck: Verlangen, Besessenheit, Sucht, Lust und/oder Abscheu, (die sich als Terror, Furcht, Angst und Nervosität und Panik manifestieren können).

Zudem können Personas selbstbegrenzende Eigenschaften manifestieren. Diese beinhalten Müdigkeit, Verwirrung, Unaufmerksamkeit und Trägheit.

Die Qualitäten einer Persona gelangen auf vier Wegen ins Bewußtsein. Sie können hervortreten, wenn Samskaras in den persönlichen Körperraum eindringen. Sie können auftreten, wenn äußere Schichten von Samskaras und oder Vasanas sich ausdehnen. Ausdehnung findet statt, wenn der auf ein Subfeld in der karmischen Ablagerung ausgeübte Druck nachgelassen hat und das Subfeld somit Platz hat, den Willen, Bewußtsein, Emotionen, Gefühle und Empfindungen der in ihm enthaltenen CECs auszudrücken. Personas können in das Bewußtsein ihres Wirtes hervortreten, wenn dieser sich der zusätzlichen Welten und Dimensionen bewußt wird, in denen Subfelder aus karmischer Energie abgelagert sind. Und schließlich können Personas in unserem Bewußtsein hervortreten, wenn fremde Subfelder, die gewaltsam in den Mikrokosmos eingedrungen sind, ihre Qualitäten durch den individuellen Verstand und das Ego zum Ausdruck bringen.

Wir können Apana benutzen, um karmischen Ballast zwischen der apanischen Grenze und der Oberfläche des persönlichen Körperraumes aufzulösen. Die Sieben-Schritte-Methode, die nachstehend aufgeführt ist, kann die Technik ergänzen, indem es ermöglicht wird, Personas die aus Samskaras und Vasanas, die innerhalb des Mikrokosmos hervortreten, aufzulösen; und zwar innerhalb als auch außerhalb des persönlichen Körperraumes und in allen Welten und Dimensionen, einschließlich den Milzebenen und den Funktionen und Aspekten des Verstandes.

Es ist normalerweise nicht schwierig, Samskaras und Vasanas in Form von Personas zu entfernen, denn ihre Größe und Form erleichtert die Arbeit mit ihnen (normalerweise sind sie flach, länglich und in ihrer Aktivität eingeschränkt, aufgrund des ausgeübten Drucks der sie umgebenden karmischen Ablagerungen). Einige Personas, vor allem jene, die in den Auras gleiten, die den persönlichen Körperraum umgeben, sind schwieriger aufzulösen, da sie unregelmäßiger geformt sein können und angrenzende Subfelder ihre Bewegungen weniger einschränken.

Projizierte Personas

Personas, besonders jene, die sich im persönlichen Körperraum befinden, können von einem Menschen zum anderen projiziert werden. Eine projizierte Persona kann sich im Energiefeld der Zielperson verfangen, insbesondere, wenn die Zielperson an ihrem individuellen Verstand und Ego haftet und zwar in der Welt und Dimension in der die Projektion stattgefunden hat. Akzeptiert die Zielperson die Qualitäten der Persona, wird sie in seinen individuellen Verstand und Ego integriert. Obwohl projizierte Personas auf diese Weise Teil des karmischen Ballastes der Zielperson werden können und sogar in ihrem individuellen Verstand und Ego integriert werden, bleibt die Persona durch eine dünne Schnur aus qualifizierter Energie mit dem Täter (dem Projizierenden) verbunden. Personas, die mit dem Eindringling verbunden bleiben, werden unter dem Einfluß des Täters stehen und unterliegen den Launen seines Willens, Verlangens und seiner Abneigungen.

Projizierte Personas, die mit dem Täter verbunden bleiben, sind Schnüre. Schnüre können (den Wirt) besonders schwächen, weil der Täter durch sie, noch lange nach dem ersten Eindringen qualifizierter Energie, projizieren kann. Abgesehen davon, daß es den Wirt chronisch verunsichert, kann das Eindringen qualifizierter Energie durch die Schnüre das Energiefeld des Wirtes polarisieren, indem es das Feld weiblicher und empfänglicher und daher auch reaktiver macht.

Es ist für Schnüre nicht ungewöhnlich, ihren Wirt unter der Kontrolle des Täters zu halten und das noch Jahre später nach der Eingangsprojektion. In der Tat begründet die krankhafte Verbindung, die von der Schnur geschaffen und beibehalten wird, die gegen das Selbst gerichteten Gefühle, irrationale Angst und innere Aufruhr, die den Wirt jahrelang noch nach dem ersten Eindringen plagen. Es erklärt auch, warum der Zustand des Wirtes sich Jahre später verschlechtern kann, nachdem ihr/sein Energiefeld von der Schnur durchdrungen wurde.

Kinder sind für Übergriffe dieser Art besonders empfänglich, weil sie von Erwachsenen abhängig sind und nicht über die notwendigen Mittel verfügen, um sich gegen eindringende Energie wehren zu können, insbesondere von Menschen, denen sie vertrauen und/oder von Autoritätspersonen.

Beim sexuellen Mißbrauch sind Opfer und Täter immer durch eine Schnur verbunden. Bei sexuellem Mißbrauch wird das Opfer zweimal durchdrungen. Das erste Eindringen ist physischer und das zweite Eindringen ist energetischer Natur (in Form einer Schnur). Das physische Eindringen ist zwar abscheulich, doch sind die Symptome, die durch das physische Eindringen verursacht werden meist vorübergehend. Tatsächlich ist es das energetische Eindringen, daß für die dauerhaftesten und stark schwächenden Symptome verantwortlich ist; dies beinhaltet die Schwächung der Grenzen und das Transportieren dichter, stark polarisierter, qualifizierter Energie in das Energiefeld des Opfers. Neben der Schnur werden auch zahlreiche CECs in das Energiefeld des Opfers projiziert - entweder als Teil der Eingangsprojektion oder als Teil von nachträglichem Eindringen (durch die Schnur). Zudem können diese CECs sich mit untergeordneten Personas verbinden.

Im Energiefeld des Opfers geraten untergeordnete Personas oft mit der dort dominierenden Persona in Konflikt, indem sie Wut, Unsicherheit, Selbstverachtung sowie antisoziale und gegen das Selbst gerichtete Gefühle, Emotionen und Ideen ausstrahlen, die unbegründete Angst (vor allem vor dem Täter), Selbstzweifel und Depressionen hervorrufen können.

Dominante und untergeordnete Personas

Der individuelle Verstand als funktionale Einheit enthält eine dominante Persona und eine oder mehrere untergeordnete Personas. Die dominante Persona besteht fast ganz aus Samskaras, die von einem Leben ins nächste mitgenommen werden. Das Ego unterstützt die dominante Persona, indem es ihr als eine Art Linse dient, mit der sie ihre Aufmerksamkeit bündeln kann und die Informationen filtert, die sie von den Bewußtseinszentren im höheren und niederen Verstand erhalten hat.

Untergeordnete Personas unterstützen oder widersetzen sich der dominanten Persona. Obwohl die meisten untergeordneten Personas in Dimensionen existieren, die im menschlichen Unterbewußtsein verborgen sind (vor allem auf den Milzebenen und den Dimensionen, die von höheren und tieferen Chakras gesteuert werden), ist es durchaus nicht ungewöhnlich, daß untergeordnete Personas durch Träume, Phobien und Phantasien (besonders sexuelle) ins Bewußtsein hervortreten. Wenn untergeordnete Personas hervortreten und sich der dominanten Persona widersetzen, können sie das Wohlbefinden ihres Wirtes und die Stabilität seiner Beziehungen untergraben. In einigen Fällen, (vor allem jene, die lebensbedrohlich sind) und/oder wenn der Wirt (unter Einfluß von Alkohol oder Drogen) seine/ihre Hemmungen ablegt, können untergeordnete Personas unerwartet und auf drastische Weise in Erscheinung treten.

Familienangehörige neigen dazu, meist recht ähnliche (sogar identische) Personas zu haben, weil Eltern (und Verwandte), die am individuellen Verstand und Ego haften, dazu neigen, qualifizierte Energie auf die Menschen zu projizieren, die sie beeinflussen wollen (besonders auf Kinder und Abhängige). Im Zuge der Akkulturation beobachten wir bei der Arbeit einen ähnlichen Prozeß. Alle Kulturen stellen durch ihre Traditionen und Institutionen Anforderungen an Kinder und Abhängige, was unweigerlich das Prana, das durch das Energiesystem des sich entwickelnden Menschen fließt, beschränken wird. Tatsächlich bedingt, toleriert und fördert den Prozeß der Akkulturation ausnahmslos die Projektion von Personas - oft in Form von Schnüren - von denen die Autorität haben auf jene, die ihnen unterstellt sind.

Die Tatsache, daß Personas im individuellen Verstand und Ego integriert werden können und dann die Aktivitäten des höheren und niederen Verstandes und deren Funktionen und Aspekte verfälschen, macht sie zu einer sehr störenden Erscheinung. In der Energiearbeit wird ihnen aber gerade ihre Stärke zum Verhängnis und ermöglicht mit Hilfe der Sieben-Schritte-Methode sie dauerhaft zu entfernen.

Personas entfernen

Wenn eine Persona in das menschliche Energiesystem eindringt oder aus karmischen Ablagerungen ins Bewußtsein eintritt, hat der Wirt drei Möglichkeiten zu reagieren. Erstens kann er/sie die Persona leugnen und kontrahieren, um die Persona ins Unbewußte zu befördern, damit er von ihren Qualitäten nicht beeinflußt wird. Kontraktion und Leugnen können vielleicht verhindern, daß die Persona ihre Qualitäten durch das Bewußtsein des Wirtes strahlt, dennoch stört eine Persona den Prana-Fluß und die synchronistische Funktion des menschlichen Energiesystems in der betroffenen Welt und Dimension. Überdies, reagieren die CECs in der Persona auf eine Kontraktion und zwar, indem sie qualifizierte Energie in die äußere Welt projizieren. Solche Projektionen haben eine schädigende Wirkung auf Beziehungen, da die Bedürfnisse und Verlangen - der innerhalb der Persona enthaltenen CECs - auf die Menschen, die mit dem Wirt interagieren, projiziert werden.

Die zweite Möglichkeit besteht darin, daß man seinen Willen dem Willen der CECs in der Persona unterordnet und die Qualitäten, die aus der Persona hervortreten, in seinen individuellen Verstand und Ego integriert. Diese Wahl ist schon an sich gefährlich, weil die untergeordnete Persona eventuell so stark sein könnte, daß sie mit der dominanten Persona des Wirtes um die Kontrolle wetteifert. Konflikte dieser Art können zu Zwangsverhalten, passivem und/oder aggressivem Verhalten gegen das Selbst führen.

Die beste Wahl ist, im höheren und niederen Verstand zentriert zu bleiben, die Verantwortung für die Persona zu übernehmen und sie zu beobachten, ohne an ihren Qualitäten anzuhaften. Wenn man sich entschließt, im höheren und niederen Verstand zentriert zu bleiben, dehnt sich die Persona aus und scheint zu wachsen (und erweckt den falschen Eindruck, als würde sie die dominante Persona und den höheren und niederen Verstand überwältigen). Das ist natürlich energetisch unmöglich, da sich das entsprechende Prana-Feld mit der Persona ausdehnt. Da beide Felder sich ausdehnen, sind sie gezwungen zu interagieren. Und genau diese Interaktion ermöglicht es, Personas aus dem Energiefeld zu entfernen.

Erlaubt der Wirt einer Persona, ihr Energiefeld auszudehnen, nimmt die Dichte ihres qualifizierten Energiefeldes ab und die Poren ihrer Oberflächengrenze werden größer. Sobald die Poren groß genug sind, strömt Prana aus dem entsprechenden Energiefeld (des höheren und niederen Verstandes) durch die Oberflächenmembran. Sobald unqualifizierte Energie die Persona durchdringt, wird die qualifizierte Energie samt aller Funktionen der Persona (individueller Wille, begrenztes Bewußtsein, Emotionen, Gefühle und Empfindungen) dauerhaft aus dem Energiefeld des Wirtes entfernt und der leere Raum wird sich mit Prana füllen.

➨ Die Sieben-Schritte-Methode

Die Entfernung einer Persona ist eine Sieben-Schritte-Methode, die in der aufgeführten Reihenfolge befolgt werden muß. Der erste Schritt ist Bewußtheit: Der Betroffene wird sich der Persona (Größe, Form, Dichte und

Ort), die er entfernen möchte, bewußt. Der zweite Schritt ist Akzeptanz: Der Wirt stellt das Urteilen ein und akzeptiert die Qualitäten, die aus der Persona hervorgehen. Der dritte Schritt ist Freude: Der Wirt geht über das bloße Akzeptieren hinaus und genießt die Qualitäten, die aus der Persona hervorgehen. Der vierte Schritt ist Identifikation: Der Wirt identifiziert sich mit der Persona, indem er die Anhaftung an seine dominante Persona aufhebt (nicht aber an den höheren und niederen Verstand), während er aktiv die Qualitäten der Persona annimmt. Der fünfte Schritt ist Teilnahme: Der Wirt nimmt an der Persona teil, indem er zuläßt, daß die Qualitäten der Persona seine Persönlichkeit bedecken, unabhängig wie negativ und oder unangenehm sie sein mögen. Der sechste Schritt ist Werden: Der Wirt gibt das »innere Drehbuch« auf, das normalerweise ihre Aktivitäten hindert und verinnerlicht die Absicht der Persona. Der siebte Schritt ist Erlaubnis: Der Wirt wird zur Persona und erteilt ihm/ihr die Erlaubnis, die Aktivitäten auszuführen, die als eine Funktion der Absicht der Persona's Verlangen und/oder Wille, hervortritt.

1. Bewuß theit

Jede Persona verfügt über eine einzigartige Resonanz, die sie von Nachbarn und von anderen Personas ihres Bündels unterscheidet. Der sicherste Weg, um sich einer Persona bewußt zu werden, besteht darin ihre Qualitäten zu isolieren. Angenommen, Sie sind deprimiert, dann können Sie mit Hilfe Ihrer Absicht die Persona isolieren, die für die Depression verantwortlich ist, so daß die Persona aus dem Hintergrundbereich des karmischen Ballastes hervortritt. Je genauer Ihre Absicht formuliert ist, desto besser. Sie können beispielsweise bekräftigen: »Es ist meine Absicht, mir der Persona bewußt zu werden, die mir in der Welt der Seele, auf der Ebene des vierten Chakras ein depressives Gefühl verursacht.«

Nachdem Sie die Persona isoliert haben, können Sie Ihre mentale Aufmerksamkeit auf sie lenken. Das Prana, das aus dieser Aufmerksamkeit hervortritt, wird die qualifizierte Energie in der Persona aktivieren, indem es ihre Schwingung erhöht, sodaß sie sich ausdehnt. Da sie sich ausdehnt, verliert sie an Dichte, sodaß es Ihnen leichter fällt, die Persona zu akzeptieren.
Wenn Sie sich einer Persona bewußt geworden sind, ist es sehr wichtig, daß Sie auf sie fokussiert bleiben und sich von nichts anderem ablenken lassen. Nur dann können Sie zum nächsten Schritt Akzeptanz übergehen.

2. Akzeptanz

Sobald Sie sich der Persona bewußt geworden sind, müssen Sie die Persona akzeptieren, indem Sie die Verantwortung für sie übernehmen und ihre Qualitäten akzeptieren. Das bedeutet, daß Sie jeglichen Versuch aufgeben müssen, die Persona ändern, leugnen und oder im Unbewußten verbergen zu wollen. Es bedeutet auch, daß Sie aufhören müssen über sie nachzudenken und jegliche Versuche aufgeben müssen sie verstehen zu wollen. Wenn Sie die Persona akzeptieren, dehnt sie sich sogar weiter aus. Und indem Sie die Qualitäten akzeptieren, die aus der Persona hervortreten, ohne sie abzulehnen, zu leugnen oder zu ändern versuchen, werden Sie sich auf den nächsten Schritt im Prozeß vorbereiten, das Vergnügen.

3. Vergnügen

Um eine Persona genießen zu können, müssen Sie die Dualität überwinden, indem Sie Ihre Anhaftung an Meinungen wie gut und böse oder richtig und falsch aufgeben. Das bedeutet, daß Sie aufgeben müssen zu urteilen und Ihre Abneigung gegen die Qualitäten der Persona einstellen müssen, unabhängig davon, wie negativ und störend sie sein mögen.
Wie ein Löwe in der Wildnis, der tötet um zu essen, han-

delt die Persona die Sie entfernen wollen, in Übereinstimmung mit ihrer Natur. Einen Löwen, der tötet um zu überleben, zu verurteilen, wäre vollkommen absurd. Ebenso wäre es absurd, eine Persona zu verurteilen, weil sie Qualitäten hat und zudem erschwert es nur den Prozeß, sie zu entfernen.

Das Entfernen von Personas ist kein Kampf des Guten gegen das Böse. Es ist eine Technik, die dazu bestimmt ist, Ihr Energiefeld wieder in seinen natürlichen Zustand des Wohlbefindens zu versetzen. Dies zu verstehen, ist sehr wichtig und macht das Vergnügen viel leichter.

Sobald Sie sich über die Persona zu freuen beginnen, dehnt sie sich nach unten (manchmal auch nach oben) zum zweiten Chakra aus. Wenn die Persona sich ausdehnt und ihre Dichte abnimmt, dehnt sich das Prana mit ihr aus und wird von ihrer Oberfläche reflektiert und das Prana somit zum Leuchten gebracht. Das wiederum erleichtert Ihnen den nächsten Schritt im Prozeß auszuführen, die Identifikation.

4. Identifikation

Durch das Identifizieren mit der Persona, gehen Sie über das passive Vergnügen hinaus in die aktive Teilnahme an der Persona und ihrer Qualitäten. Indem Sie diesen wichtigen Schritt machen, demonstrieren Sie Ihr Vertrauen in die Macht des höheren und des niederen Verstandes (und das Prana, welches ihr dynamischer Aspekt ist), die Persona zu entfernen.

Sobald Sie sich mit den Qualitäten der Persona identifizieren, dehnt sie sich nach oben (manchmal auch nach unten) zum sechsten Chakra hin aus. Dies gibt der Persona Raum, um ihren Willen auszudrücken. Im Prozeß wird das Prana, das aus dem sechsten Chakra hervortritt, sich ausdehnen und wird von der Oberfläche der Persona reflektiert, sodaß die Persona von ihrem Bündel noch deutlicher isoliert wird. Durch das Isolieren der

Persona von ihrem Bündel erleichtern Sie die Teilnahme, welches der nächste Schritt im Prozeß ist.

5. Teilnahme

Sobald Sie sich mit der Persona identifiziert haben, können Sie zum nächsten Schritt im Prozeß voranschreiten, dem der Teilnahme. In der Teilnahme erteilen Sie sich die Erlaubnis, die individuellen Qualitäten der Persona zu genießen. Um die individuellen Qualitäten genießen zu können, müssen Sie über eine abstrakte Beziehung mit der Persona hinausgehen und Sie müssen sie »real machen«, indem Sie das Konzept vom Ich und Du aufgeben.

Erst wenn Sie die Persona angenommen und ihre individuellen Qualitäten genossen haben, wird sie sich nach hinten ausdehnen (manchmal auch nach vorn) zum männlichen Teil Ihres Energiefeldes. Sobald sich die Persona in das männliche Energiefeld ausdehnt, nimmt ihre Dichte ab und ihre Oberfläche wird poröser: Dies ermöglicht den sieben Chakras im persönlichen Körperraum aktiver zu werden, sodaß das Prana sich mit der Persona weiter ausdehnen kann und Sie nun wählen können, die Persona zu werden, welches den nächsten Schritt im Prozeß darstellt.

6. Die Persona werden

Wenn Sie zur Persona werden, akzeptieren und ersetzen Sie aktiv die Absicht (der Persona, die Sie zu entfernen wünschen) anstelle der Absicht der dominanten Persona. So ermöglichen Sie der ausgewählten Persona (zumindest zeitweilig), dominant zu werden. Sobald Sie die Persona geworden sind, indem Sie ihre Qualitäten übernommen haben, wird jeder Unterschied und /oder Trennung zwischen Ihnen und der Persona ausgelöscht sein. Dies ermöglicht der Persona sich nach vorn auszudehnen. Während die Persona sich nach vorn ausdehnt, aktivieren sich die weiblichen Pole der Chakras und Prana dehnt sich nach vorn, zusammen mit der Persona, aus. Dieses Ausdehnen des Pranas nach vorn bereitet Sie auf den nächsten Schritt im Prozeß vor, nämlich die Erlaubnis.

7. Erlaubnis

Es genügt nicht, die Persona zu werden. Ohne der Persona, die Erlaubnis zu erteilen, die Aktivitäten auszuführen, die ihr Vergnügen bereiten, wird der Prozeß nicht real; und die Persona wird sich nicht nach vorn über Ihr Energiefeld hinaus in die äußere Welt ausdehnen. Die Tatsache, daß Sie der Persona die Erlaubnis erteilen zu agieren, ist die höchste Form von Vertrauen, die man dem Selbst und den Funktionen des höheren und niederen Verstand erweisen kann. Erst indem Sie die Erlaubnis erteilen, wird das Selbst zum Handelnden und das Selbst kann, durch die Schirmherrschaft des höheren und niederen Verstandes (und des menschlichen Energiesystems) die Persona entfernen.

Im letzten Schritt des Prozesses, wird sich das Subfeld, das Sie ausgewählt haben, nach vorn über Ihre Aura-Grenze hinaus ausdehnen. Das Prana wird sich zusammen mit ihr ausdehnen. Sobald die Poren in der Oberflächengrenze der Persona groß genug sind, strömt Prana in sie hinein. Da Prana und qualifizierte Energie (in derselben Welt und Dimension) nicht denselben Raum zur gleichen Zeit einnehmen können, werden die Persona und die in ihr enthaltenen CECs entfernt. Und alles was übrig bleibt, wird das Prana sein, das den Raum ausgefüllt hat, der vorher von der Persona besetzt war.

➠ Eine zu entfernende Persona finden

Bevor Sie eine Persona entfernen können, müssen Sie zuerst eine finden und sie von ihrem Bündel isolieren. Nachdem Sie sie isoliert haben, müssen Sie auf sie fokussiert bleiben, um sie mit der Sieben-Schritte-Methode, zu entfernen. Zu dieser Herausforderung kommt der Wider-

stand und/oder die Störung benachbarter Subfelder im Bündel der Persona.
Bündel sind meist Gruppen von Personas mit ähnlicher Resonanz und fast identischer Struktur (lange, dünn und schmal), die zusammengepreßt sind und durch den Druck benachbarter Subfelder an einer Stelle zusammengehalten werden. Es ist für Subfelder innerhalb eines Bündels nicht ungewöhnlich, daß sie sich ausdehnen, während Sie eine Persona entfernen. Wenn Sie sich ausdehnen, können Sie die hervortretenden Qualitäten, der von Ihnen ausgewählten Persona verschleiern und sie veranlassen, sich unstetig zu bewegen oder zu verlagern. Daher ist es unerläßlich, fokussiert zu bleiben und nicht abzudriften, da es, wenn Sie sich einmal haben ablenken lassen, für Sie außerordentlich schwierig wird, sich wieder auf die ausgewählte Persona zu konzentrieren und sie zu entfernen.
Es gibt zwei Methoden, eine Persona zu lokalisieren. Bei der ersten identifizieren Sie eine Persona, indem Sie die Symptome zur Quelle zurückverfolgen (die aus einer Persona hervortreten). Um eine Persona auf diese Weise zu lokalisieren, werden Sie die Standardmethode anwenden, um sich zu entspannen und die bewußte und unbewußte mentale Aktivität ins Gleichgewicht zu bringen. Dann werden Sie die Rückseite Ihres Herz-Chakras aktivieren und sich dort zentrieren. Teilen Sie Ihre Aufmerksamkeit und aktivieren Sie die Vorderseite Ihres Herz-Chakras. Sobald Sie die Vorderseite Ihres Herz-Chakras aktiviert haben, werden Sie nach innen schauen, in diejenige Welt, Ebene und Stelle, wo die Symptom entstanden sind, indem Sie bekräftigen: »Es ist meine Absicht nach innen zu schauen in die Welt und Dimension in der ich den Eindruck habe, daß die Symptome entstanden sind.«
Wenn kein Symptom und keine Symptomgruppe vorhanden sind, die Sie zur Persona zurückführt, ist es erforderlich, ein Abtasten durchzuführen. Diese Art des Abtastens haben Sie bereits in Kapitel acht durchgeführt.

Vielleicht möchten Sie die Informationen in diesem Kapitel nochmals durchsehen, bevor Sie weiter fortfahren. Bevor Sie ein Abtasten vornehmen, beachten Sie folgendes: Samskaras aus den tiefsten Schichten der karmischen Ablagerungen und frei gleitende Personas können mitunter sehr aktiv und schwer zu kontrollieren sein, daher ist es, zumindest anfangs, leichter, mit einer Vasana auf der äußeren Oberfläche der karmischen Ablagerung zu arbeiten (insbesondere eine, die bereit ist, als Persona hervorzutreten).

➠ Eine Persona entfernen

Mit der folgenden Übung werden Sie eine Vasana (die bereit ist, als eine Persona hervorzutreten) in der Welt der Seele, auf der Ebene des vierten Chakras lokalisieren; und tasten Sie ab in Bezug auf Größe, Form, Zustand, Dichte, Polarität, Aktivitätsgrad, Oberflächenbeschaffenheit sowie aufkommenden Empfindungen, Gefühle und Emotionen. Nachdem Sie eine geeignete Vasana lokalisiert und abgetastet haben, isolieren Sie sie von ihrem Bündel. Anschließend werden Sie sie mit Hilfe der oben beschriebenen »Sieben-Schritte-Methode« entfernen. Ihre erklärte Absicht lautet: »Es ist meine Absicht, die Persona zu entfernen, die ich in der Welt der Seele, auf der Ebene des vierten Chakras abgetastet habe.«

Beginnen Sie, indem Sie eine bequeme Position einnehmen und setzen Sie sich aufrecht hin. Verwenden Sie die Standardmethode um zu entspannen und bringen Sie die bewußte und unbewußte mentale Aktivität ins Gleichgewicht. Fahren Sie fort, indem Sie die Rückseite Ihres Herz-Chakras aktivieren und zentrieren Sie sich dort. Teilen Sie dann Ihre Aufmerksamkeit, aktivieren Sie die Vorderseite Ihres Herz-Chakras und bekräftigen Sie Ihre Absicht. Schauen Sie nun nach innen in die Welt der Seele, auf der Ebene des Herz-Chakras. Teilen Sie Ihre Aufmerksamkeit erneut und verlagern Sie Ihre zweite Aufmerksamkeit auf

die Oberfläche der vor Ihnen liegenden karmischen Ablagerungen (in der Welt der Seele auf der Ebene des Herz-Chakras). Wenn Sie bereit sind fortzufahren, bringen Sie Ihren Schwerpunkt zur zweiten Aufmerksamkeit und aktivieren Sie Ihr Instrument zum Abtasten.
Wenn eine Vasana bereit ist, als eine Persona hervorzutreten, manifestiert sie einen eigenen Willen, ein begrenztes Bewußtsein und ein begrenztes Spektrum an emotionaler Energie. Da Sie das Abtasten in der Welt der Seele und auf der Ebene des Herz-Chakras ausführen, wird die emotionale Energie die hervortreten wird, Schmerz sein und/oder eine Varianten wie Traurigkeit, Melancholie, Verzweiflung etc. In einigen Fällen ist das, was aufsteigen kann, eine Emotion, die Ihnen das Recht abspricht, emotionale Energie zu empfinden, auszudrücken und/oder aufzulösen, wie zum Beispiel Scham, Verlegenheit oder Demütigung.
Um Ihr Abtasten durchzuführen, bewegen Sie Ihr Instrument auf und ab, so daß die streichenden Bewegungen sich überlappen, bis Sie die Persona gefunden haben. Dann, tasten Sie die Persona ab und merken sich ihre Qualitäten. Wenn Sie ihr Abtasten beendet haben, ziehen Sie das Instrument zurück, verlagern Sie Ihren Schwerpunkt wieder auf die Rückseite Ihres Herz-Chakras und ziehen die zweite Aufmerksamkeit zurück.
Wenn sie bereit sind, die Persona zu entfernen, bekräftigen Sie: »Es ist meine Absicht, mir der Vasana bewußt zu werden, die ich gewählt habe, um sie zu entfernen.« Dieser Wille isoliert die Persona von ihrem Bündel, so daß die Persona beginnt, sich auszudehnen und ihre Qualitäten zu manifestieren.
Um die Persona zu akzeptieren, bekräftigen Sie: »Es ist meine Absicht, die Persona zu akzeptieren, die ich gewählt habe, um sie zu entfernen.« Indem Sie die Persona akzeptieren und das Urteilen einstellen, wird die Persona sich weiter ausdehnen. Fahren Sie fort, indem Sie bekräftigen:

»Es ist meine Absicht, die Persona zu genießen, die ich gewählt habe, um sie zu entfernen.« Indem man sich an der Persona erfreut, erlaubt man der Persona sich nach unten zum zweiten Chakra hin auszudehnen. Verlagern Sie Ihr Bewußtsein zusammen mit der Persona während sie sich nach unten ausdehnt. Dann bekräftigen Sie: »Es ist meine Absicht, mich mit der Persona zu identifizieren.« Indem Sie sich mit der Persona identifizieren und ihre Qualitäten übernehmen, wird die Persona sich nach oben zum sechsten Chakra ausdehnen und wird dabei größer und durchlässiger. Fahren Sie fort, indem Sie bekräftigen: »Es ist meine Absicht, die Qualitäten der Persona zu genießen.« Indem Sie die Qualitäten genießen, werden Sie empfänglich für sie und die Persona dehnt sich nach hinten aus, in den männlichen Teil Ihres Energiefeldes. Fahren Sie fort, Ihr Bewußtsein zusammen mit der Persona zu verlagern und bekräftigen Sie dann: »Es ist meine Absicht, die Persona zu werden.« Indem Sie die Persona werden, werden Sie sich ausschließlich mit der Persona identifizieren. Ohne weitere Trennung zwischen Ihnen und der Persona, wird sich die Persona weiter nach vorn ausdehnen und durchlässiger und poröser werden. Im letzten Schritt bekräftigen Sie: »Es ist meine Absicht, die Aktivitäten der Persona auszuüben.« Sobald Sie sich erlauben, die Aktivitäten der Persona auszuüben, wird die Persona sich nach vorn ausdehnen über die Oberfläche Ihres Aura-Feldes hinaus. Das Prana wird sich weiter mit der Persona ausdehnen und sobald die Poren innerhalb der Oberflächengrenze der Persona groß genug geworden sind, strömt Prana hindurch und entfernt die Persona.

Sobald die Persona entfernt ist, verlagern Sie Ihren Schwerpunkt zur Rückseite Ihres Herz-Chakras und ziehen Ihre zweite Aufmerksamkeit zurück. Zählen Sie dann von eins bis fünf und öffnen Sie bei »fünf« die Augen. Jetzt fühlen Sie sich hellwach, völlig entspannt und wohler als zuvor.

Kapitel 16

»Für den Unwissenden ist dieser Körper die Quelle endlosen Leidens,
aber für den Weisen ist er die Quelle unendlichen Entzückens.«
YOGA VASISHTHA

Energiekörper und Energieträger

Energiekörper und Energieträger dienen dem Selbst in allen Welten und Dimensionen als Träger des Bewußtseins, der Erkenntnis, der Empfindung und der Verarbeitung.

Obwohl gemeinhin angenommen wird, es gäbe fünf Energiekörper: Äther-, Astral-, Mental- und Geistkörper sowie den physisch-materiellen Körper, dem sie in Struktur und Funktion entsprechen, ist diese Auffassung unvollständig. Menschen sind göttliche Wesen. Sie wurden nicht nach dem Bilde Gottes geschaffen, sondern Gott manifestiert sich durch das Selbst.

In jeder Welt und Dimension, inklusive der Milz-Ebenen und der Funktionen und Aspekte des Verstandes, verfügt ein Mensch über Energiekörpergemeinschaften und Energieträger, durch die das Selbst hervortreten und an unserer Welt teilnehmen kann. Im höheren und niederen Verstand sowie in ihren Funktionen und Aspekten gibt es in jeder Welt 140 Dimensionen und in der Welt der Chakras (einschließlich der Milz- Chakras) nebst ihren Funktionen und Aspekten 142 Dimensionen.

Die Milz-Ebenen sind eigene Aktivitätsfelder mit eigenen Energieträgern. Die Funktionen und Aspekte des Verstandes durchdringen die Welten des höheren und niederen Verstandes sowie die Milz-Ebenen und verfügen über Energieträger, die eine ähnliche Aufgabe haben wie die Energiekörper und

-träger des höheren und niederen Verstandes und der Welt der Chakras.

Obwohl Prana keine Eigenschaften (Qualitäten) hat und jeder Energiekörper (und entsprechender Energieträger) aus Prana besteht (in einem festen oder gasförmigen Zustand), ist die Frequenz der Energie, die durch einen bestimmten Energiekörper (oder -träger) übertragen bzw. umgewandelt wird, auf ein Drittel des energetischen Spektrums begrenzt. Das bedeutet, daß ein Energiekörper oder -träger nur Prana übermitteln und umwandeln kann, das qualifizierter Energie entspricht, die entweder tamasisch, rajistisch oder sattvisch ist.

Energiekörper und Energieträger sind durch die »Tattwas« gemeinsam mit den Welten und Dimensionen des Universums der Erscheinungen aus dem universellen Bewußtsein (dem Selbst) entstanden. Da sie sich innerhalb der linearen Zeit entwickeln, behalten Energiekörper und -träger ihre strukturelle Integrität und erfahren keine essentiellen Veränderungen und verändern sich ihrem Wesen nach nicht. Sie sind unendlich, wenn auch nicht ewig wie das Selbst.

Die Energiekörpergemeinschaften und ihre entsprechenden Energieträger haben, in ihrer spezifischen Welt und Dimension, eine starke und beständige Verbindung zum persönlichen Körperraum. Verlassen werden sie ihn nur unter Zwang. Selbst wenn sie durch ein schockierendes oder traumatisches Ereignis herausgeschleudert werden, werden sie zurückgeholt, sofern sie nicht durch karmische Ablagerungen, Energieblockaden (Intrusionen) und/oder Anhaftungen an den individuellen Verstand und das Ego blockiert werden. Diese intensive Beziehung erweist sich als sehr nützlich, wenn es darum geht, Energiekörper und -träger wieder einzusammeln und zu integrieren.

Energiekörper

Jeder Energiekörper, gleichgültig ob er in der Welt der Seele, des Intellekts oder des Geistes existiert, besteht aus unqualifizierter Energie in einem festen und gasförmigen Zustand.

Was seine Größe und Form anbelangt, entspricht er weitgehend dem physisch-materiellen Körper, aber seine innere Struktur ist ganz anders. Anstelle aus einer Ansammlung von Geweben und Organen besteht er aus einen Hohlraum, der mit unqualifizierter Energie gefüllt ist und einer Oberflächengrenze, die diesen

Hohlraum umgibt und der physischen Haut entspricht.

Die Oberflächengrenze, die jeden Energiekörper umgibt, ist eine weiche, elastische Membran, die unter normalem Blickwinkel fest erscheint. Wenn man sie stark vergrößert, sieht man jedoch eine komplexe Struktur aus leuchtenden Fasern, die einander in allen Richtungen kreuzen. Dieses Mosaik aus leuchtenden Fasern erschafft eine eng gewobene, gitterähnliche Struktur, ähnlich wie Filz, die porös, flexibel und extrem belastbar ist.

Um jeden Energiekörper herum befindet sich ein Aura-Feld, das ein Reservoir aus unqualifizierter Energie ist. Um dieses Aura-Feld herum befindet sich eine andere Membran aus unqualifizierter Energie, die dieselbe innere Struktur hat wie die Oberfläche eines Energiekörpers. Diese Oberflächenmembran, Aura-Grenze genannt, trennt die innere Welt (den Mikrokosmos) von der äußeren Welt (dem Makrokosmos).

Solange wie ein Energiekörper vertikal integriert (fest im persönlichen Körperraum) bleibt, wird seine Größe und Form der des physisch-materiellen Körpers entsprechen. Ein Energiekörper besitzt keine inneren Organe, die dem Skelettsystem entsprechen. Wenn sie einen Schock oder Trauma erleiden, kann ihre Gestalt daher deformiert werden. Wenn ein Energiekörper aus dem persönlichen Körperraum herausgeschleudert worden ist, kann seine Gestalt so deformiert werden, daß es wahrscheinlich schwierig ist, ihn von großen komplexen Subfeldern zu unterscheiden.

In Extremfällen kann ein Energiekörper, der aus dem Körperraum gestoßen und durch qualifizierte Energie verunreinigt wurde, in den Körperraum eines anderen, empfindenden Wesens eindringen. Das kann seine Gestalt noch mehr deformieren und macht es noch schwieriger, ihn zu lokalisieren bzw. wieder zu erkennen.

Normalerweise widerstehen Energiekörper, wenn sie im persönlichen Körperraum fest verankert sind, den Intrusionen qualifizierter Subfelder, weil das Prana, das durch sie fließt, ein kraftvolles Feld erschafft, das sie beschützt. Sowie jedoch ein Energiekörper aus dem persönlichen Körperraum herausgeschleudert worden ist, ändert sich die Situation dramatisch. Er fährt vielleicht damit fort, Intrusionen zu widerstehen, aber übermäßig dichte und polarisierte CECs werden in der Lage sein, einzudringen, die Oberflächengrenze noch weiter zu schwächen, sodaß es zu weiteren Intrusionen kommen wird.

Körper des Verlangens

In den Dimensionen des niederen Verstandes verfügen Menschen über Energieträger, die »Körper des Verlangens« heißen. Sie haben die gleiche Größe und Form wie Energiekörper und bestehen aus Prana in einem festen und gasförmigen Zustand. Als Träger des göttlichen Bewußtseins erfüllen sie oftmals dieselben Aufgaben, wie die Energiekörper und leiden daher oft unter den gleichen Problemen. Wenn ein Körper des Verlangens aus dem Körperraum gekippt ist oder herausgeschleudert wurde, wird seine Fähigkeit, synchron mit anderen Körpern des Verlangens in der jeweiligen Dimension und mit benachbarten Energiekörpern und -trägern zusammenzuarbeiten, gestört sein.

In jeder Dimension des niederen Verstandes gibt es eine Gemeinschaft aus Energiekörpern (Körper des Verlangens). Die Frequenzen der Energie, die von jedem Energieträger umgewandelt und übermittelt werden, sind auf ein Drittel des Energiespektrums begrenzt. Das bedeutet, daß ein Körper des Verlangens nur Prana übertragen und umwandeln kann, das qualifizierter Energie entspricht, die entweder tamasisch, rajistisch oder sattvisch ist.

Die Hauptfunktion der Körper des Verlangens ermöglicht es dem Selbst, an der Welt des niederen Verstandes teilzunehmen. Dies geschieht durch die Regulation der vier Grundverlangen, die als Aktivitätsfelder aus dem niederen Verstand auftauchen.

Um zu verstehen, wie diese Felder in Form von Verlangen durch den niederen Verstand auftauchen, müssen wir die Beziehung zwischen »Paramatman« und »Jivamatman« kennen.

Paramatman

... ist das höchste Selbst oder Atman. Para bedeutet im Sanskrit »höchst«, »am größten« oder »universal« oder kann sich auch auf transzendentale Aspekte beziehen. Meist wird es in Verbindung mit Atman und/oder Brahman gebraucht. In der Philosophie des Shankhya (dem Vorläufer des Yoga) bezieht es sich auf Purusha, das höchste Bewußtsein. Paramatman ist der absolute ewige Zustand eines jeden Menschen, die »a priori« Einheit mit dem Selbst.

Jivamatman

... ist das bedingte oder individuelle Selbst, das aus dem höheren und niederen Verstand sowie deren Funktionen und Aspekten zusammengesetzt ist. Jivamatman und seine Verlangen motivieren einen Menschen dazu, zu handeln und in einem physisch-materiellen Körper und seinem ätherischen Doppel inkarniert zu sein. Die vier Arten des Verlangens, die mit Hilfe der Körper des Verlangens aus

Jivamatman hervorgehen, sind Artha, Kama, Dharma und Moksha.

Artha

... bedeutet »Reichtum«. Da wir einen gewissen Wohlstand zum Überleben brauchen, gilt Artha als positiv.

Kama

das zweite echte Verlangen, bedeutet »Vergnügen«, »Spaß« oder das Streben danach. Es ist wichtig zu wissen, daß sowohl christliche als auch vedische Texte aussagen, daß Gott (das universale Bewußtsein) das Universum zu seinem Vergnügen erschaffen hat. In der Bhagavadgita (dem meistverehrten vedischen Text) steht dieses Verlangen im Zentrum des Lebens und wird mit der Lebenskraft gleichgesetzt; es hat daher einen positiven Wert. Tatsächlich haben die Veden niemals gelehrt, daß Vergnügen als Nicht-Selbst oder unspirituell unterdrückt oder verdammt werden sollte. Sie lehren vielmehr, daß das Gegenteil wahr ist. Daß Jivamatman auf den tiefsten Ebenen des Seins das Vergnügen fördert und Verlangen und Bestreben des Individuums vorschreibt.

Dharma

... ist das dritte authentische Verlangen, das aus dem niederen Verstand hervortritt. Im Sanskrit bedeutet es »das, was zusammenhält« (also das, was verhindert, daß weltliche Beziehungen im Chaos versinken).

Es gibt ein Dharma, das alle Menschen betrifft (das kollektive Dharma) und ein individuelles Dharma, das für den einzelnen Menschen gilt.

Das kollektive Dharma ist Rechtschaffenheit oder die spirituelle Pflicht einer Gesellschaft und bezieht sich vor allem auf angemessenes Handeln und Selbstverwirklichung. Das individuelle Dharma ist der Pfad (der angemessenen Aktivität), der es dem Selbst ermöglicht, durch den höheren und niederen Verstand sowie durch dessen Funktionen und

Aspekte auszustrahlen und der einen Menschen zurück zur (bewußten) Einheit mit dem Selbst führt.

MOKSHA

... ist das vierte authentische Verlangen, das aus dem niederen Verstand auftaucht. Es bedeutet spirituelle Freiheit und Befreiung von karmischen Anhaftungen. Von den vier Verlangen ist das Verlangen nach Moksha das höchste. Advaita Vedanta (die nichtdualistische Schule des Vedanta) lehrt, daß Jnana (Wissen), das durch unmittelbare Erfahrung erworben wird, der kürzeste Weg ist, um Moksha zu erreichen. Da Moksha der wahre Zustand eines jeden Menschen ist, wird er erfahren, sowie man die Ignoranz durch unmittelbare Erfahrung verbannt hat.

Ramana Maharshi erklärte, daß Ignoranz nichts anderes ist, als das Haften an der »Ich-Idee«. Der Jainismus ist wie üblich genauer und bezeichnet Moksha als höchsten Zustand der Loslösung. Im Saivismus ist Moksha dasselbe wie Glückseligkeit. Yoga setzt Moksha mit dem Zustand von »Nirvakalpa-Samadhi« gleich, einem Zustand einzigartiger Stille und Isolation.

Die Welt der Chakras

In der Welt der Chakras besitzen Menschen Energieträger, die »Chakra-Körper« heißen. Chakra-Körper haben die gleiche Form und Größe wie der physisch-materielle Körper und bestehen aus Prana in festen und gasförmigen Zustand. Chakra-Körper existieren in allen 142 Dimensionen, einschließlich der Milzebenen.

In jeder Dimension des höheren und niederen Verstandes (sowie der Milzebenen) gibt es ein Chakra und drei Chakra-Körper. Das Chakra steuert das gesamte Spektrum der unqualifizierten Energie in seiner spezifischen Dimension und in den Welten des höheren und niederen Verstandes.

Das Aktivitätsfeld jedes Chakra-Körpers entspricht der qualifizierten Energie (im kollektiven Feld der Maya), die entweder tamasisch, rajistisch oder sattvisch ist. Wenn nur ein einziger Chakra-Körper in einer bestimmten Dimension nicht vertikal integriert ist, wird das Chakra nicht in der Lage sein, innerhalb der gesamten Bandbreite seiner Aktivitäten gesund zu funktionieren.

Wenn die drei Chakra-Körper in jeder Welt vertikal integriert sind, wird das Chakra, das sie versorgen aktiv bleiben, unabhängig von äußeren Einflüssen der Welten des höheren und niederen Verstandes (und den Milzebenen). Qualifizierte Energie wird so davon abgehalten, sich als karmischer Ballast um den Bereich des persönlichen Körperraumes (in allen Welten) herum auf den Dimensionen, die durch das Chakra versorgt werden, abzulagern.

Die Funktionen und Aspekte des Verstandes

Die Funktionen und Aspekte des Verstandes werden Koshas, Indyras und Pranas oder Manas, Chita, Buddhi und Amankara genannt. Von der Struktur her haben sie die gleiche Form und Größe wie der physisch-materielle Körper. Wie die Energiekörper und Energieträger, denen sie entsprechen, müssen auch die Funktionen und Aspekte des Verstandes vertikal integriert sein, damit sie gesund funktionieren.

Die Funktionen und Aspekte des Verstandes sind in allen 142 Dimensionen aktiv, und jeder Energieträger, der zu einer funktionalen Gruppe (Funktion des Verstandes) oder zu einer Identitätsgruppe (Aspekt des Verstandes) gehört, funktioniert ausschließlich innerhalb des tamasischen, rajistischen oder sattvischen Teils des energetischen Spektrums.

Die Energieträger, aus denen die Funktionen und Aspekte des Verstandes bestehen, arbeiten synchron mit den Chakra-Körpern, den Körpern des Verlangens und den Energiekörpern des höheren und niederen Verstandes zusammen.

Als Kollektiv ermöglichen sie es einem Menschen, sich in die äußere Welt zu begeben und durch die Interaktion mit unqualifizierten und qualifizierten Energiefeldern und Wesen an ihr teilzunehmen.

Individuelle Funktionen und Aspekte sind besonders anfällig für das Eindringen qualifizierter Energie, denn durch sie geschieht die Kontaktaufnahme mit äußeren Dingen, Energiefeldern und anderen empfindenden Wesen (sowie mit CECs und qualifizierten Subfeldern in ihnen).

Milzkörper

Auf den Milzebenen verfügt der Mensch über Energieträger, die »Milzkörper« heißen. Ihre Struktur und Funktion gleicht denen der Energiekörper (im höheren und niederen Verstand) und den Körpern des Verlangens. Wenn die vertikale Integration geschädigt ist, gibt es eine entsprechende Störung in der Fähigkeit der Milzkörper und Milz-Chakras einwandfrei zu funktionieren. Das wiederum macht es dem physisch-materiellen Körper (und seinem ätherischen Doppel) schwer, mit den Energieträgern des höheren und niederen Verstandes, den Chakra-Körpern und ihren Funktionen und Aspekten, synchron zusammenzuarbeiten. Die Milzkörper haben vor allem die Aufgabe, dem Selbst die Interaktion des menschlichen Körpers und seinem ätherischen Doppel mit dem physisch-materiellen Universum zu ermöglichen.

Das Funktionsfeld eines jeden Milzkörpers entspricht der qualifizierten Energie (im kollektiven Feld der Maya), die entweder tamasisch, rajistisch oder sattvisch ist. Das Funktionsfeld des Milzkörpers beinhaltet körperliche Empfindungen, Bewußtsein, sexuelle Vitalität, Motivation, Verlangen, körperliche Resorption, Ausscheidung, Schlaf, Sicherheit und physisches Wohlbefinden.

Um in der physisch-materiellen Welt geerdet und ausgeglichen zu bleiben und die Funktion des höheren und niederen Verstandes mit dem physisch-materiellen Körper (und dem ätherischen Doppel) zu integrieren, müssen die Milz-Chakras aktiv und die Milzkörper vertikal integriert sein und synchron zusammenzuarbeiten

Die Funktion der Energiekörper und der Energieträger

Individuelle Energiekörper und ihre entsprechenden Energieträger (mit Ausnahme der Milzkörper) sind unendlich, was bedeutet, daß sie unbegrenzt lange existieren. Die Hauptfunktion eines jeden Energiekörpers (und Energieträgers) ist, als ein Gefährt zu dienen, durch welches das Selbst auftauchen kann und am Universum der Erscheinungen teilnehmen kann. Da sich Menschen in allen Welten, Dimensionen und Ebenen gleichzeitig ihres Selbst bewußt sind und es erfahren, kann Atman (das Selbst) seine Reflexionen in seiner gesamten Fülle durch die Menschen und ihre Energieträger erfahren.

Energiekörper und Energieträger arbeiten in Gemeinschaften zusammen, die funktionell den fünf großen Gebieten der menschlichen Aktivität entsprechen: der Seele, dem Intellekt, dem Geist, dem Verlangen und der Macht.

Der Geist: Obwohl gemeinhin angenommen wird, daß die Quelle des Bewußtseins der Geist sei, ist die Welt des Geistes weder die Quelle noch die höchste Ebene, aus der das Bewußtsein auftauchen kann. Die Quelle des Bewußtseins ist das Selbst, Atman.

Obwohl das Selbst die Ursache und der Verstand eine seiner Wirkungen ist, erfährt der Mensch, durch die Welt des Geistes den Zustand transzendentalen Bewußtseins. Wenn die Kundalini-Shakti zum Kronen-Chakra aufgestiegen ist, ist das eine Möglichkeit, sich der Welt des Geistes bewußt zu werden und das transzendente Bewußtsein zu erfahren. Eine weitere Möglichkeit ist die Aktivierung der höheren und tieferen Chakras und die Reintegration der Energiekörper in der Welt des Geistes. Wenn man in der Welt des Geistes karmischen Ballast aufgelöst und spirituelles Bewußtsein entwickelt hat, wird mehr Prana aus dem Geist auftauchen und man ist weniger anfällig für qualifizierte Subfelder: Das wiederum hält den individuellen Verstand und das Ego davon ab, gefälschte spirituelle Erfahrung zu liefern oder falsche bzw. irreführende Interpretationen authentischer Erfahrungen in der Welt des Geistes anzubieten. Sowie die vertikale Integration in der Welt des Geistes abgeschlossen ist, wird man erkennen, daß man ein interdimensionales Wesen ist, dessen Hauptgrund inkarniert zu sein, darin besteht, seinem Dharma zu folgen und nach der Einheit mit dem Selbst zu streben.

Der Intellekt: Die Energiekörpergemeinschaften in der Welt des Intellekts dienen dem Selbst als Träger für das begrenzte menschliche Bewußtsein, das Gedächtnis, Meinungen (aus induktiven und deduktiven Gründen), die Selbstwahrnehmung, Kognition und die Verarbeitung. Außerdem bündeln sie die Wahrnehmung des höheren Verstandes, die dann (durch die Funktionen und Aspekte des Verstandes) in der äußeren Welt auftauchen kann. Wenn die Energiekörpergemeinschaften in der Welt des Intellekts gesund funktionieren, wird sowohl das Bewußtsein vom Mikrokosmos als auch vom Makrokosmos vollständig und das Unterscheidungsvermögen auf diesen Ebenen ungestört sein. Karmische Energie wird wenig Einfluß auf das begrenzte menschliche Bewußtsein haben und die Reaktion auf äußere Reize wird geringfügig sein. In der Tat, wenn nichts übrig bleibt, was die Funktionen des Intellekts behindern könnte, wird das induktive und deduktive Denken ohne Störung funktionieren. Das menschliche Bewußtsein wird nicht länger der Flut von widersprüch-

lichen Gedanken, Ideen, Glaubensvorstellungen, Konzepten und Einstellungen unterworfen sein.
Verständnis und Glaube machen dann der Beobachtung und dem Unterscheidungsvermögen Platz. So wird man in der Welt des Geistes zum Beobachter des »mentalen Films« des eigenen Verstandes.

Die Seele: Die Energiekörpergemeinschaften, die der Seele zugehörig sind, dienen einigen wichtigen Funktionen. Zunächst dienen sie dem Selbst in der Welt der Seele als Träger der Empfindung, Gefühle und Emotionen. In dieser Eigenschaft dienen die Energiekörper, welche die Seele zusammensetzen, als Brücke zwischen dem physisch-materiellen Körper (und dem ätherischen Doppel) und der Energiekörpergemeinschaften, die den Intellekt bilden. Die synchronistische Funktion der Energiekörper in der Welt der Seele und des menschlichen Energiesystems erlauben, daß Wut, Furcht, Schmerz und Freude spontan auftauchen, ausgedrückt und aufgelöst werden können. Wut taucht auf, wenn es eine Störung der Intimität gegeben hat, Furcht taucht auf, wenn das Überleben bedroht ist, Schmerz, wenn die Rechte bedroht sind und Freude, wenn eine individuelle Beziehung an die Stelle der echten Sehnsucht nach Moksha (Transzendenz) tritt. Es ist wichtig zu wissen, daß es ohne die synchronistische Funktion der Energiekörper in der Welt der Seele weder menschliche Zuneigung noch Fürsorge geben würde. Das Einfühlungsvermögen würde erlöschen und ohne Einfühlungsvermögen würden menschliche Liebe und Beziehungen nicht mehr in der Lage sein, eine Basis für Transzendenz zu liefern.

Die Körper des Verlangens

Die Körper des Verlangens, die den niederen Verstand zusammensetzen, dienen hauptsächlich den vier authentischen Verlangen, die einen Menschen dazu bewegen, in einem physisch-materiellen Körper inkarniert zu sein siehe (»Körper des Verlangens«, oben).

Wenn die Körper des Verlangens vertikal integriert sind und gesund funktionieren, wird der Hagelsturm gefälschter Begierden, den der individuelle Verstand und das Ego uns präsentieren und die Projektionen von physischen und nichtphysischen Wesenheiten in der Welt des niederen Verstandes als das entlarvt werden, was sie sind und als Nicht-Selbst abgelehnt. Sehnsucht, Wollust, Besessenheit, Bedürftigkeit und ihre Varianten können dann keine Konflikte mehr auslösen oder Beziehungen stören. Das gefälschte Verlangen, das aus karmischen Ballast auftaucht und sein Gegenstück, die Angst, werden ihre Macht einbüßen, jemanden in die Identifikation mit dem individuellen Verstand und dem Ego zu zwingen. Somit wird es leichter, daß Angemessene zu tun und seinem Dharma zu folgen.

Es ist wichtig zu wissen, daß authentisches Verlangen mehr als alles andere dafür sorgt, Entwicklung und Transzendenz möglich zu machen. Authentisches Verlangen, das durch die Körper des Verlangens im niederen Verstand auftaucht, fördert die Motivation nach Vergnügen, menschliche Liebe, Intimität, Freude und Glückseligkeit zu suchen und in den Prozeß der Selbst-Entwicklung Vertrauen zu haben. Ohne die Körper des Verlangens wäre das Leben, wie wir es kennen, unmöglich und unsere Beziehungen würden im Chaos enden. Authentisches Verlangen unterstützt eine Struktur, durch die Menschen, im Kontext menschlicher Beziehungen, angemessen miteinander umgehen können.

Im Gegensatz zum nicht-authentischen Verlangen, das Anhaftungen verursacht, erzeugt authentisches Verlangen keine Bedürfnisse, Zwangsneurosen oder zwanghaftes Handeln. Daher können authentische Verlangen eine Person nicht an den individuellen Verstand, das Ego und an die Welt der Maya binden. Indem man dem Verlangen des individuellen Verstandes und des Ego widersteht und in den Körpern des Verlangens (die als Funktion ihrer synchronistischen Aktivität in der Welt des niederen Verstandes auftauchen) zentriert bleibt, wird man die Freude und das selbstzentrierte Gewahrsein erfahren.

Milzkörper

Auf den physisch-materiellen und den ätherischen Ebenen dienen die Milz-Körper dem Selbst als Träger für Gefühle, Empfindungen, Vitalität und Aktivität. Beachten Sie, daß der physisch-materielle Körper aus dem kollektiven Feld der Maya auftaucht und daß es ohne die Milz-Körper keine authentischen Träger geben würde, durch die man physisches Wohlbefinden, Müdigkeit, Hunger, Verdauung, sexuelle Vitalität usw. erfahren könnte.

Die Milz-Körper beleben das Nervensystem des physisch-materiellen Körpers, indem sie es mit Prana versorgen. Außerdem dienen sie, zusammen mit den Körpern des Verlangens, dem Selbst als Träger körperlicher Vergnügen. Da sich körperliches Vergnügen zu menschlicher Liebe entwickelt und diese zu Intimität und Freude, müssen die Milz-Körper, um die profane Welt zu transzendieren, vertikal integriert sein und gesund funktionieren.

Chakra-Körper

Die Energieträger, die man Chakra-Körper nennt, dienen dem Selbst in der Welt der Chakras als Träger des Bewußtseins. In dieser Eigenschaft dienen sie als Brücken zwischen dem höheren und niederen Verstand mitsamt deren Funktionen und Aspekten) und dem menschlichen Energiesystem.

Sie wissen bereits, daß jedes Chakra mit drei Chakra-Körpern verbunden ist und daß jeder Chakra-Körper in einem Teil des Energiespektrums arbeitet, der qualifizierter Energie entspricht, die entweder tamasisch, rajistisch oder sattvisch ist.

Die Chakras versorgen die Energiekörper und Energieträger mit Prana und die Chakra-Körper bringen uns die daraus gewonnene Kraft und das Potential in die bewußte Aufmerksamkeit. Die vertikale Integration der Chakra-Körper ist daher ein Akt des Werdens, der schlafende Kräfte im höheren und niederen Verstand weckt und diese Kräfte in die Funktionen und Aspekte des Verstandes integriert. Die Kraft, die der Gemeinschaft der Chakra-Körper entsteigt, manifestiert sich als angeborene (und normalerweise unbewußte) Fähigkeit, die Macht von qualifizierter Energie, in Form von karmischem Ballast, zu überwinden.

Die Macht des Prana, die durch das menschliche Energiesystem hervortritt, wird der Macht qualifizierter Subfelder und energetischer Projektionen mehr als überlegen sein, wenn die Chakra-Körper integriert sind. Durch diese Integration wird Prana das menschliche Energiesystem durchfluten, was es karmischem Gepäck zunehmend schwieriger macht, den Prana-Fluß zu stören oder einen gefälschten Verstand zu kreieren, der die Funktionen des höheren und niederen Verstandes an sich reißt.

Funktionen und Aspekte des Verstandes

Die Aktivitätsfelder, aus denen die Funktionen und Aspekte des Verstandes bestehen, versorgen das Selbst mit Energieträgern, die in der Lage sind, Gefühle, Emotionen, Empfindung und Bewußtsein auszudrücken. Außerdem versorgen sic das Selbst mit der Möglichkeit zu erkennen, zu integrieren und Energiefelder aufzunehmen, welche die gleichen oder ähnlichen Funktionen in der äußeren Welt ausüben. Wir haben es den Funktionen und Aspekten des Verstandes zu verdanken, daß wir Wissen über die äußere Welt sammeln, integrieren und verarbeiten können.

Die Funktionen des Verstandes sammeln Wissen, indem sie in der äußeren Welt auftauchen und Kontakt mit Dingen, Wesen und Energiefeldern aufnehmen. Ist der Kontakt da, nehmen die Funktionen das Wissen auf und machen es den Bewußtseinszentren im menschlichen Energiefeld, inklusive der Aspekte des Verstandes, zugänglich.

Die Aspekte des Verstandes benutzen das Wissen, das von den Funktionen des Verstandes und den Bewußtseinszentren im höheren und niederen Verstand gesammelt und aufgenommen wurde, um eine Identität zu erschaffen. Eine Identität ist notwendig, um die fast unendliche Informationsmenge zu verarbeiten und zu ordnen, die den Menschen in allen Dimensionen und Welten gleichzeitig bombardiert. Weisheit und Selbsterkenntnis, die es einem ermöglichen, angemessen zu handeln und dem Dharma zu folgen, sind weitgehend davon abhängig, daß die Aspekte des Verstandes die endlose Informationsflut integrieren.

Störungen der Energiekörper und ihrer Organe

Unter normalen Umständen, d.h., wenn die Energiekörper und Energieträger vertikal integriert sind, kann keine qualifizierte Energie ihre Funktionen stören. Anders ist es, wenn qualifizierte Energie in den persönlichen Körperraum eindringt und dadurch ein Energiekörper oder -träger verbeult, verschoben oder hinausgedrängt wird. Eine solche Intrusion kann durch eine Differenz in der Polarität, übermäßiger Ansammlung von Vasanas bzw. Samskaras oder durch das Eindringen qualifizierter Energie verursacht werden. Die Heftigkeit der Intrusion wird, ungeachtet ihrer Ursache, der Ausmaß der Störung bestimmen. Bei einer leichten Intrusion wird Streß die Folge sein, ein Schock wenn sie gemäßigt ist, wohingegen eine schwere Intrusion ein Trauma verursacht.

Streß hat, verglichen mit Schock und Traumen, milde Folgen. Er destabilisiert Energiekörper oder Energieträger, so daß ihre Fähigkeit, vertikal integriert zu bleiben, verloren geht. Leichter Streß verursacht eine Delle. Unter starkem Streß gerät der Energiekörper oder -träger aus dem Gleichgewicht und ragt teilweise aus dem Körperraum hinaus.

Ein Schock hingegen stößt den Energiekörper oder -träger zeitweilig aus dem Körperraum.

Ein Trauma ist hingegen so ein gewaltsames Ereignis und besitzt einen solch schädigenden Effekt auf das menschliche Energiesystem, daß das Hinausschleudern eines Energiekörpers oder -trägers die Folge sein wird und dieser nicht zurückkehren kann, bis die qualifizierte Energie, die seine Rückkehr blockiert, entfernt ist.

Projektionen

Eine Anzahl verschiedener energetischer Projektionen, inklusive Kontrollwellen, Schnüre oder Personas, können die vertikale Integration eines oder mehrerer Energiekörper oder Energieträger stören, in Streß oder unter Schock versetzen oder sie traumatisieren.

Ein Mensch projiziert Kontrollwellen, wenn er danach trachtet, jemanden zu kontrollieren oder dessen Persönlichkeit zu manipulieren. Trifft eine solche Projektion auf die Vorderseite des Energiefeldes des Opfers auf, hegt der Täter bestimmte Erwartungen, die nicht erfüllt worden sind. Wird die Projektion auf die Rückseite des Energiefeldes abgeschossen, versucht der Täter, etwas wiederzubekommen, von dem er glaubt, er hätte es verloren. Menschen, die sich ihrer Position nicht sicher sind, projizieren Kontrollwellen entweder rechts oder links in das Energiefeld ihres Opfers.

Schnüre werden von vorn ins Energiefeld projiziert. Personas werden von Menschen oder nicht-physischen Wesenheiten projiziert und können aus jeder Richtung ins Energiefeld des Opfers eindringen.

Streß: Ein streßvolles Ereignis ist jeder Vorfall, der die synchronistische Funktion des menschlichen Energiefeldes stört. In der Regel wird ein streßvolles Ereignis ausgelöst, wenn qualifizierte Energie (vor allem karmische Ablagerungen) in den persönlichen Körperraum eindringt. Durch diese streßverursachende Intrusion mit qualifizierter Energie kann einer und/oder mehrere Energiekörper oder -träger verbeult werden oder aus dem persönlichen Körperraum herausragen.

Qualifizierte Energie kann auf vier Wegen in den Körperraum eindringen: Wenn es eine übermäßige Ansammlung von Samskaras und Vasanas gegeben hat; wenn eine Kontrollwelle oder eine Schnur in den persönlichen Körperraum eingedrungen ist; wenn ein oder mehrere nicht-physische Wesenheiten, Personas oder fremde Energiekörper in den persönlichen Körperraum eingedrungen sind und schließlich, wenn sich jemand in einer dichten oder aktiven äußeren Atmosphäre befindet oder mit jemandem intim wird, dessen Energiefeld sehr viel karmische Energie enthält oder dessen Energiekörper aus seinem persönlichen Körperraum ragen oder aus diesem verdrängt sind.

Die Folgen von Streß sind meistens vorübergehend. Allerdings kann Streß auch chronisch werden, wenn man mit einem Menschen verkehrt, der ständig qualifizierte Energie in das Energiefeld des anderen projiziert oder wenn jemand Kontrollwellen projiziert, die eine übermäßige Anzahl von CECs enthalten oder vom Täter energetisch unterstützt werden.

Schock: Ein Schock hat auf die synchronistische Funktion des menschlichen Energiefeldes schlimmere Effekte als Streß.

In einer Schockerfahrung kommt es zu gewalttätigem Eindringen dichter, hochaktiver qualifizierter Energie in das menschliche Energiesystem, was vorübergehend einen oder mehrere Energieträger oder -körper aus dem persönlichen Körperraum herausstoßen wird. Der unvermittelte Überraschungseffekt ist ein wichtiges Element des Schocks. Je größer dieser Effekt ist, desto stärker wird sich der Schock auf die Energiekörper und/oder Energieträger auswirken.

Was den Schock vom Trauma unterscheidet ist die Absicht. Die Schockerfahrung ist ohne Absicht und dieser Umstand ermöglicht es den herausgeschleuderten Energiekörpern und Energieträgern in ihre normale Position zurückzukehren.

Ein Schock kann die normale Funktion eines menschlichen Energiefeldes auf zweierlei Arten stören und zwar entweder durch das Herausschleudern eines Energiekörpers bzw. -trägers der durch die Ausbildung eines Angst- und Abwehrmechanismus, der den Prana-Strom stören kann und es dem Betroffenen immer schwerer macht, im höheren und niederen Verstand zentriert zu bleiben.

Manchmal kann sich ein solches Muster verfestigen und das Opfer dazu veranlassen, sich vor Angst »zusammenzuziehen«, wann immer es an das Schockereignis erinnert wird.

Trauma: Ein traumatisches Ereignis hat auf die synchronistische Funktion des menschlichen Energiesystems die allerschädlichste Auswirkung. Ausgelöst werden Traumen durch energetische Intrusionen, die plötzlich und gewaltsam und mit der Absicht des Täters beladen sind. In einem traumatischen Ereignis wird dichte, polarisierte Energie (in Form von Wellen, Schnüren oder Personas, die besonders tamasische CECs enthalten) absichtlich in das Energiefeld des Opfers projiziert. Da die CECs in Projektionen dieser

Art besonders stark polarisiert sind, werden sie, selbst wenn sie zeitweilig aus dem persönlichen Körperraum herausgedrückt (jedoch nicht vollständig entfernt) werden, wiederholt versuchen, in das Energiefeld des Opfers einzudringen, um so dicht wie möglich an eine Quelle eigenschaftsloser Energie (die Chakras, die drei Herzen und die kleinen Energiezentren) heranzukommen.
Vom Schock unterscheidet sich das Trauma hauptsächlich durch die Absicht. Eine Schockerfahrung geschieht ohne die bewußte Absicht des Täters zu schädigen oder Kontrolle über das Opfer zu erlangen. Ein Schock ist das Ergebnis eines Aufpralls zweier energetischer Muster, die von Partnern, innerhalb einer polaren Beziehung, ausgespielt werden.
Obwohl ein Trauma einen unmittelbaren Effekt auf das menschliche Energiefeld hat, erkennen die meisten erst die Symptome der zweiten und dritten Generation, z.B. den Verlust der Selbstbeherrschung, des Vertrauens, der persönlichen Macht und der Selbstachtung. Weitere mögliche Symptome sind Vitalitätsverlust, chronische Müdigkeit, Depressionen, Ängste, Motivationsverlust, sexuelle Probleme, blockierte Kreativität und Abgrenzungsprobleme.
Leider können ebendiese Symptome (besonders die der zweiten und dritten Generation - die durch die Verkettung von Ursache und Wirkung entstehen), die wahre Natur des traumatischen Ereignis, in der ersten Generation, verschleiern. Das erschwert natürlich sowohl Diagnose als auch Behandlung.
Durch Trauma verursachte Symptome der ersten Generation sind:

1. Die Verletzung einer oder mehrerer Oberflächengrenzen,
2. der Druckverlust in einem oder mehreren Aura-Feldern,
3. das Eindringen qualifizierter Energie in den persönlichen Körperraum,

4. ein rascher Energieverlust in dem Aktivitätsfeld, das traumatisiert wurde und unter Zwang verbleibt,
5. das Herausschleudern einer oder mehrerer Energiekörper oder -träger aus dem persönlichem Körperraum.

Diese Symptome bleiben meist unbemerkt (es sei denn, sie gehen mit körperlicher Gewalt oder Mißbrauch einher). Die Symptome der zweiten und dritten Generation folgen jedoch schnell und sie wirken sich unweigerlich auf den Intellekt, die Gefühle und Emotionen und/oder das körperliche Wohlbefinden des Opfers aus.

Es ist wichtig zu wissen, daß solange ausgestoßene Energiekörper und/oder Energieträger außerhalb des persönlichen Körperraumes sind, die Kettenreaktion von Ursache und Wirkung (und damit die Symptomentwicklung) weiterlaufen wird. Um die Effekte eines Traumas zu überwinden, müssen die Intrusionen qualifizierter Energie durch jemanden entfernt werden, der sich auf so etwas versteht. Dieser sachkundige Fachmann muß die ausgestoßenen Energiekörper und -träger zurückholen und in den persönlichen Körperraum reintegrieren.

Kapitel 17

»Bleibe vor allem dir selbst treu. Das tue, so gewiß wie die Nacht dem Tag folgt;
dann kannst du zu keinem Menschen falsch sein.«
WILLIAM SHAKESPEARE

Das Ausstoßen und Zurückholen von Energiekörpern

Um das Vergnügen, die Intimität, die Freude und die Glückseligkeit zu erfahren, die aus dem Selbst auftauchen und um sicherzustellen, daß qualifizierte Energie nicht in den persönlichen Körperraum eindringt, müssen alle Energiekörper (und Energieträger) vertikal integriert sein.

Leider können Streß, Schocks und Traumen die vertikale Integration stören. Die Störung der vertikalen Integration nennt man »Fragmentierung«. Diese Fragmentierung, die durch vollständiges oder partielles Ausstoßen einer oder mehrerer Energiekörper oder Energieträger hervorgerufen wurde, ist so ein ernsthaftes Problem, daß es rechtzeitig angesprochen und effektiv behandelt werden muß, wenn man erwartet, die verbleibenden Auswirkungen karmischen Ballastes zu überwinden, wie auch die damit einhergehenden Probleme, die karmischer Ballast im menschlichen Energiesystem hervorruft.

Fragmentierung

Fragmentierung kann in jeder Welt und/oder Dimension, zu jeder Zeit und in jeder Lebensphase einer Person (einschließlich der neun Monate zwischen Empfängnis und Geburt) stattfinden. Sie kann mit sexuellem Mißbrauch, körperlicher oder seelischer Mißhandlung und/oder Vernachlässigung einhergehen. In einigen Fällen könnte es durchaus vorkommen, daß sie nicht von einem konkreten Mißbrauch auf der physisch-materiellen Ebene oder zumindest von keiner bewußten Erinnerung an einen Mißbrauch begleitet wird.

Fragmentierung wird normalerweise durch die gewaltsame Intrusion qualifizierter Energie in den persönlichen Körperraum, auf einer oder mehreren Dimensionen, hervorgerufen. Eine Intrusion kann entweder einmalig stattfinden, sich schnell wieder auflösen oder durch die Absicht des Täters aufrechterhalten werden und das Energiefeld des Wirtes für eine längere Zeit fortwährend stören.

Fragmentierung und ihre Begleiterscheinungen sind sehr stark verbreitet, insbesondere unter jungen Menschen – sie sind Opfer von Gewalt und/oder Mißbrauch, oder stammen aus Beziehungen mit Drogenmißbrauch oder sind mit Menschen zusammen, die übermäßig an ihnen anhaften und die danach streben sie zu kontrollieren, sie zu ändern oder zu manipulieren – sodaß das Überwinden der Fragmentierung durch Zurückholen und Reintegration der Energiekörper und deren Energieträger ein wesentlicher Bestandteil der Energiearbeit geworden ist; und es ist eine Voraussetzung für das Neuerleben von ununterbrochenem Vergnügen, Intimität, Freude und Glückseligkeit.

Obwohl das Herausstoßen einer oder mehrerer Energiekörper (und/oder Energieträger) die Aktivitäten des höheren und niederen Verstandes stört, muß klar erkannt werden, daß die Fragmentierung eigentlich einem höheren Zweck dient und zwar einen Energiekörper (oder Energieträger) davor zu schützen, daß CECs oder die dichte, qualifizierte Energie die sie begleitet, in ihn eindringen oder ihn anderweitig beschädigen.

Obwohl es äußerst selten ist, daß ein Energiekörper von CECs beschädigt wird (selbst von denen die außerordentlich dicht und gewaltsam sind), besteht eine geringe Möglichkeit, die konsequent vermieden werden sollte.

Glücklicherweise ist die Reaktion des menschlichen Energiefeldes auf eine energetische Intrusion, wenn ein Eindringen unmittelbar bevorsteht, so schnell, daß nahezu keine Gefahr besteht, es sei denn man folgt nicht seiner Intuition und läßt sich auf spirituelle Aktivitäten ein, die den Energieträger davon abhalten aus der Gefahrenzone zu gehen.

In diesem Sinne muß man daran denken, die Bewußtseinszentren innerhalb eines jeden Energiekörpers (oder Energieträgers) zu respektieren und niemals Gewalt anzuwenden, um einen Energiekörper und/oder

einen Energieträger im persönlichen Körperraum zu halten (oder in irgendeiner anderen Position, was das betrifft), wenn ein Verschieben für die Sicherstellung seiner Integrität erforderlich ist.

Wenn eine einzelne, Schock auslösende Erfahrung dazu geführt hat, daß ein Energiekörper herausgestoßen wurde, wird die Fragmentierung nur relativ kurz andauern. Wie weit ein Energiekörper abdriftet und für wie lange wird davon abhängig sein, ob der Schock durch eine übermäßige Ansammlung von Samskaras und Vasanas verursacht wurde, ob eine Kontrollwelle oder Schnur Vasanas und Samskaras in den persönlichen Körperraum hineingedrückt hat, oder ob eine gewaltsame Projektion von qualifizierter Energie und von CECs in das Energiefeld des Wirtes stattgefunden hat. Es wird auch vom Zustand des Energiefeldes des Wirtes abhängen und von der Wahrscheinlichkeit einer weiteren Intrusion.

Weitere Faktoren, die einen Einfluß haben, sind die Anwesenheit zusätzlicher Kontrollwellen und/oder Schnüren auf derselben Dimension, sowie die Beziehung des Wirtes zum individuellen Verstand und Ego.

Die Fragmentierung wird dauerhaft, wenn ein traumatisches Ereignis einen Energiekörper oder Energieträger aus dem persönlichen Körperraum herausgestoßen hat und wenn eine oder mehrere der folgend zitierten Bedingungen vorliegen:

1. Wenn die Intrusion qualifizierter Energie Teil eines Musters ist, bei dem sich das Opfer chronisch unsicher fühlt.
2. Wenn die Intrusion einen fundamentalen Zusammenbruch hinsichtlich des Vertrauens verursacht und/oder die Weltanschauung des Opfers zerrüttet, sodaß er/sie beginnt seinen/ihren Wahrnehmungen, seinem Bauchgefühl und/oder seiner/ihrer Intuition zu mißtrauen.
3. Wenn eine bewußte Absicht hinter der Projektion steckt: Der Täter will den Wirt dauerhaft kontrollieren, besitzen und/oder ändern.
4. Wenn die äußeren Grenzen durch Channeling etc. geschwächt wurden und CECs Einlaß in den persönlichen Körperraum gewährt wurde und zwar in der Welt und Dimension, in welcher der Energiekörper oder Energieträger ausgestoßen wurde.
5. Wenn ein fremder Energiekörper sich der Position des ausgestoßenen Energiekörpers oder Energieträger bemächtigt hat.

Die Vorbereitung für das Zurückholen eines Energiekörpers

Bei schwerem oder chronischem Streß wird sich der Energiekörper oder Energieträger aus seiner Position herausdrehen, sodaß ein Teil von ihm den persönlichen Körperraum verläßt. Das geläufigste Szenario ist, daß ein Energieträger meist im Bereich des Halses oder des Beckens herausragt, entweder gerade nach vorn und hinten oder von einer Seite zur anderen (siehe Abb. nächste Seite). Die Bewegung eines Energieträgers unter Streß ist jedoch nicht nur auf diese beiden Richtungen begrenzt. Ein Energiekörper oder Energieträger kann sich in jede Richtung drehen, um sich vor der Intrusion qualifizierter Energie zu schützen.

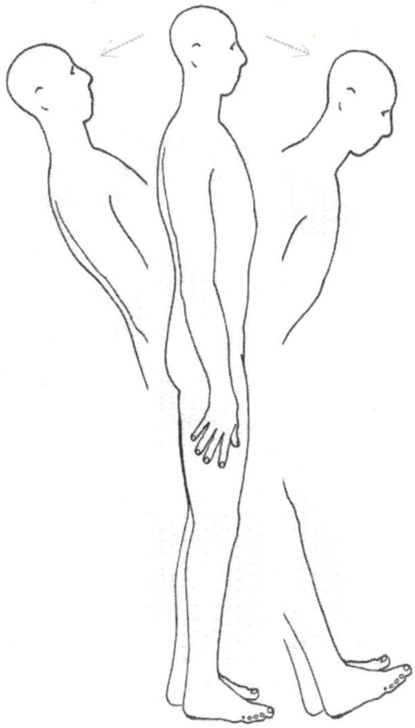

Wenn ein Energiekörper sich dreht, geht die Bewegung mit der Richtung der intrusiven Energie (wenn die Projektion von vorn kommt, dreht sich der Körper nach hinten, wenn die Projektion von links kommt, dreht sich der Körper nach rechts).

Wenn ein Energiekörper oder ein Energieträger aus dem Körperraum herausgestoßen wurde, bleibt er so nahe wie möglich am persönlichen Körperraum, es sei denn, es besteht eine zusätzliche Bedrohung oder die erste Intrusion war bereits übermäßig dicht und gewaltsam. Die Entfernung, die ein Energiekörper zurücklegt wie auch die Dauer, die er außerhalb des persönlichen Körperraumes verbleiben wird, wie auch das Auf und Ab seiner Bewegungen, wird zum einen abhängig sein von der Art der Projektion, die ihn ausgestoßen hat, zum andern wie gewaltsam diese war, ferner von Bedrohung durch zusätzliche Projektionen, dem Zustand der qualifizierten Energie und der CECs innerhalb dieser Projektion und in welchem Ausmaß die Intrusionen aus qualifizierter Energie den persönlichen Körperraum, der von den ausgestoßenen Energiekörpern oder Energieträgern verlassen wurde, ausgefüllt haben.

Bevor ein ausgestoßener Energiekörper oder Energieträger zurückgeholt und reintegriert werden kann, muß zunächst der persönliche Körperraum auf eine Intrusion aus qualifizierter Energie abgetastet werden und sofern eine vorliegt, muß diese entfernt werden. In einigen Fällen müssen karmische Ablagerungen von der Oberfläche des persönlichen Körperraumes entfernt werden und die zurückgeholten Energiekörper oder Energieträger müssen abgetastet werden und falls nötig, müssen auch sie von Intrusionen befreit werden. Nur dann kann ein ausgestoßener Energiekörper erfolgreich reintegriert werden.

Was sind Intrusionen?

Der persönliche Körperraum ist in erster Linie dazu bestimmt, die dazugehörigen Energiekörper und/oder Energieträger zu beherbergen und nichts weiter. Wenn ein Energieträger aus dem persönlichen Körperraum herausragt oder ausgestoßen wurde, füllen qualifizierte Subfelder (und die in ihnen enthaltenen CECs) den leeren Raum so schnell wie möglich aus.

Es ist interessant, daß Jesus diesen Vorgang schon vor 2000 Jahren ansprach: »Wenn der unreine Geist den Menschen verlassen hat, wandert er in wasserlosen Gegenden, sucht Ruhe und findet sie nicht. Dann spricht er: »Ich will in mein Haus zurückkehren, das ich verlassen habe. Und wenn er kommt, so findet er es leer, ausgefegt und geschmückt. Dann geht er hin und nimmt noch sieben andere Geister mit, die schlimmer sind als er selbst, und sie ziehen ein und wohnen dort.« (Mt. 12:43–45).

Funktion und Struktur der Intrusionen

Wenn Intrusionen sich der Position eines Energieträgers bemächtigen, polarisieren sie vorher existierende Energieblockaden, knotige Fäden, Vasanas und Samskaras im Aura-Feld, die den persönlichen Körperraum umgeben; das macht sie dichter und aktiver in den Welten und Dimensionen, in denen die Fragmentierung stattgefunden hat. Dies wird eine »Panzerung« verursachen, die Unbehagen, physischen Schmerz, Kurzatmigkeit, Erschöpfung, Nebenhöhlenentzündung, Gedächtnisschwund, emotionales und/oder mentales Leiden, Migräne und Krämpfe auslösen kann.

Eine Panzerung kann ebenso ein lokales Brennen an der Oberfläche des persönlichen Körperraumes verursachen oder ein »Prickeln«, das auftritt, wenn Intrusionen gerade dabei sind, den persönlichen Körperraum zu füllen. Das Prickeln kann gruppiert auftauchen, oder als ein einziges, isoliertes Ereignis. Das Prickeln kann beginnen, sobald ein Energieträger ausgestoßen wurde, oder erst nach dem ein neues energetisches Gleichgewicht erreicht wurde.

Wenn man den Intrusionen genügend Zeit gibt, seien es Vasanas, Samskaras, Personas, etc., werden sie, unabhängig von ihrer ursprünglichen Form, ein einzigartiges Subfeld bilden, mit einer einheitlichen Qualität und Funktion, (sofern keine äußere Kraft sie daran hindert), da der Druck ihre gesamte Dichte erhöhen wird.

In manchen Fällen, insbesondere wenn ein Energiekörper oder Energieträger längere Zeit außerhalb des Körperraumes bleibt oder wenn sich in der Umgebung des Körperraumes (auf einer bestimmten Dimension) übermäßiger karmischer Ballast gebildet hat, wird die intrusive Energie auch ins Aura-Feld überfließen. Diese Energie ist dichter und stärker polarisiert als die Samskaras, die den persönlichen Körperraum umgeben und muß vor der Hauptmasse der intrusiven Energie entfernt werden, da ansonsten der Reintegrationsprozeß unterbrochen wird.

➠ Abtasten nach Intrusionen

Intrusionen müssen abgetastet und entfernt werden, bevor man einen ausgestoßenen Energiekörper oder Energieträger zurückholt und reintegriert. Beim Abtasten nach Intrusionen im persönlichen Körperraum ist es von großer Wichtigkeit, daß Sie präzise vorgehen und wann immer möglich, die Gunas in Ihre Absicht mit einschließen. In der folgenden Übung werden Sie in der Welt der Seele, auf der Ebene des zweiten Chakras im tamasischen

Teil des Energiespektrums nach Intrusionen suchen. Wenn Sie auf dieser bestimmten Dimension keine Intrusion lokalisieren konnten, ändern Sie Ihre erklärte Absicht und suchen Sie auf einer anderen Dimension in derselben Welt und im selben Teil des Energiespektrums nach einer Intrusion.

Ihre erklärte Absicht lautet: »Es ist meine Absicht, die Welt der Seele, auf der Ebene des zweiten Chakras, tamasisch, nach Intrusionen abzutasten.«

Beginnen Sie, indem Sie eine bequeme Position einnehmen und setzen Sie sich aufrecht hin. Verwenden sie die Standardmethode um sich zu entspannen und bringen Sie die bewußte und unbewußte mentale Aktivität ins Gleichgewicht.

Fahren Sie fort, indem Sie die Rückseite Ihres Herz-Chakras aktivieren und zentrieren Sie sich dort. Teilen Sie dann Ihre Aufmerksamkeit und aktivieren Sie die Vorderseite Ihres Herz-Chakras. Bekräftigen Sie nun: »Es ist meine Absicht, nach innen zu schauen in die Welt der Seele, auf die Ebene des zweiten Chakras, tamasisch.« Teilen Sie dann Ihre Aufmerksamkeit erneut und verlagern Sie Ihre zweite Aufmerksamkeit an eine Stelle außerhalb des persönlichen Körperraumes, links vom Herz-Chakra. Verlagern Sie Ihren Schwerpunkt zur zweiten Aufmerksamkeit und aktivieren Sie ihr Abtastinstrument. Führen Sie damit überlappende, streichende Bewegungen aus, nach unten und oben, die sich bis in den persönlichen Körperraum hinein ausdehnen.

Sie werden schnell feststellen, daß es einen deutlichen Unterschied zwischen intrusiver Energie, einem Energiekörper und/oder einem Energieträger gibt. Ihr Abtastinstrument wird in die Intrusion eindringen, sobald es den Körperraum betreten hat. Aber es wird nicht in einen Energiekörper eindringen. Wenn der Energiekörper in der Welt, Dimension und dem Teil des Energiespektrums, nach dem Sie gesucht haben, vertikal integriert ist, dringt das Abtastinstrument nicht in den Körperraum ein. Hierbei sollten Sie beachten, daß es gerade seine Undurchdringlichkeit ist, die Ihnen helfen wird zu bestimmen, ob ein Energiekörper (oder Energieträger) gedreht ist (und wie weit), oder ob er aus dem persönlichen Körperraum herausgestoßen wurde.

Wenn Sie entlang der vorderen Oberfläche des persönlichen Körperraumes auf Widerstand stoßen, setzen Sie das Abtasten von links nach rechts fort, bis Sie überzeugt sind, daß sich der Energiekörper oder Energieträger sich in fester Position befindet. Falls es keinen Widerstand gibt und ihr Abtastinstrument in den persönlichen Körperraum eindringt, tasten Sie die Intrusion ab und halten Sie Ihre Ergebnisse fest.

Wenn Sie mit dem, was Sie gefunden haben zufrieden sind, ziehen Sie das Abtastinstrument zurück, verlagern Sie Ihren Schwerpunkt wieder zur Rückseite Ihres Herz-Chakras und zählen von eins bis fünf. Wenn Sie bei fünf angelangt sind, öffnen Sie die Augen. Jetzt fühlen Sie sich hellwach, entspannt und wohler als zuvor. Die folgenden Welten und Dimensionen können Sie ebenfalls nach Intrusionen abtasten:

1. *die Welt des Geistes auf der Ebene des sechsten Chakras, rajistisch;*
2. *die Welt des Intellekts auf der Ebene des ersten Chakras, sattvisch;*
3. *die obere Milz-Ebene, tamasisch;*
4. *die Welt des niederen Verstandes auf der Ebene des ersten Chakras rajistisch;*
5. *die Welt des Geistes auf der Ebene des zwölften Chakras sattvisch.*

➠ Intrusionen entfernen

Bevor Sie einen Energiekörper oder einen Energieträger zurückholen und reintegrieren können, müssen Sie die gesamte intrusive Energie aus dem persönlichen Körperraum

entfernen, wie auch alle ihre externen Ausdehnungen. Es ist wichtig zu erkennen, daß es nicht ausreicht, intrusive Energie aus dem persönlichen Körperraum »herauszudrücken«, sie muß vielmehr dauerhaft entfernt werden.
Die effizienteste Art, intrusive Energie und ihre Ausdehnungen zu entfernen, ist, die Personas in ihnen zu isolieren und sie mit Hilfe der Sieben-Schritte-Methode, die sie in Kapitel 15 gelernt haben, zu entfernen.
Intrusionen isolieren: Um Personas innerhalb von Intrusionen und ihren Ausdehnungen zu entfernen, müssen Sie sie zunächst von ihrem »Bündel« isolieren. Das können Sie tun, indem Sie die ersten beiden Schritte anwenden (Bewußtheit und Akzeptanz) aus der Sieben-Schritte-Methode. Aber denken Sie daran, daß die intrusive Energie dichter sein wird als die karmische Ablagerung und mehr Aufmerksamkeit nötig sein könnte, um sie zu isolieren. Ebenso kann es für individuelle Personas mehr Zeit in Anspruch nehmen um hervorzutreten, sich auszudehnen und ihre Qualitäten auszudrücken.
Sobald Sie ein Subfeld innerhalb der Intrusion isoliert haben, behandeln Sie es wie eine Persona und entfernen es, indem Sie die Sieben-Schritt-Methode verwenden. Sobald das Subfeld entfernt wurde, wenden Sie sich dem nächsten Subfeld zu, isolieren und entfernen es. Nachdem die Mehrheit der intrusiven Energie entfernt wurde, wird die Dichte der Intrusion erheblich abnehmen und Sie können mit dem Zurückholen und Reintegrieren der ausgestoßenen Energiekörpern und/oder Energieträgern fortfahren.

Zurückholen, Reinigen und Reintegrieren von Energiekörpern

Der nächste Schritt im Prozeß des Zurückholens und Reintegrierens eines Energiekörpers oder Energieträgers ist, ihn zu lokalisieren. Das ist viel leichter als Sie vielleicht vermuten, da die Zeit, die der Energiekörper oder der Energieträger außerhalb des persönlichen Körperraumes war und wie weit er abgedriftet ist, auf den Prozeß nur einen geringen Einfluß hat.

Es gibt zwei Wege, einen Energieträger zu lokalisieren. Wenn er sich noch in Ihrem Energiefeld befindet, können Sie ihn abtasten. Wenn er über die Aura-Grenze hinaus abgetrieben ist, können Sie ihn lokalisieren, indem Sie sich Ihrer mentalen Aufmerksamkeit und Absicht bedienen.

Ein Abtasten bedarf der üblichen Vorbereitungen. Sie erklären Ihre Absicht, aktivieren die Rückseite Ihres Herz-Chakras und zentrieren sich dort, dann erschaffen Sie sich ein Abtastinstrument etc. Dann führen Sie mit dem Instrument breite, überlappende, streichende Bewegungen aus, indem Sie nach innen arbeiten von der Oberfläche Ihres Aura-Feldes zur Oberfläche Ihres Körperraumes hin.

In der Welt des niederen Verstandes, reicht die Oberfläche des Aura-Feldes etwa zwanzig Zentimeter über die Oberfläche des persönlichen Körperraumes hinaus. In der Welt der Seele sind es sechsundvierzig Zentimeter, in der Welt des Intellekts etwa zweieinhalb Meter und in der Welt des Geistes etwa achteinhalb Meter.

Bevor Sie fortfahren, sollten Sie folgendes beachten: Falls der Energiekörper unter Zwang stand, während er außerhalb des persönlichen Körperraumes war, könnte seine Form verzerrt sein. Daher ist die einzig zuverlässige Art und Weise ihn zu erkennen, seine Resonanz, die sich vertraut und angemessen anfühlen wird. Das bedeutet, wenn der Energiekörper oder Energieträger, den sie im Sinn haben, tatsächlich zu einem anderen Menschen gehört oder ein qualifiziertes Subfeld ist, das Sie irrtümlich für ihr eigenes gehalten haben, wird sich die Resonanz bei der Absicht ihn zurückzuholen und zu reintegrieren falsch und unangemessen anfühlen.

Um einen Energiekörper oder Energieträger zu lokalisieren, der außerhalb Ihres Aura-Feldes abgetrieben ist, müssen Sie Ihre mentale Aufmerksamkeit und Ihre Absicht nutzen.

Es ist essentiell, Ihre Absicht so klar wie möglich zu erklären. Wenn Sie die Absicht haben, einen Energieträger in der Welt der Seele, auf der Ebene des vierten Chakras, im rajistischen Teil des Energiespektrums zu lokalisieren, lautet Ihre Absicht: »Es ist meine Absicht, meinen ausgestoßenen Energiekörper (oder Energieträger) zu lokalisieren und zurückzuholen, in der Welt der Seele, auf der Ebene des vierten Chakras, rajistisch«. Sobald Sie Ihre Absicht erklärt haben, wird der höhere Verstand den Energiekörper lokalisieren und Ihre zweite Aufmerksamkeit auf den Teil des Energiekörpers richten, der dem persönlichen Körperraum am nächsten ist.

Zurückholen von Energiekörpern und Energieträgern

Nachdem Sie den Energiekörper lokalisiert haben, den Sie zurückholen und reintegrieren wollen, richten Sie Ihre zweite Aufmerksamkeit auf sein hinteres Ende (sodaß Sie ihn schieben können) und verlagern Ihren Schwerpunkt zur zweiten Aufmerksamkeit. Dann dehnen Sie Ihre zweite Aufmerksamkeit nach oben, nach unten und von rechts nach links aus. Verbinden Sie das entsprechende Prana mit der zweiten Aufmerksamkeit und schieben Sie den Energiekörper (oder Energieträger) sanft zum persönlichen Körperraum. Wichtig ist, daß Sie dabei fokussiert bleiben. Gleichgültig wie weit der Energiekörper abgetrieben ist, die Verbindung der zweiten Aufmerksamkeit und des Pranas sind ausreichend, um den Energiekörper zurück in den persönlichen Körperraum zu schieben.

Je näher sich der ausgestoßene Energiekörper oder Energieträger am persönlichen Körperraum befindet, desto mehr kann er auf Widerstand von karmischen Ablagerungen stoßen. Es ist wichtig, daß Ihre Entschlossenheit angesichts des Widerstandes nicht nachläßt. Wenn Sie standhaft bleiben, wird der Energiekörper in den persönlichen Körperraum zurückkehren und Sie spüren ein »Prickeln«, wenn er seine Position wieder eingenommen hat.

Sollten Sie nach der Reintegration des Energiekörpers erneut einen Druck empfinden, müssen Sie zusätzliche Schichten karmischer Ablagerungen aus dem Aura-Feld entfernen, das den persönlichen Körperraum umgibt. Das geht am einfachsten mit Apana (siehe Kapitel 14).

Das Reinigen von Energiekörpern und Energieträgern

Wenn ein Energiekörper (oder Energieträger) sich längere Zeit außerhalb des schützenden Körperraumes befunden hat, kann er von qualifizierten Subfeldern verunreinigt werden, wodurch das Zurückholen und Reintegrieren schwerer sein kann.

Um zu bestimmen, ob ein Energieträger verunreinigt wurde, ist es erforderlich, sein Inneres nach qualifizierten Subfeldern, Schnüren und Kontrollwellen abzutasten.

Die angemessene Zeit ein Abtasten durchzuführen, ist nach der Lokalisation des herausgestoßenen Energiekörpers und vor dem Zurückholen, bzw. der Reintegration.

Sobald Sie Verunreinigungen ausfindig gemacht haben, können Sie sie isolieren und wie eine Persona entfernen. Bleiben Sie fokussiert und setzen Sie den Prozeß fort, bis alle Subfelder entfernt wurden (das kann in einer oder in mehreren Sitzungen geschehen).

Wenn ein besonderes Subfeld, innerhalb eines verunreinigten Energieträgers, sich nicht zu einer Persona ausdehnen will, brechen Sie den Prozeß ab und suchen ein Subfeld aus, das unter weniger starkem Druck steht. Sobald Sie eine ausreichende Zahl von Subfeldern entfernt haben, wird selbst ein tamasisches Subfeld ausreichend Platz haben, um sich auszudehnen, sodaß es entfernt werden kann.

Wenn Sie unbeabsichtigt einen verunreinigten Energiekörper reintegriert haben, werden Symptome auftauchen, wie gegen das Selbst gerichtete Gefühle oder antisoziale Gefühle, die aus den Verunreinigungen innerhalb des Energiekörpers oder Energieträgers hervorgehen. Um die Situation zu beheben, werden Sie die Verunreinigungen entfernen müssen (während der Energiekörper sich im persönlichen Körperraum befindet), indem Sie Ihre Absicht benutzen, um Ihre mentale Aufmerksamkeit auf den Energiekörper zu richten, sodaß Sie die Personas mit Hilfe der Sieben-Schritte-Methode isolieren und entfernen können.

Energiekörper und Energieträger reintegrieren

Sobald ein Energiekörper oder Energieträger zurückgeholt wurde, muß er reintegriert werden, (vertikal integriert), sodaß seine Oberfläche mit der Oberfläche des persönlichen Körperraumes übereinstimmt. Die Kongruenz ist der letzte Schritt im Prozeß der Reintegration. Es kommt vor, daß die Oberfläche eines Energiekörpers oder Energieträgers, wenn er erst einmal reintegriert wurde, exakt mit der Oberfläche des persönlichen Körperraumes übereinstimmt.

Die Übereinstimmung ist aus mehreren Gründen wichtig. Sie ermöglicht dem reintegrierten Energiekörper oder Energieträger, synchron mit anderen Energiekörpern zusammenzuarbeiten. Sie fördert den ununterbrochenen Prana-Fluß durch den Energiekörper oder Energieträger, was wiederum verhindert, daß er eingedellt, gekippt oder aus dem persönlichen Körperraum herausgestoßen wird. All das ermöglicht dem Selbst, sich vollständig auszudrücken. Die Reintegration setzt große Mengen von Prana ins benachbarte Aura-Feld frei. Es hindert qualifizierte Energiefelder daran, neue karmische Ablagerungen zu bilden. Der ununterbrochene Prana-Fluß, strahlt ins Aura-Feld und darüber hinaus und sobald ein Energiekörper oder Energieträger kongruent im Körperraum verankert ist, wird dieser die Funktionen und Aspekte des Verstandes vor den Störungen qualifizierter Energie und qualifizierter Subfeldern schützen.

Um festzustellen, ob ein reintegrierter Energiekörper kongruent ist, tasten Sie die Oberfläche des persönlichen Körperraumes (in der betreffenden Welt und Dimension), ebenso, um herauszufinden, ob er einheitlich glatt ist, oder ob es eine Lücke gibt zwischen ihm und der Oberfläche des besagten Energiekörpers. Wenn Sie festgestellt haben, daß eine Lücke zwischen dem Energiekörper und dem persönlichen Körperraum besteht, können Sie Apana anwenden, um die karmische Ablagerung zu entfernen, die sich auf dem persönlichen Körperraum abgelagert hat.

Sobald der Prozeß des Zurückholens und der Reintegration abgeschlossen ist und eine Übereinstimmung erreicht wurde, werden Sie ein Gefühl der Zufriedenheit und größere innere Kraft verspüren und einen zunehmenden Prana-Fluß, der solange andauert, wie der Energiekörper an seinem Platz im persönlichen Körperraum fixiert bleibt.

Kapitel 18

»Er hat seine Reise beendet, er ist nun jenseits des Leidens. Die Fesseln des Lebens sind von ihm abgefallen und er lebt in völliger Freiheit.«
DHAMMAPADA *(Kapitel 7, Vers 90)*

Die Vorstellung vom Ich aufgeben

In den bisherigen Kapiteln haben Sie gelernt, Ihre Grenzen zu stärken, karmischen Ballast zu überwinden und Ihr Energiefeld (durch Rückführung und Reintegration der Energiekörper und ihrer entsprechenden Energieträger) in einen Zustand strahlender Gesundheit zu versetzen. Durch diesen Prozeß sind sie in der Lage, Ihr Maß an Vergnügen, (menschlicher) Liebe, Intimität und Freude intensiver zu erleben. Das letzte Ziel der Selbstverwirklichung jedoch, das als *Sat-*, (ewiges Leben), *Chit-* (Allwissenheit, die von innen kommt) *Ananda* (Glückseligkeit) erfahren wird, bleibt ein ferner Traum, bis Sie dazu bereit sind, die falsche Annahme aufzugeben, Sie wären ein Individuum, das vom universellen Bewußtsein getrennt ist.

Es ist nicht schwer, sich von der Idee zu befreien, daß Sie ein Individuum sind, erst recht nicht, wenn Sie die Folgen karmischen Ballasts beseitigt haben. Alles was Sie tun müssen, ist die Idee aufzugeben, daß Sie und alle anderen Wesen voneinander getrennte Geschöpfe sind, die in einem dualistischen Universum mit voneinander getrennten Identitäten leben, die aus dem niederen Verstand und dem Ego auftauchen. Ramana Maharshi, der Meister des Jnana-Yoga (Yoga des Wissens), erklärte im vorigen Jahrhundert: »Der Gedanke, daß ich dieser Körper aus Fleisch und Blut bin, ist der Faden, an dem andere Gedanken aufgehängt sind. Wenn wir uns nach innen wenden und fragen: ›Wer ist dieses Ich?‹, hören alle Gedanken - auch der Ich-Gedanke - auf und das Wissen um das Selbst erstrahlt.« (aus: Die Lehren des Ramana Maharshi)

Den Ich-Gedanken und die Identifikation mit dem niederen Verstand und dem Ego aufzugeben, beginnt mit der Loslösung von jeglicher Anhaftung. Diese Loslösung wird zur Lebensweise mit der Entwicklung von Urteilsvermögen und Urteilsvermögen wird zum Sprungbrett für Transzendenz und ist somit die Saat für die Entwicklung des Samadhi.

Die Loslösung entwickelt sich, wenn man konsequent entscheidet, im höheren und niederen Verstand zentriert zu bleiben, sodaß angemessenes Handeln zum Lebensweg wird. Der große indische Meister Patanjali erklärte: »Wer an nichts haftet, hat sein Selbst gemeistert, dies ist Freiheit von ... (dem) Verlangen ... (nach dem individuellen Verstand und dem Ego).« (Vers 15)

Sobald man sich entschlossen hat, im höheren und niederen Verstand zentriert zu bleiben, vermag man die wahre Natur des individuellen Verstandes und des Ego zu erkennen. Hiermit beginnt das Unterscheidungsvermögen.

Ein scharfes Unterscheidungsvermögen ist die Fähigkeit, zwischen dem, was »real« ist und dem was nur »real erscheint«, bzw. illusorisch ist, zu unterscheiden. Das Selbst ist ewig und immer »real«, weil es am Anfang, in der Mitte und am Ende gleich ist. Der höhere und niedere Verstand sind ebenfalls »real«, da sie, solange wie das Universum der Erscheinungen existieren wird, ebenfalls gleich bleiben, denn sie sind den hermetischen Prinzipien von Verstand, Ursache und Wirkung, Rhythmus, Entsprechung, Schwingung, Polarität und Geschlecht (welche die energetischen Interaktionen im kollektiven Feld der Maya regulieren) nicht unterworfen. Andererseits sind das kollektive Feld der Maya und der individuelle Verstand und das Ego nur scheinbar real, da sie sich innerhalb der linear verlaufenden Zeit sowohl ent- als auch zurück entwickeln, sodaß sie am Anfang, in der Mitte und am Ende nicht gleich sind.

Sowie jemand in der Lage ist, den Unterschied zu erkennen zwischen dem was real ist (das Selbst und der höhere und niedere Verstand) und dem was nur real zu sein scheint (der individuelle Verstand und das Ego und das kollektive Feld von Maya), ergibt sich daraus der Entschluß, sich dem zuzuwenden, was real ist. Durch diesen Entschluß wird man den »keimhaften« Samadhi erfahren.

Samadhi kommt aus der Sanskrit Wurzel »sam«, die »mit« oder »zusammen« bedeutet. Sowie jemand den Zustand des »keimhaften« Samadhi erreicht hat, wird die Identifikation mit dem individuellen Verstand und dem Ego aufhören, und man wird die authentischen Felder aus Energie und Bewußtsein direkt erfahren. In Bezug auf den keimhaften Samadhi, erklärt Patanjali: »So wie der reine Kristall die Formen und Farben der Gegenstände annimmt, die man neben ihn legt, wird auch der Geist des Yogi mit seinen erloschenen Modifikationen klar und ausgewogen werden und den Zustand erlangen, in dem es keinen Unterschied mehr gibt zwischen dem Wissenden, dem Objekt des Wissens und dem Wissen selbst. Dieser Gipfel der Meditation heißt Samadhi.« (Yoga Sutras 1,Vers 41)

Sobald Loslösung, Unterscheidungsvermögen und der keimhafte Samadhi gemeistert sind, wird das Selbst (Atman) durch das dritte Herz in die bewußte Wahrnehmung gelangen. In einem letzten Akt der Hingabe wird sich der keimhafte Samadhi nach innen richten, um zum keimlosen Samadhi zu werden und die Einheit mit dem Selbst wird vollendet und unwiderruflich sein.

Tatsächlich beginnt die Beziehung zum Selbst, Atman, mit dem (keimhaften) Samadhi. Im keimhaften Samadhi taucht das Selbst durch die Energiekörper und Energieträger des höheren und niederen Verstandes auf und erfährt die Einheit mit Energiefeldern, Objekten und Wesen, mit denen es in Kontakt gerät. Sie haben den keimhaften Samadhi bereits erfahren, wenn Sie sich in der Rückseite ihres Herz-Chakras zentriert, eines oder mehrere Chakras aktiviert und nach innen in die Welt des höheren und niederen Verstandes geschaut haben. Diese Erfahrung haben Sie durch die Reduzierung ihres karmischen Gepäcks und das Wiedereinsammeln und Reintegrieren ihrer Energiekörper und Energieträger noch intensiviert.

Obwohl Sie Fähigkeiten entwickelt und den keimhaften Samadhi erfahren haben, ist die Selbst-Verwirklichung solange nicht abgeschlossen, bis der keimhafte Samadhi durch den keimlosen Samadhi ersetzt wurde und die Intimität und Einheit mit dem Selbst (dem universellen Bewußtsein) die Einheit mit Objekten, Energiefeldern und/oder Individuen ersetzt.

Sie haben die Wahl

Vor über 2000 Jahren erkannte Jesus, daß die Unfähigkeit, den keimlosen Samadhi zu erfahren, nicht durch die übermäßige Ansammlung karmischen Ballasts oder die Störung der synchronistischen Funktion der Energiekörper mit dem menschlichen Energiesystem verursacht wurde. Aufgrund seiner Fähigkeit Energiefelder zu unterscheiden, konnte der Nazarener beobachten, daß die Wurzel des Problems die Wahl und die Verpflichtung eines Menschen ist. Er erkannte, daß sich Menschen dazu entschließen am kollektiven Feld von Maya und dem individuellen Verstand und dem Ego angehaftet zu bleiben (und diese Anhaftungen sogar noch verteidigen). Warum sonst sollte Jesus gesagt haben, daß »Nichts« (außer Ihrer Wahl), Sie von der Liebe Gottes' (universellem Bewußtsein), trennen kann.

Gewiß, die »Ur-Entscheidung«, die im biblischen Sündenfall geschildert wird, liegt Ewigkeiten zurück und Sie haben seit dieser Zeit zusätzlichen karmischen Ballast angehäuft. Das ändert jedoch nichts daran, daß Sie einen freien Willen haben. Sie können sich anders entscheiden, geben Sie die Anhaftungen an den individuellen Verstand und das Ego auf und erfahren Sie wieder die Einheit mit dem Selbst. Es spielt keine Rolle, wie lange Sie am individuellen Verstand und Ego angehaftet waren oder wie vehement Sie das Selbst in der Vergangenheit abgelehnt haben. Der freie Wille ist eine Tatsache. Er kann weder verloren gehen, noch gestohlen oder verwirkt werden, nicht einmal durch Blasphemie.

Der Konflikt, der durch die Anhaftungen des individuellen Verstandes und des Ego entstanden ist, kann nur durch Wahl und Verpflichtung eines Menschen gelöst werden, nicht durch Energiearbeit, Wunder oder Änderungen der Lebensart. Obwohl es Ihnen vielleicht nach der Einheit mit dem Selbst verlangt und Sie vielleicht sogar dieses Sehnen nach Selbst-Verwirklichung (Atman) im dritten Herzen spüren, nichts davon wird ausreichend sein, Sie über den keimhaften Samadhi hinauszuführen, bis Sie erkennen, daß es unmöglich ist, zwei Herren gleichzeitig zu dienen. Entweder Sie wählen das Selbst und als Konsequenz dieser Wahl verpflichten Sie sich, angemessen zu handeln und im höheren und niederen Verstand zentriert zu sein oder Sie lassen es. Falls nicht, werden Sie am individuellen Verstand und Ego verhaftet bleiben und damit fortfahren, bezüglich qualifizierter Subfelder reaktiv zu bleiben, die eine Auswirkung auf Ihr Energiesystem haben.

Es ist die Wahl, die einen auf den Pfad der Selbst-Verwirklichung und zu der Erkenntnis führt, daß das Leben und Bewußtsein aus dem Selbst auftauchen. Und es ist die Verpflichtung bezüglich des Pfades, der zum Ziel der Selbst-Verwirklichung führt, die einen dazu befähigt, die Trägheit des individuellen Verstandes und des Ego zu überwinden, sodaß die Einheit mit dem Selbst in jedem Moment erfahren wird.

Von der Freundschaft zur Einheit

Die Beziehung die man mit dem Selbst erfährt, wenn man sich dem Pfad der Selbst-Verwirklichung verpflichtet hat, ist einmalig und gleicht keiner anderen Beziehung, die man jemals vorher hatte. In der Bhagavadgita erklärt Krishna, daß ein Mensch in einer solchen Beziehung »frei vom Ego, gleichgültig gegenüber Schmerz und Vergnügen ... stets zufrieden, selbstbeherrscht, fest entschlossen ... befreit von ... (den) Aufregungen der Freude, Wut und Furcht ... unvoreingenommen, rein, befähigt, losgelöst, unbeschwert, weltlichen Verpflichtungen abschwörend ... voller Liebe ... ist.«. (Bhagavadgita, Kapitel 12)

Im »Hohelied Salomons« wird diese einzigartige Beziehung mit der Beziehung zwischen einer jungen Frau und ihrem geliebten König verglichen. »Wie eine Lilie unter den Dornen, so ist meine Liebe« (erklärt die verpflichtet Liebende), »Wie ein Apfelbaum unter den wilden Bäumen, so ist mein Geliebter ... Unter seinem Schatten zu sitzen begehre ich und seine Frucht ist meinem Gaumen süß. Er führte mich in den Weinkeller und die Liebe ist sein Zeichen über mir. Bleibe bei mir ... tröste mich ... denn ich bin krank vor Liebe.« (Hohelied Salomons, Kapitel 2, Vers 2–5)

Diese poetischen Äußerungen von Liebe und Ergebenheit sind in der gesamten spirituellen Literatur zu finden. Tatsächlich kann die Verpflichtung an das Selbst und die Erfahrung der Einheit, die damit einhergeht, eine überwältigende Erfahrung sein. Ramakrishna beschreibt diesen Moment folgendermaßen: »Wenn göttliche Glückseligkeit erlangt ist, wird der Mensch dadurch berauscht; selbst ohne Wein zu trinken, sieht er aus wie ein Betrunkener«. (Reden des Sri Ramakrishna, Vers 939–940)

Was geschieht, wenn sich jemand dem Selbst und dem Pfad der Selbstverwirklichung verpflichtet, ist vielleicht nicht immer freudvoll. Die Erfahrungen werden davon abhängig sein, ob man gelernt hat, sich loszulösen, Unterscheidungsvermögen entwickelt und/oder »keimhaften« Samadhi erreicht hat. Wenn die Verhaftung an den individuellen Verstand und das Ego stark bleibt und es einen Mangel an Unterscheidungsvermögen gibt und/oder der »keimhafte« Samadhi eine zu seltene oder sogar angsteinflößende Erfahrung ist, wird das Selbst als Bedrohung angesehen werden und es wird eine Gegenreaktion des individuellen Verstandes und des Ego geben, wenn das Selbst in die bewußte Wahrnehmung eintritt.

Wenn andererseits jedoch die Loslösung, das Unterscheidungsvermögen und der »keimhafte« Samadhi entwickelt worden sind, wird das Selbst, wenn es von der rechten Seite des Herzens auftaucht, Freiheit, Wahrheit und Glückseligkeit mit sich bringen.

Für die, die Loslösung, Unterscheidungsvermögen und »keimhaften« Samadhi entwickelt haben, wird sich das Verhältnis zum Selbst in Phasen entwickeln. In der ersten Phase taucht das Selbst wie ein zuverlässiger und nachsichtiger Freund auf. Die Freundschaft wird nicht lange andauern, da das universelle Bewußtsein innerhalb des Kontextes von Freundschaften oder menschlichen Beziehungen, die auf Gegenseitigkeit beruhen, nicht vollkommen auftauchen kann.

In der zweiten Phase entwickelt sich diese Freundschaft zu Liebe. Das Verlangen nach Einheit wird das simple Verlangen nach Kontakt und Freundschaft ablösen. In dieser Phase erkennt man die Individualität und die individuellen Rechte als das, was sie sind: Manifestationen des individuellen Verstandes und des Ego und Hindernisse auf dem Weg zur Einheit mit dem Selbst.

In der dritten Phase wird die Nachgiebigkeit enden. Das Selbst wird in seiner gesamten Fülle auftauchen. Wenn die Loslösung nicht vollendet ist und der individuelle Verstand und das Ego genügend Macht behalten haben, um die Einheit mit dem Selbst, sobald es auftaucht, zu stören, wird es sich wieder zurückziehen. Für ein Individuum in der mittleren Phase der Entwicklung kann das eine qualvolle Zeit innerer Aufruhr sein, da der individuelle Verstand und das Ego mit dem Selbst um Einfluß und Kontrolle wetteifern. Wenn jemand ausreichend stark verpflichtet ist (und die angemessenen Entscheidungen getroffen hat) wird die nächste Stufe der Entwicklung folgen. Ist jemand nicht verpflichtet genug, wird er sich mit dem Greuel und Ärger identifizieren, die der individuelle Verstand und das Ego aufwirbeln, um sich zu verteidigen.

In der vierten Phase des Prozesses wird der Kampf aufhören. Das Verpflichtungsgefühl wächst und man wird erkennen, daß man vom Selbst nicht getrennt ist und es auch niemals war. Diese Erkenntnis wird von dem anwachsenden Verlangen begleitet, die ununterbrochene Einheit mit dem Selbst zu erfahren.

In der letzten Phase werden die letzten Reste des individuellen Verstandes und des Ego überwältigt. Die Einheit wird permanent. Der Mensch erkennt, daß er kein Individuum ist, das nach dem Selbst sucht. Er ist das Selbst, das danach trachtet, durch die Träger des höheren und niederen Verstandes und ihren Funktionen und Aspekten aufzutauchen. Im Moment des totalen Erkennens, wenn die Dualität für immer aufgehoben ist und man die Realisierung des Selbst erlangt hat, wird der Zustand der niemals endenden Glückseligkeit erfahren, der Zustand von

Satchitananda.

Weitere Bücher im Schirner Verlag

Susanne Hühn
Loslassen und Vertrauen lernen
Spirituelle Selbstverantwortung und innere Heilung
150 S., Paperback
ISBN 3-89767-140-9
Das Buch beschreibt einen spirituellen Entwicklungs- und Genesungsweg, der eine echte, tiefgreifende Verhaltensänderung zum Ziel hat. 12 Schritte bilden die Brücke zwischen dem eigenen Leben und einer gesunden spirituellen Kraft, die jeder für sich definiert, also nicht religionsabhängig ist.

Markus Schirner
Atem-Techniken
Übungen für einen längeren Atem
152 S., s/w-illustriert, Paperback
ISBN 3-89767-074-7
Eine übersichtliche Zusammenstellung der verschiedenen Techniken mit praktischen Anleitungen zur Umsetzung

Margit Dahlke & Ruediger Dahlke
Meditations-Führer
Finden Sie die für Sie richtige Meditations-Methode
400 S., Paperback
ISBN 3-930944-83-9
Vorgestellt werden über 130 verschiedene Meditationsformen, geordnet nach Sternzeichen – so finden Sie die passende Methode zur gerade vorherrschenden Energie.

Susanne Haag
NLP – Eine Einführung
Fähigkeiten entdecken, Bewußtsein entwickeln, Leben verändern
208 S., Paperback
ISBN 3-89767-067-4
- Wirksame Mentalmethoden zur Überwindung von inneren Hindernissen
- Umgang mit Empfindungen und inneren Bildern
- Übungen zur besseren Steuerung der inneren Erlebniswelt (inkl. »Notfallschalter«)
- Innere Orte zum Kräftesammeln und Ruhefinden einrichten

Keith A. Sherwood
Chakra-Therapie
Aktivierung der Kraftzentren des Lebens
256 S., Paperback
ISBN 3-89767-147-6
Techniken für einen neuen Zugang zu unseren physischen und psychischen Energiesystemen zur Unterstützung der Selbstheilung auf körperlicher und geistiger Ebene

Marlies Holitzka & Klaus Holitzka
Der kosmische Wissensspeicher
Mit allem verbunden sein und es im Alltag nutzen
286 S., s/w-illustriert, Paperback
ISBN 3-89767-129-8
Ein Brückenschlag zwischen der altindischen Akasha-Chronik, Schamanismus und den modernen Wissenschaften wie beispielsweise Quantenphysik und Quantenmedizin, PSI-Forschung oder in der Theorie der morphogenetischen Felder.